Jean-Jacques Greif
Einstein

Jean-Jacques Greif

EINSTEIN

Aus dem Französischen
von Bernadette Ott

cbj ist der Kinder- und Jugendbuchverlag
in der Verlagsgruppe Random House

www.cbj-verlag.de

Gesetzt nach den Regeln der Rechtschreibreform

1. Auflage 2005
© 1999 l'école des loisirs
Die französische Originalausgabe erschien 1999 unter dem Titel
»Tout est relatif, comme dit Einstein« bei l'école des loisirs, Paris
© 2005 der deutschsprachigen Ausgabe cbj, München
Alle deutschsprachigen Rechte vorbehalten
Aus dem Französischen von Bernadette Ott
Lektorat: Susanne Härtel
Umschlagbild: Corbis
Umschlagkonzeption: init.büro für gestaltung,
Bielefeld
st · Herstellung: WM
Satz: Uhl + Massopust, Aalen
Druck: GGP Media GmbH, Pößneck
ISBN 3-570-12868-7
Printed in Germany

Inhalt

Vorwort

Eigentlich steckt alles, was ich an Albert Einstein bewundere, in diesem einen weltberühmten Foto: Der Herr Professor Nobelpreisträger streckt der ganzen Welt die Zunge raus – und trägt fransigen Zottelschopf, Seehundschnauzer und guckt uns aus listigen, ein ganz klein bisschen traurigen Augen an. Man muss sich das mal so richtig klar machen: Das Foto zeigt ihn als 72-jährigen Popstar der Wissenschaft, er wird zu diesem Zeitpunkt bereits weltweit verehrt als Gehirn des Jahrhunderts, und dieser hochnoble Herr hat dieses »Leck-mich«-Foto als Grußkarte an Freunde verschickt! Holla. Ein älterer Herr mit diebischer Freude am Brechen von Regeln und Tabus. Ein unendlich humorvoller Rebell.

Ich mag solche Freigeister, die sich um nichts und niemanden scheren, weil sie ihrer eigenen, starken Flugbahn folgen – und für Einstein hieß dies: Denken ist toll!

Als ich mich für eine Sendung im ZDF mit seiner Lebensgeschichte befasste, blieb mir immer wieder die Luft weg. Mein Gott, dachte ich: Dieser Mensch war wirklich frei. Mit 15 bricht er das Gymnasium in München ab, um sich selbst, ohne Lehrer, ohne Anleitung, beizubringen, was ihn brennend interessierte: Naturwissenschaft und Philosophie! (Wobei er die Matura später in einer Kantonsschule in Aarau nachholte…) Was war das für ein Pionier, was für ein Genie! Sieben Jahre lang hatte es ihn als Beamten an das Schweizer Patentamt verschlagen – und was macht er, noch nicht mal 30 Jahre alt? Er denkt und forscht nach Dienstschluss, abends oder beim Wandern. Er lässt seinen Geist fliegen, über alle Grenzen, er betreibt geradezu abenteuerliche Gedankenexperimente. Scheuklappen kannte er nicht.

7

In diesen Jahren veröffentlichte er 30 wissenschaftliche Artikel – in denen er mal eben das gesamte Denkgebäude der Physik einriss und auf den Trümmern sein bis heute allgemein gültiges Weltbild errichtete. Er scheute sich nicht, an dem zu rütteln, was die Menschheit schon immer als unerschütterlich feste Größen begriffen hatte: Raum und Zeit. O nein, wagte Einstein zu behaupten, Raum und Zeit sind nicht fix. Die können sogar verschwinden! Das war so revolutionär, dass seine Zeitgenossen sich nicht einmal trauten, ihm dafür den Nobelpreis zu verleihen – den erhielt er erst 16 Jahre später für den photoelektrischen Effekt. Und wohlgemerkt: Er brauchte dazu nicht ein einziges Experiment! Als Labor hatte er nichts als seinen Kopf und diese unbändige Lust am Denken. Der reine Wahnsinn: Unser gesamtes Weltbild heute – Raumfahrt, Fernsehen, Satellitentechnik –, alles beruht auf der Gedankenrevolution, die er im Schweizer Kämmerlein vollführte!

Was mich besonders fasziniert: Dieses Genie des Denkens, Einstein, behauptete dann auch noch zu allem Überfluss: »Phantasie ist wichtiger als Wissen.« Sich wundern – das war gerade für ihn, der viel mehr von dem Lauf der Welt verstand als jeder andere, seine Lieblingsbeschäftigung: »Wer nicht staunen kann, der ist sozusagen tot und sein Auge erloschen.« So denken und fühlen viele Menschen heute, und deshalb meine ich: Auch hier, auf diesem Gebiet, war Einstein ein großartiger Visionär. »Es gibt zwei Arten, sein Leben zu leben«, sagte er. »Entweder so, als wäre nichts ein Wunder, oder so, als wäre alles eines. Ich glaube an Letzteres.« Ja, Einstein glaubte an eine schöpferische Kraft, die sich in den so hochkomplizierten Gesetzen dieser Welt offenbart – Einstein verehrte die »Heiligkeit des Lebens«. Ich finde es toll, dass uns dieser geniale Querdenker Mut macht, an das Wunder des Lebens zu glauben.

Und daraus folgte noch mehr: Einstein war ein tief überzeugter Pazifist. Zeit seines Lebens warb er dafür, weltweit Kriege zu verdammen, abzurüsten – eine Weltregierung sollte militante

Länder zum Waffenverschrotten zwingen. Seine Vorbilder waren die großen Leitfiguren der Gewaltlosigkeit: Mahatma Ghandi und Albert Schweitzer. Was das für ihn selbst, für jeden Einzelnen bedeutet hat? Auch da dachte er sehr modern. »Die moralischen Kräfte müssen in unserer Zeit stärker sein als je zuvor«, meinte er, wir seien alle »moralisch entwurzelt« – nur ein Leben im Dienste anderer sei lebenswert. Ja, so denken heute viele Jugendliche – sie suchen Verantwortung, wollen etwas Sinnvolles für die Gesellschaft, für andere tun. Einstein spürte schon damals, was in unserer hochtechnisierten, anonymen Welt wichtig werden würde.

Noch etwas, was vielen Schülern gefallen dürfte – und das gefällt auch mir: Einstein hasste Drill, Zwang und autoritäre Erziehung. Er selbst war ja immer ausgebüxt: Das Münchner Luitpold-Gymnasium fand er damals so schrecklich, dass er nach Mailand abgehauen ist. Dorthin waren seine Eltern ausgewandert. Er war schon immer »schlampert« gewesen, bekannte er. Seine Strubbelfrisur ergebe sich schlicht und einfach aus »Vernachlässigung«. Wie in der Schule, so ließ er sich auch im Studium nichts sagen, schwänzte oft, hatte überhaupt keinen Bock auf Auswendiglernen, schrieb nie mit und beschäftigte sich nur mit dem, was ihn interessierte. Na gut, er machte trotzdem ein tolles Examen. So was packt nur ein Genie. Aber seine Haltung, die dahinter steckte, die finden heute sehr viele richtig und toll: Schule und Uni sollen junge Menschen zu freiem Handeln erziehen, zu Selbstverantwortung. Schüler sollen lernen, von innen zu brennen und sich selbständig eigene Aufgaben und Ziele zu setzen …

Das sind jetzt schon ziemlich viele Gründe, etwas über Albert Einstein zu lesen. Auch wenn euch das vielleicht anders gehen sollte, liebe Leserinnen und Leser – mehr zu erfahren über diesen Sonderling mit der ausgestreckten Zunge, das wäre nicht dumm. Und damit sind wir schon wieder ganz nah bei Einstein angelangt. Der meinte nämlich: »Zwei Dinge sind unendlich: das

Universum und die menschliche Dummheit. Aber beim Universum bin ich mir noch nicht ganz sicher.«

Auweia – damit wird uns klar, dass Einsteins Augen auf dem weltberühmten Foto nicht nur listig, sondern auch lustig gucken. Und noch etwas. Auf seine Frage »Woher kommt es, dass mich niemand versteht und jeder mag?« haben wir ganz sicher eine Antwort parat. Spätestens nach der letzten Seite dieses Buches.

Nina Ruge

Liebe Peggy!

Es bringt mich in Verlegenheit, dass ich Sie nur mit der Verkleinerungsform Ihres Vornamens ansprechen kann. Ich möchte Sie bitten, mir diese Vertraulichkeit zu verzeihen. In Europa, wo ich den größten Teil meines Lebens verbracht habe, ist dies ganz und gar nicht üblich. Ich müsste über meinen Brief als Anrede *Sehr geehrtes Fräulein Jones!* oder *Sehr geehrtes Fräulein Smith!* schreiben, aber leider weiß ich Ihren Nachnamen nicht. Ich weiß nicht einmal, welcher Vorname sich hinter der Verkleinerungsform Peggy verbirgt. Ich muss gestehen, dass ich überhaupt große Schwierigkeiten mit den amerikanischen Vornamen habe. Ich verstehe nicht so recht, wie die Verkleinerungsformen zustande kommen. Aus John – was mir ein ziemlich kurzer Name zu sein scheint – wird Jack. Aus William wird nicht etwa Will, sondern Bill. Aus Charles wird Chuck. Ich habe nach weiblichen Vornamen gesucht, die mit der Silbe Peg anfangen. Ich habe nicht viele gefunden – nur den Namen der Amme von David Copperfield: Peggoty.

Gestern habe ich in der Cafeteria der Universität zu Mittag gegessen. Man kann dort diese Hackfleisch-Sandwiches bekommen, die *Hamburger* genannt werden. Ich würde gerne wissen, woher die Amerikaner diesen Namen eigentlich haben. In Berlin hatte ich einen Kollegen, der aus Hamburg stammte. Er war ein wirklicher Hamburger. Ein Hackfleisch-Sandwich ist etwas anderes.

Doch was kümmert mich das, ich esse sowieso kein Fleisch. Sie machen in der Cafeteria ganz gute Omeletts, allerdings schmeckt das Gemüse ziemlich fade.

Es waren viele Studenten dort. Sie setzten sich zu mir an den Tisch, Miss Peggy. Sie haben mich sofort erkannt. Ich werde überall sofort erkannt. 150 Millionen Amerikaner wissen, dass Professor Einstein an einem Forschungsinstitut der Universität von Princeton arbeitet. Sie haben mich angesehen. In der einen Hand hielten Sie einen Hamburger und in der anderen Hand ein Glas Milch. Aber mir schien, dass Sie zögerten. Sie wollten mit dem Essen noch nicht anfangen. Plötzlich sprachen Sie mich an:

»Und, sind Sie jetzt stolz auf sich? Sie haben Millionen von Menschen mit Ihrer Atombombe getötet. Jetzt haben die Russen auch eine und bald wird der ganze Planet in die Luft fliegen, darauf wette ich … Wissen Sie was? Sie wären an dem Tag, an dem Sie Ihre dumme Bombe erfunden haben, besser zu Hause geblieben!«

»Das ist nicht *meine* Bombe, mein Fräulein!«

Ich hasse es, wenn die Leute das zu mir sagen. Wenn sie von »meiner Bombe« sprechen. Ich wollte gerade antworten, dass ich nie einen Menschen getötet habe, dass alle die Menschen, die 1933 Hitler gewählt haben, besser zu Hause geblieben wären, dass … Da haben Sie sich schon mit Ihrem Hamburger und Ihrem Glas Milch an einen anderen Tisch gesetzt. Ihre Kommilitonen gratulierten Ihnen: »Dem hast du's aber gegeben, Peggy!«

So habe ich Ihren Vornamen erfahren. Sie sind jung, Peggy. Ich glaube, Sie sind noch nicht mal zwanzig Jahre alt. Sie sehen aus wie alle jungen Amerikanerinnen, die mir hier an der Universität über den Weg laufen, mit ihrer rosigen Haut vom vielen Milchtrinken und ihren blonden Haaren. Ich war erleichtert, als Sie von meinem Tisch aufstanden, aber gleichzeitig war ich frustriert, weil ich Ihnen gerne geantwortet hätte. Ich verbrachte eine schlaflose Nacht. Als ich am Morgen aufstand, habe ich den Entschluss gefasst, Ihnen diesen Brief zu schreiben. Ich verspüre das Bedürfnis, Ihnen manche Dinge näher zu erklären und mich zu rechtfertigen. Ich möchte, dass Sie mich verstehen. Vielleicht verzeihen Sie mir dann auch das angebliche Verbrechen, dessen Sie mich bezichtigen.

Sie werden sicherlich noch das nächste Jahrtausend erleben, meine liebe Peggy. Ich selbst bin noch in einem Jahrhundert aufgewachsen, das Ihnen ganz fremd und fern vorkommen muss. Ich bin am 14. März 1879 in Ulm geboren, einer kleinen Stadt im Süden Deutschlands, auf halber Strecke zwischen Stuttgart und München. Die Gegend dort nennt sich Schwaben. Ich kenne meine Geburtsstadt aber nicht, denn meine Eltern sind ein Jahr nach meiner Geburt nach München umgezogen.

Während der Zeit meiner Kindheit geriet Bayern, ein friedliches und malerisches Königreich, mehr und mehr unter den kriegerischen Einfluss Preußens. Es war noch nicht lange her, dass der preußische Kanzler Bismarck 1871 die vielen deutschen Kleinstaaten zum Deutschen Reich vereint hatte. Im Krieg von 1870/71 hatte er zuvor Frankreich angegriffen und besiegt. In der Schule spielten meine Klassenkameraden in der großen Pause immer, dass sie Schlachten gegeneinander führten. Sie träumten alle davon, Kavallerieoffiziere zu werden. Ich dagegen war ein sanfter und friedlicher Junge. Ich weigerte mich, bei ihren Kriegsspielen mitzumachen. Eines Tages besuchten meine Eltern mit mir eine Militärparade.

»Wenn ich einmal groß bin«, sagte ich zu ihnen, »dann will ich anders sein. Ich will nicht so werden wie diese armen Kerle.«

Die Besuche in der Fabrik meines Vaters und meines Onkels Jakob machten mir damals großen Spaß. Vielleicht sollte ich lieber »Werkstatt« sagen, denn sie hatten nicht sehr viele Mitarbeiter. Es handelte sich um ein Unternehmen für Wasser- und Gasinstallationen sowie für Elektrizitätsanlagen. Mein Onkel Jakob war als Ingenieur der technische Leiter des Betriebs und mein Vater kümmerte sich um die kaufmännischen Angelegenheiten.

Ich glaube, mein Vater war in geschäftlichen Dingen zu nachlässig, um ein Unternehmen aufbauen zu können. Schon mit seinem Geschäft in Ulm, wo er Daunen für Federbetten verkauft hatte, war er Pleite gegangen. Die mit Strom betriebenen Maschinen der »Elektrotechnischen Fabrik J. Einstein & Cie.« faszinierten mich jedenfalls. Die Achsen und Schwungräder drehten sich wie von magischer Hand. Ich bat meinen Onkel, der diese Wundermaschinen konstruiert hatte, mir den Mechanismus zu erklären:

»Onkel Jakob, wie kommt es, dass die Elektrizität diese Achsen in Bewegung versetzen kann?«

»Du stellst Fragen… aber gut, ich will versuchen, es dir zu erklären. Der Motor ist mit einem Magneten versehen. Wenn der elektrische Strom an dem Magneten vorbeifließt, dann bewegt er sich.«

»Ja, schon. Aber woher kommt die Elektrizität?«

»Sie wird mithilfe eines Apparats erzeugt, den man Dynamo nennt. Ich habe eine neue Art von Dynamo erfunden, und weil wir diesen Dynamo in großer Stückzahl bauen und verkaufen wollen, haben dein Vater und ich die Fabrik gegründet.«

»Du hast gesagt, dass der Dynamo Elektrizität erzeugt. Ich will jetzt aber endlich wissen, wie er das macht.«

»Ach, das ist ganz einfach. Man muss nur neben einem Kupferdraht einen Magneten in Bewegung versetzen und schon entsteht in dem Draht elektrischer Strom.«

»Erst willst du den Magneten in Bewegung versetzen, um Elektrizität zu erzeugen, und dann willst du die Elektrizität benutzen, damit der Magnet sich bewegt? Drehst du dich damit nicht im Kreis?«

»Stimmt irgendwie… das heißt, nein, überhaupt nicht. Was soll's… Du wirst das verstehen, wenn du älter bist. Das erklärt man dir später in der Schule.«

Es gab noch ein großes Rätsel, das mich schon immer beschäftigt hat. Als ich noch ein kleiner Junge war, nicht älter als vier oder fünf Jahre, schenkte mir mein Vater einen Kompass. Stundenlang konnte ich ihn in der Hand halten und anschauen, ohne dass mir langweilig wurde. Ich kam aus dem Staunen nicht mehr heraus: Die Nadel bewegte sich ganz von allein! Ich konnte das Gehäuse drehen und wenden, wie ich wollte, die Nadel kehrte immer wieder in ihre Ausgangsposition zurück, als ob sie verborgenen, geheimnisvollen Kräften gehorchte.

Ich beobachtete alles genau, was um mich herum geschah. Ich versuchte, die Welt zu verstehen, in die ich hineingeboren worden war. Ich war fest davon überzeugt, dass die Dinge, die Pflanzen und die Tiere mir ihr Geheimnis verraten würden, wenn ich sie nur aufmerksam genug betrachtete und tief nachdachte. Bis ich drei Jahre alt war, habe ich kaum gesprochen. Ich wollte die Sprache nicht so verunstalten, wie es die kleinen Kinder tun. Heimlich wiederholte ich die Sätze, die ich gehört hatte, und bewegte dabei lautlos die Lippen. Bis zum Alter von sieben oder acht Jahren bewegte ich immer erst lautlos die Lippen und bereitete in meinem Kopf sorgfältig den Satz vor, den ich sagen wollte. Erst danach sprach ich ihn mit einer spürbaren Verzögerung laut aus. Meine Eltern glaubten schon, ein schwachsinniges Kind zu haben.

Den Erwachsenen habe ich misstraut. Es erschien mir sinnlos, ihnen viele Fragen zu stellen, wie es Kinder normalerweise tun. Die herablassenden, ungenauen oder dummen Antworten der Erwachsenen bewiesen mir nur, dass sie fast überhaupt nichts wussten. Doch bei dem Kompass fragte ich meinen Vater:

»Warum kehrt die Nadel immer in die gleiche Stellung zurück?«

»Weil sie immer nach Norden zeigt. Du kennst doch die Himmelsrichtungen Norden, Süden, Osten und Westen? Die Sonne geht im Osten auf und im Westen unter.«

»Warum zeigt die Nadel nach Norden?«

»Es handelt sich um eine Magnetnadel. Die Magneten richten sich nach Norden aus.«

»Aber warum weiß der Magnet, wo Norden ist?«

»Ein Magnet wird von Eisen angezogen. In der Nähe des Nordpols gibt es große Mengen von Eisen.«

»Aber warum dreht sich die Nadel dann? Wenn ich will, dass irgendetwas sich bewegt, dann stoße ich dagegen. Wer gibt dem Magneten denn einen Stoß? Oder bekommt er plötzlich Füße wie ein Käfer?«

»Es handelt sich um den so genannten Magnetismus, Albertle. Das wirst du in der Schule lernen.«

Mein Vater und mein Onkel behaupteten immer wieder, dass die Schule mir helfen würde, alle Rätsel der Welt zu verstehen. Ich wurde schwer enttäuscht. Mein Volksschullehrer wollte mir unbedingt das Alphabet und die Grundrechenarten beibringen. Beides konnte ich schon. Als ich ihn fragte, ob er mir sagen könne, wie das Eisen am Nordpol die Magneten anzieht, hat er mir geantwortet, dass das eine viel zu schwierige Frage für ein Kind in meinem Alter sei. Aber die Wahrheit war, dass er die Antwort nicht wusste. Die Geheimnisse des Universums interessierten ihn nicht. Sein größter Stolz war es, uns im Gleichschritt auf dem Schulhof marschieren zu lassen. Dazu mussten wir stolze deutsche Lieder singen.

Meine Volksschule war katholisch, wie fast alle Schulen in Bayern. Meine Klassenkameraden beteten jeden Morgen: »Vater unser, der du bist im Himmel…« Ich war der einzige Schüler, der das Gebet nicht mitsprach. Meine Eltern hatten mir erklärt, dass ich nicht katholisch getauft war. Ich nahm wie alle anderen am Religionsunterricht teil und hätte genauso gut mitbeten können. Aber mir kam die Geschichte mit dem Vater im Himmel etwas lächerlich vor. Weil mein Lehrer klüger war als ich (oder zumindest immer so tat), habe ich ihn gebeten, meinem Unverständnis abzuhelfen:

»Wenn Sie beten… dann reden Sie Gott so an, als ob er die Menschen hören könnte.«

16

»Natürlich hört Gott die Menschen.«

»Wohnt er denn im Himmel?«

»Ja, das tut er.«

»Aber ich sehe nur die Sonne, den Mond und die Sterne am Himmel. Gott habe ich dort noch nicht gesehen.«

»Er ist unsichtbar, deshalb kannst du ihn nicht sehen.«

»So unsichtbar wie die Elektrizität?«

»Mmmh, vielleicht ist das gar nicht so dumm… Du kannst die Elektrizität zwar nicht sehen, aber sie ist sehr mächtig. Mit Gott verhält es sich genauso.«

»Die Elektrizität ist mächtig. Aber wenn ich zu ihr spreche, dann antwortet sie mir nicht. Und der Vater im Himmel antwortet mir auch nicht. Meiner Meinung nach hat es keinen Sinn, zu ihm zu sprechen.«

Meine Eltern erzählten mir, dass unsere Vorfahren Juden waren. Die glaubten nur an einen einzigen Gott, während die Katholiken zu Gottvater, Jesus, der Jungfrau Maria und den Heiligen im Himmel beteten. Meine Eltern gingen nicht in die Synagoge. »Wir haben keine Zeit für solchen Aberglauben«, sagten sie zu mir. Mein Großvater hieß mit Vornamen noch Abraham, nach dem Stammvater des Volkes Israel. Doch er entfernte sich bereits von »solchem Aberglauben« und gab meinem Vater den germanischen Vornamen Hermann. Wären meine Eltern der Tradition gefolgt, dann hätten sie mich Abraham genannt, nach meinem Großvater. Doch sie suchten nach einem gebräuchlichen deutschen Vornamen und wählten Albert.

Meine Eltern schickten mich auf eine katholische Schule, weil sie gar keine andere Wahl hatten. Die einzige jüdische Volksschule in München hatte nämlich wegen Schülermangels schließen müssen. Die jüdischen Bürger der Stadt schienen der Meinung zu sein, dass ihre Kinder sich so früh wie möglich an die bayerischen Sitten und Gebräuche anpassen sollten.

Doch ich spürte deutlich, dass ich anders war als die übrigen Schüler. Ich betete das Vaterunser nicht mit. Eines Tages brachte der Religionslehrer einen großen Nagel in den Unterricht mit und erklärte: »Mit einem solchen Nagel haben die Juden Christus ans Kreuz geschlagen.«

So verbrachte ich sinnlos meine Schultage. Wenn der Unterricht aus war, ging ich nach Hause. Meine Mutter, die sehr gut Klavier spielen konnte und die Musik liebte, legte Wert darauf, dass ich Violine spielen lernte. Herr Schmied, mein Lehrer, erteilte mir sehr genaue Anweisungen:

»Du musst die Finger rund auf dem Bogen aufsetzen… auch den kleinen Finger…«

»Was passiert, wenn ich die Finger nicht so aufsetze?«

»Dann ist der Klang nicht so schön.«

»Das finde ich nicht.«

»Glaub es mir. Ich spiele schon vierzig Jahre Violine. Und vor mir hat es tausende von Geigern gegeben, die jahrhundertelang ihre Finger rund aufgesetzt haben.«

Er erinnerte mich an den Lehrer in der Schule. Immer glaubten sie, alles zu wissen. Ich erklärte meiner Mutter, dass der Geigenunterricht mich langweilte:

»Ich mag Musik nicht.«

»Gib nicht so schnell auf. Du wirst es schon noch lernen und dann wirst du an der Musik viel Freude haben.«

Meine Schwester Maja kam zwei Jahre nach mir auf die Welt. Sie war immer brav und folgsam. Den Lehrern und allen anderen Erwachsenen gehorchte sie aufs Wort. Ich versuchte, ihr klar zu machen, dass das nicht richtig war:

»Du hast doch ein Gehirn.«

»Ja, Albert.«

»Du bist doch in der Lage, selber zu denken.«

»Ja, Albert.«

»Warum nimmst du es dann hin, dass Papa, Mama und die Lehrer dir vorschreiben, was du zu tun hast?«

»Weil sie klüger sind als ich.«

»Nein, sie sind nicht klüger als du. Niemand weiß besser als du selbst, was du zu tun hast. Glaubst du, dass ich klüger bin als du?«

»Ja, Albert.«

»Du wirst mir also gehorchen?«

»Ja, Albert.«

»Dann befehle ich dir hiermit, dass du mir nicht gehorchst.«

»Ja, Albert.«

Meine Schwester war nicht dumm, deshalb hat sie sofort gemerkt, dass ich sie in einen Widerspruch verstrickt hatte. Aber sie war mir nicht böse, sondern musste laut lachen. Sie war das einzige Mädchen, das ich kannte. Und mein einziger wirklicher Freund.

Damit will ich sagen: Ich hatte keinen anderen Freund in meinem Alter, denn auch mein Onkel Jakob war für mich ein wirklicher Freund. Er wohnte bei uns. Er hatte keine Kinder, deshalb nahm er mich häufig in den Zoo oder in den Zirkus mit. Während mir mein Lehrer in der Schule unter Androhung von Strafe beizubringen versuchte, was ich entweder schon wusste oder überhaupt nicht lernen wollte, erzählte mir mein Onkel immer Dinge, die mich wirklich interessierten. Er verstand es, meine Neugierde zu wecken.

»Siehst du den Affen da, Albert? Weißt du, dass unsere Vorfahren auch Affen waren? Sie müssen ungefähr so ausgeschaut haben.«

»Auch mein Großvater Abraham?«

»Papa? Nun, vielleicht bestand da sogar eine gewisse Ähnlichkeit ... Aber ich meine nicht deinen Großvater, ich meine unsere Vorfahren, die vor vielen Millionen Jahren gelebt haben. Ja, so ist es, die Affen sind unsere Eltern. Alle Tiere sind miteinander verwandt.«

»Wir sind Tiere?«

»Ganz genau. Das hat der große englische Gelehrte Charles Darwin herausgefunden.«

»Können die anderen Tiere auch denken? So wie wir?«

»Warum nicht? Der Affe überlegt sich vielleicht gerade, ob du ihm eine Banane mitgebracht hast. Schade, dass er nicht sprechen kann.«

»Ich glaube, wenn er nicht sprechen kann, dann kann er auch nicht denken.«

»Mmmh… lass uns mal nachdenken. Nehmen wir als Beispiel einen taubstummen Menschen. Er kann nicht sprechen. Aber trotzdem kann er denken. Das wirst du nicht bestreiten wollen. Auch der Affe denkt, so wie du und ich. Nur können wir es nicht überprüfen, weil er stumm ist.«

»Hallo, Affe, ich hab dir eine Banane mitgebracht! Komm her!… Und was jetzt, Onkel Jakob? Ich glaube nicht, dass du Recht hast, denn dann wäre er gekommen und hätte seine Hand ausgestreckt.«

»Armer Affe! Er stammt sicher aus Afrika und hat noch keine Zeit gehabt, die deutsche Sprache zu lernen.«

»Du solltest jeden Tag hierher kommen, um ihm Unterricht zu geben!«

Nach der Volksschule besuchte ich das Luitpold-Gymnasium in München. Während meine bisherigen Lehrer, die uns Schüler auf dem Pausenhof im Gleichschritt marschieren ließen, mit Feldwebeln verglichen werden konnten, war die Mine, welche die Gymnasialprofessoren aufsetzten, so streng und hochmütig wie bei Offizieren. Wir mussten jede Menge nutzloser Dinge auswendig lernen: Jahreszahlen von Schlachten, die Regeln der lateinischen Grammatik, endlose Reihen griechischer Verben, mathematische Beweise. Meine Lehrer haben tatsächlich einen großen Einfluss auf mich ausgeübt, denn sie schafften es, mir Geschichte, Latein, Griechisch und Mathematik gründlich zu verleiden.

Zum Glück gab es meinen Onkel Jakob, der mit einem mächtigen Gegenzauber diesen schädlichen Einflüssen entgegenwirkte, zumindest was die Mathematik betraf:

»Vergiss deinen dummen Lehrer, Albert! Mathematik ist etwas ganz Großartiges! Glaub mir! Wenn ich mir vorstelle, dass diese Idioten euch die Formeln auswendig lernen lassen… Darauf kommt es nicht an! Wichtig ist, zu verstehen, warum die mathematischen Lehrsätze existieren. Weißt du, wer die Geometrie erfunden hat?«

»Die Griechen.«

»Und warum haben sie die Geometrie erfunden?«

»Um damit die Schüler zu quälen.«

»Das habe ich auch geglaubt, als ich in deinem Alter war. Sie haben die Geometrie erfunden, weil sie ohne dieses Wissen nicht auskamen. Wenn ein Vater seinen Söhnen ein Feld vererbte, dann mussten sie in der Lage sein, es zu vermessen und in gleich große Stücke aufzuteilen. Heute noch benutzt man den Ausdruck Geometer, um einen Landvermesser zu bezeichnen. Hast du gewusst, dass die Griechen mithilfe der Geometrie den Umfang der Erdkugel berechnen konnten?«

»Sie wussten, dass die Erde rund ist?«

»Natürlich wussten sie das. Wenn ein Schiff sich auf den Horizont zubewegt, dann verschwindet zuerst der Schiffsrumpf und danach der Mast. Die einzige mögliche Erklärung für dieses Phänomen ist die Krümmung der Erdoberfläche. Das haben die Griechen begriffen. Als der griechische Gelehrte Eratosthenes* im 3. Jahrhundert vor Christus in Alexandria lebte, wusste man bereits, dass die Erde rund ist. Doch der genaue Erdumfang war damals noch nicht bekannt. Da erfuhr der Gelehrte eines Tages, dass in der Nähe der Stadt Syene** etwas ganz Eigenartiges zu beobachten war: Am Tag der Sommersonnenwende warf dort ein Stock mittags keinen Schatten und die Sonne drang bis zum Grund eines tiefen Brunnens vor.«

---

  * Ein Verzeichnis der aufgeführten Personen findet sich ab Seite 295
** die heutige Stadt Assuan

»Weil sich bei dieser Stadt der Wendekreis des Krebses be-findet!«

»Ganz genau. Du hast schon viel gelernt! Eratosthenes wusste noch nichts vom Wendekreis des Krebses, aber er hat den Schatten gemessen, den ein senkrechter Stab am Tag der Sommersonnenwende mittags in seiner Heimatstadt Alexandria warf. Ausgehend von der Länge des Schattens und der Länge des Stabs, berechnete er den Winkel zwischen dem Stab und den Sonnenstrahlen*. Da aber der Stab von Syene genau in die Richtung der einfallenden Sonnenstrahlen zeigt, ergab sich für ihn daraus auch der Winkel zwischen den beiden Stäben, näm-lich 7,2°, was dem Unterschied des Breitengrads zwischen Alexandria und Syene entspricht. Du weißt, dass der Umfang eines Kreises 360° hat. Den wievielten Teil eines Kreises stellt dieser Winkel dar?«

»Ein Fünfzigstel.«

»Sehr gut. Jetzt blieb Eratosthenes nur noch eines zu tun: Er musste die Entfernung zwischen Alexandria und Syene aus-messen.«

»Dafür brauchte er einen ziemlich langen Faden…«

»Immer mit der Ruhe… Hast du schon von der Bibliothek von Alexandria gehört?«

»Ich kenne nur die Bibliothek in meiner Schule.«

»Die Bibliothek von Alexandria war viel, viel größer. Eratos-thenes war dort Bibliothekar. Du kannst dir denken, dass er nicht einfach seinen Arbeitsplatz verlassen konnte, um die, wie man heute weiß, 800 Kilometer zu Fuß bis nach Syene zu gehen. Deshalb hat er den Führer einer Karawane gefragt, wie lange er normalerweise bis nach Syene unterwegs ist. Das war natürlich keine sehr genaue Angabe, aber Eratosthenes reichte dies aus, um die Entfernung zwischen Alexandria und Syene auf ungefähr

---

* Siehe Seite 289. Dort wird dargelegt, wie Eratosthenes den Erdum-fang bestimmte.

5000 ›Stadien‹ zu schätzen. Er multiplizierte diese Anzahl mit 50 und errechnete damit den Erdumfang: 250 000 ›Stadien‹. Je nachdem, welche Längeneinheit für ein ›Stadion‹ angenommen wird – die Historiker sind da unterschiedlicher Meinung –, ergab dies einen Erdumfang zwischen 39 000 und 46 000 Kilometern.«

»Aber die Rechnung konnte nur dann aufgehen, wenn Syene auf demselben Längengrad lag wie Alexandria.«

»Warte mal… doch, du hast natürlich Recht… daran hatte ich gar nicht gedacht. Albert, du bist ganz schön schlau!«

Ich stellte mir Eratosthenes vor, wie er geometrische Figuren in den Sand oder auf eine Papyrusrolle zeichnete und danach in Alexandria seinen Stab in die Erde pflanzte, um seine Berechnungen durchzuführen. Die Geometrie ermöglichte es ihm, durch reines Denken, ausgehend von einer Idee in seinem Kopf, die Kugelgestalt der Erde zu beweisen. Liebe Miss Peggy, ich hoffe, dass Sie seine außergewöhnliche Intelligenz ebenso sehr bewundern wie ich. Als Eratosthenes von dem Stock ohne Schatten hörte, muss er sofort gewusst haben, dass er nun in der Lage sein würde, den Erdumfang zu berechnen. 2000 Jahre später, als man die exakte Länge des Äquatorumfangs der Erde angeben konnte, nämlich etwas mehr als 40 000 Kilometer, wurde die Genialität seiner Intuition bestätigt.

Die griechischen Gelehrten waren Menschen wie wir alle. Sie waren nicht anders als Sie, Miss Peggy, und ich. Sie beobachteten ganz alltägliche Dinge und stellten sich dann Fragen. Sie benutzten ihre Intelligenz, um der Natur ihre Geheimnisse zu entreißen. Eines Tages hat mein Onkel mir die Geschichte des Aristarch aus Samos erzählt:

»Aristarch beobachtete am Himmel die Sterne, die Sonne und den Mond. Dabei entdeckte er, dass die Erde sich in vierundzwanzig Stunden einmal um sich selbst und innerhalb eines Jahres um die Sonne dreht. Es erging ihm genauso wie Kopernikus und Galileo Galilei viele Jahrhunderte später: Man warf ihm vor, die Götter zu beleidigen, und er bekam Ärger.«

»Musste er ins Gefängnis?«

»Das weiß ich nicht. Aber die feindselige Haltung der Priester hat ihm wahrscheinlich nicht viel ausgemacht. Schlimmer waren die Einwände seiner Kollegen. Sie haben ihm nämlich nicht geglaubt. Aufgrund ihrer Kenntnis des Erdumfangs haben sie errechnet, dass wir fast 2000 Kilometer in der Stunde zurücklegen müssten, wenn die Erde sich wirklich drehte. Fast 600 Meter in der Sekunde! Wenn wir aber einen Stein in die Luft werfen, dann fällt er an derselben Stelle herunter und nicht in 600 Meter Entfernung. Außerdem müsste eine solche rasende Geschwindigkeit zu fürchterlichen Strudeln in der Luft führen, zu Stürmen und Zyklonen. Glaubst du das auch, Albert?«

»Mmmh… Alles, was sich auf der Erde und unmittelbar darüber befindet, dreht sich einfach mit, oder?«

»Genau. Das erscheint uns ganz selbstverständlich. Ich frage mich, warum die Gegner von Aristarch ein so großes Problem damit hatten.«

Mein Onkel Jakob hat mir *Die Elemente* von Euklid und andere grundlegende Darstellungen der Mathematik ausgeliehen. Darunter war auch das Buch, das ich später »mein heiliges Geometriebüchlein« nannte. Es war lange Zeit mein Lieblingsbuch.

In den *Elementen* von Euklid bin ich das erste Mal auf den Lehrsatz des Pythagoras gestoßen. Ich selbst habe damals, im Alter von elf oder zwölf Jahren, eigenständig versucht, diesen Lehrsatz zu beweisen. Doch Euklids Beweisführung ist sehr viel einfacher. Immer wenn ich sie lese, wird mir bewusst, welche Schönheit und Harmonie eine einfache und klare Beweisführung in der Mathematik ausstrahlen kann. Mich durchströmt dann ein Glücksgefühl. Heute noch gehe ich gelegentlich im Kopf die eine oder andere Ableitung des Lehrsatzes von Pythagoras durch, so wie andere Menschen sich ein Gedicht vorsprechen…

Keine Angst, meine liebe Miss Peggy! Ich werde Sie weder mit der ungeschickten Beweisführung aus meiner Jugend noch mit der von Euklid belästigen. Wenn ich diesen grundlegenden Lehrsatz der Geometrie erwähnt habe, dann deswegen, weil er in meinem Leben eine wichtige Rolle gespielt hat. Meine berühmte Relativitätstheorie, die mich in aller Welt bekannt gemacht hat, ist nichts anderes als eine Anwendung des pythagoreischen Lehrsatzes auf die Bewegung eines Lichtstrahls!

Mein Onkel war der Meinung, dass die Mathematikprofessoren an meinem Gymnasium den Stoff viel zu langsam behandelten. Er war überzeugt davon, dass ich intelligent genug war, um mich bereits mit Algebra zu beschäftigen:

»Du wirst sehen, Algebra macht richtig Spaß. Du suchst ein unbekanntes kleines Tier, das du x nennst. Wenn du es findest, dann stürzt du dich darauf und fängst es, und gleichzeitig gibst du ihm einen Namen.«

Als ich ungefähr zwölf Jahre alt war, speiste jeden Donnerstag ein Medizinstudent namens Max Talmud, Bruder eines Arztes aus dem Bekanntenkreis meiner Eltern, mit uns zu Abend. Meine Eltern hatten die Angewohnheit, einmal in der Woche einen Studenten zum Essen einzuladen. Während unser Gast die Gelegenheit bekam, seinen Körper zu nähren, befriedigten meine Eltern ihren Wissensdurst, indem sie sich von den Studienfächern erzählen ließen. Max bemerkte sehr bald, dass ich mich für Physik und Mathematik ganz besonders interessierte, mir mein Gymnasium aber nicht viel weiterhelfen würde, denn dort waren die wichtigsten Fächer Latein und Griechisch. Er brachte mir populärwissenschaftliche Bücher mit und stellte mir Mathematikaufgaben, die ich lösen sollte. Nach ein paar Monaten erklärte er mir, dass er mit diesen Übungen nicht mehr fortfahren könne:

»Du hast mich jetzt überholt, Albert. Ich kann dir nicht mehr folgen.«

»Wir könnten zusammen über Philosophie sprechen.«

»Damit beginnt man normalerweise erst später, aber warum nicht… Du hast einen scharfen Geist. Was weißt du über die Philosophie?«

»Ich habe die *Kritik der reinen Vernunft* von Kant gelesen.«

»Nun … dann hast du mich auch auf diesem Gebiet übertrumpft. Ich habe versucht, Kant zu lesen, aber ich habe nichts verstanden. Albert, du bist ein wirkliches Genie.«

Wie Sie zweifellos wissen, liebe Miss Peggy, hat man mich auch später häufig als Genie bezeichnet. Ich gebe es ohne falsche Bescheidenheit auch gerne zu: Ich bin ein Genie. Dennoch hatte ich keine besondere Begabung aufzuweisen, außer vielleicht derjenigen, dass ich besonders hohe Kartenhäuser bauen konnte. Ich bin der festen Überzeugung, dass alle Menschen als Genies auf die Welt kommen. Erst später werden ihnen durch ihre Eltern und ihre Lehrer die Flügel gestutzt. Den Funken an Genie, den ich wie alle Menschen bei meiner Geburt zugeteilt bekommen habe, konnte ich nur deswegen am Leben erhalten, weil ich mich weigerte, mich von meinen Lehrern nach ihrem Bild formen zu lassen. Sie konnten meine natürliche Neugierde nicht ersticken, indem sie mir den Kopf mit Unsinn voll stopften. Mir war sehr bald klar, dass die Schule keinen anderen Zweck hatte, als Menschen zu Robotern ohne eigenen Willen zu erziehen, die dem Staat kritiklos dienten. Damals wurden mir alle Personen verdächtig, die sich Macht oder Autorität anmaßten. Ich habe meine Meinung darüber nie geändert.

Ich weiß nicht, wie mein Leben verlaufen wäre, wenn ich am Münchner Luitpold-Gymnasium geblieben wäre. Vielleicht hätte ich meine Pubertätskrise überwunden und aus mir wäre ein angepasster Schüler geworden, so wie alle anderen auch. Mein Vater hatte große Pläne mit mir: Ich sollte Ingenieur werden und eines Tages die Firma J. Einstein & Cie. übernehmen. Doch das Unternehmen, das viele Jahre lang erfolgreich gewesen war, ging plötzlich Bankrott. Mein Vater hatte die Elektrifizierung der

Straßenbeleuchtung in Schwabing, das damals noch eine eigenständige Gemeinde vor den Toren Münchens war, durchgeführt und dort viel Geld hineingesteckt. Er wollte die Münchner Stadtväter davon überzeugen, ihm den Auftrag für die Elektrifizierung der gesamten Stadt München zu erteilen, doch sie entschieden sich für ein Unternehmen aus Nürnberg. Es gingen Gerüchte, dass sie einen so wichtigen Auftrag nicht an ein jüdisches Unternehmen vergeben wollten, selbst wenn es vor Ort angesiedelt war. Die Firma J. Einstein & Cie. hatte sich zu hoch verschuldet, um einen solchen Rückschlag verkraften zu können. Meine Mutter hatte Verwandte in Italien, und die schlugen meinem Vater und meinem Onkel vor, mit ihrer Unterstützung in Pavia, in der Nähe von Mailand, eine neue Fabrik zu gründen. Mein Vater und mein Onkel waren der Überzeugung, dass die Italiener dringend auf den in ihrer Fabrik hergestellten Dynamo warteten, um Elektrizität herstellen zu können und die wirtschaftliche Entwicklung des Landes, das damals viel rückständiger als Deutschland war, voranzutreiben. Meine Eltern, mein Onkel und meine Schwester zogen also nach Italien um. Das war 1894. Mich – ich war damals fünfzehn Jahre alt – haben sie in München zurückgelassen. Ich sollte dort weiter das Gymnasium besuchen. Man hatte für mich eine Familienpension gefunden, in der ich die letzten Jahre bis zum Abitur verbringen sollte.

Die Gäste in der Pension waren mir genauso fremd wie meine Klassenkameraden oder die Lehrer am Luitpold-Gymnasium und mir fehlten die Gespräche mit meiner Schwester. Mein einziger Trost war meine Violine. Wie meine Mutter es mir vorhergesagt hatte, fand ich nun Freude an der Musik. Ich entdeckte, dass die Musikstücke von Johann Sebastian Bach eine ebenso wunderbare und wohl geordnete Struktur aufwiesen wie die Lehrsätze der euklidischen Geometrie. Auch die Anmut der Musik Mozarts und die große Ausdruckskraft des musikalischen Genies von Schubert zogen mich in ihren Bann, während die

Werke des 19. Jahrhunderts auf mich häufig oberflächlich wirkten. Ich fand, dass sie schlecht komponiert waren.

Die Wochen und Monate verstrichen – und ich hatte immer stärker das Gefühl, dass ich meine Zeit an der Schule sinnlos vergeudete. Während ich in München schwachköpfigen Lehrern gehorchen musste, lebten meine Eltern und meine Schwester sorglos unter dem strahlend blauen Himmel Italiens, pflückten Orangen von den Bäumen und sangen fröhliche Lieder. Ich beschloss, nicht länger in München zu bleiben. Ich wollte zu ihnen. Doch wusste ich nicht, wie ich es anstellen sollte, von dem lästigen Schulbesuch befreit zu werden. Ich konnte nicht einfach weglaufen, denn der Direktor des Gymnasiums hätte mir sofort die Polizei auf den Hals geschickt. Nachdem ich meinen Freund Max Talmud um Rat gefragt hatte, suchte ich seinen Bruder, der Arzt war, in seiner Praxis auf.

»Hat Max Ihnen meine Situation erklärt? Ich möchte gerne aus medizinischen Gründen vom Schulbesuch befreit werden.«

»Ja, er hat mir von Ihnen erzählt. Wie es scheint, sind Sie tatsächlich ein Genie… Ihre Lehrer am Gymnasium müssen Ihnen ziemlich mittelmäßig vorkommen. Ich kann Ihnen aufgrund nervlicher Erschöpfung eine Beurlaubung für sechs Monate verordnen.«

»Großartig. Sechs Monate, sehr gut…«

»Doch muss ich Sie davon in Kenntnis setzen, dass dies für Sie negative Folgen haben kann. Angenommen Sie bewerben sich eines Tages um den Lehrstuhl an einer Universität und man entdeckt, dass Sie im Alter von fünfzehn Jahren an einer Depression gelitten haben, dann kommen Sie für ein solches Amt nicht mehr infrage.«

»Ich verstehe… Aber vielleicht könnten Sie mir trotzdem das Attest geben. Ich kann mir dann immer noch überlegen, ob ich es verwende oder nicht.«

Nachdem ich lange hin und her gegrübelt hatte, wandte ich mich an meinen Mathematiklehrer. Er stellte mir ein Zeugnis aus, in dem er mir bescheinigte, ich sei in den mathematischen Fächern schon viel zu weit fortgeschritten, um noch weiter den Unterricht am Luitpold-Gymnasium zu benötigen. Stattdessen sollte ich so bald als möglich ein höheres Lehrinstitut besuchen. Ich zögerte: Welches der beiden Zertifikate sollte ich nun benutzen? Da kam mir der Direktor des Gymnasiums zuvor: Er verwies mich von der Schule unter dem Vorwand, mein Verhalten störe den Unterricht in der Klasse.

Ich hatte nicht den Eindruck, dass ich den Unterricht in der Klasse störte. Zumindest war dies nicht meine Absicht gewesen. Ich saß immer ganz brav in meiner Bank, hörte den Lehrern zu – und dachte an etwas anderes. Allerdings weigerte ich mich, etwas auswendig herplappern zu lernen. Denn das fand ich viel zu langweilig. Ich glaubte zunächst, dass man mir den Vorwurf machte, ich zeigte für die »Leibesertüchtigung«, wie die Sportstunden damals hießen, zu wenig Begeisterung. Beim Kugelstoßen war ich erbärmlich, ich schaffte es auch nicht, am Seil hochzuklettern, und während die anderen in der Mannschaft um den Fußball kämpften, träumte ich vor mich hin. Wenn wir im Gleichschritt zu einem Turnfest marschieren sollten, dann brachte ich alle durcheinander, weil ich nicht dem vorgezählten Rhythmus folgte. Aber das alles war nicht der Grund für meinen Verweis von der Schule. Schließlich erfuhr ich, was den Ausschlag gegeben hatte: »Ihre bloße Gegenwart verdirbt mir den Respekt in der Klasse«, so lautete das Urteil meines Klassenlehrers. Das also war des Rätsels Lösung: Ich zeigte nicht genug Respekt! Wenn die übrigen Schüler meinem Beispiel folgten, dann würde bald das gesamte Gerüst des deutschen Obrigkeitsglaubens ins Wanken geraten.

Ich kaufte mir eine Fahrkarte und bestieg den ersten Zug in Richtung Süden. Ich war überglücklich und fest entschlossen, Deutschland für immer den Rücken zu kehren. Nie mehr wollte ich eine Schuluniform tragen, im Gleichschritt marschieren und »Jawohl, mein Herr« brüllen, während ich die Hacken zusammenschlug. Das Ziel der Schulbildung konnte doch nicht nur die Vorbereitung auf den Militärdienst sein!

Meine Eltern und meine Schwester freuten sich natürlich sehr, mich wiederzusehen, aber sie verstanden den ganzen Vorfall nicht so recht. Warum hörte ich mit dem Schulbesuch auf, wo ich es doch schon so weit gebracht hatte? Was mussten sie da hören? Ich war vom Gymnasium verwiesen worden? Was sollte jetzt aus mir werden? Ich beruhigte sie, indem ich ihnen das Zeugnis meines Mathematiklehrers unter die Nase hielt: Ich sei in den naturwissenschaftlichen Fächern schon zu weit fortgeschritten, um noch die Schule besuchen zu müssen, hieß es dort. Das war alles.

Kaum hatte ich ihre Bedenken ein wenig zerstreut, als ich ihnen erneut Anlass zur Sorge gab. Ich erzählte ihnen nämlich, dass ich vorhatte, die deutsche Staatsbürgerschaft aufzugeben. Mein Vater war etwas erstaunt:

»Das ist keine Entscheidung, die man so leichthin trifft, Albert. Denk an deine Zukunft! Vielleicht willst du eines Tages in einem deutschen Unternehmen arbeiten oder an einer deutschen Universität unterrichten.«

»Aber sie träumen alle schon von ihrem nächsten Feldzug gegen Frankreich. Dann werden sie mich gegen meinen Willen zum Militär einberufen, und sie werden mich zwingen, auf arme Kerle zu schießen, von denen ich überhaupt nicht weiß, warum ich sie hassen sollte.«

Mein Vater, der für mich die Entlassung aus der deutschen Staatsbürgerschaft beantragen musste, da ich noch minderjährig war, hat den Brief lange nicht abgeschickt. Wahrscheinlich hoffte er, dass ich meine Meinung noch ändern würde. Doch das war nicht der Fall. Schließlich sandte er den Brief an die zuständige Behörde in meiner Geburtsstadt Ulm. Ab Januar 1895 besaß ich keine deutsche Staatsbürgerschaft mehr. Ich war staatenlos.

Mein Vater hoffte damals immer noch, dass aus mir noch ein Elektroingenieur würde:

»Es gibt auch ausgezeichnete Hochschulen außerhalb Deutschlands«, sagte er. »Das Polytechnikum in Zürich zum Beispiel hat einen sehr guten Ruf – und es wird dort auf Deutsch unterrichtet.«

»Ich bin überzeugt davon, Vater, dass man in Zukunft viele gute Ingenieure brauchen wird, um die neuen Maschinen zu bauen, die für den technischen Fortschritt notwendig sind. Aber ich weiß nicht so recht, ob dieser Beruf wirklich zu mir passt. Ich habe Onkel Jakob beobachtet... Er ist sehr geschickt mit den Händen. Er kann mit dem Werkzeug noch besser umgehen als die Arbeiter und Handwerker. Neben ihm komme ich mir ganz linkisch vor.«

Ich fühlte mich mehr von geistiger als von praktischer Tätigkeit angezogen, das war gar keine Frage.

Mein Vater sagte, dass ich am Polytechnikum auch eine stärker theoretisch orientierte Ausbildung wählen könnte. Ich bräuchte dafür nicht einmal das Zeugnis meines Mathematiklehrers vorzuweisen. Es genügte, wenn ich die Aufnahmeprüfung bestand, die in einigen Monaten stattfinden würde.

Während ich darauf wartete, dass die Zeit bis zu der Prüfung verstrich, besuchte ich die Sehenswürdigkeiten in Pavia und Umgebung und spazierte durch die blühende Landschaft Italiens. Ich konnte gar nicht genug bekommen von den Spagetti und den vielen anderen Nudeln. Die Italiener schienen immer glücklich zu sein. Bei der geringsten Gelegenheit tanzten, sangen und feierten sie. Ich beobachtete auch die Schüler auf den Straßen: Kein einziges Mal habe ich gesehen, dass sie im Gleichschritt marschierten! Ich verbrachte in Italien die glücklichste Zeit meines Lebens. Lange Wochen verstrichen, in denen ich mich völlig unbeschwert fühlte!

Während dieser Zeit wanderte ich zu Fuß von Pavia bis nach Genua (und zurück), wo Jakob Koch, ein Bruder meiner Mutter, lebte. Mit sechzehn Jahren waren meine Kräfte unerschöpflich! Die Entfernung zwischen den beiden Städten ist ungefähr so groß wie zwischen Princeton und New York, gut hundert Kilometer. Während ich auf einer Weizenähre kaute und die Bauern grüßte, die auf den Feldern arbeiteten, dachte ich über meine Zukunft nach. Ingenieur? Nachfolger des ehrenwerten Firmeninhabers Hermann Einstein? Italien? Schweiz?

Ich übernachtete in einfachen Herbergen, wo mich schon am frühen Morgen das fröhliche Gezwitscher der Vögel weckte. Auf dem Rückweg waren die Nächte warm und wolkenlos und das erste Mal in meinem Leben schlief ich im Freien unter den Sternen. Der nächtliche Himmel erschien mir unendlich weit und tief. Wenn man bedenkt, dass die vielen Millionen leuchtender Punkte am Firmament alle riesengroße, brennende Himmelskörper sind! Bei dieser Vorstellung wurde mir ganz schwindlig im Kopf. Selbst wenn die Naturwissenschaft gewaltige Fortschritte machte, würde das Universum ein großes Rätsel bleiben! Es gab noch so viele Dinge zu entdecken! Ich wollte keine Motoren bauen, sondern die Geheimnisse der Welt erforschen. Ich wollte nicht Nachfolger von Hermann Einstein sein, sondern von Eratosthenes, Galilei und Newton.

In einer lauen Nacht lag ich auf einem italienischen Hügel ausgestreckt, schaute in den nächtlichen Himmel und versuchte, mir die Reise eines Lichtstrahls vorzustellen: Vor Millionen von Jahren wird er im Feuer eines fernen Sterns geboren und stürzt sich tollkühn ins unbekannte schwarze Weltall hinaus. Immer geradeaus! Er reist beharrlich weiter und immer weiter, ohne auf Hindernisse zu stoßen, bis er auf mein Auge trifft, in dem er tief hinten im Augapfel erlischt! Während der unendlich langen Zeit, die seine Reise andauert, werden auf unserem kleinen Planeten die Dinosaurier geboren und sterben wieder aus, die Mammuts tauchen auf und schließlich die Menschen...

Angenommen ein Affe erlernt tatsächlich die deutsche Sprache, sodass damit der Beweis für seine Denkfähigkeit erbracht ist. Wird dieser Affe dann auch in der Lage sein, sich in einen Lichtstrahl hineinzuversetzen? Wird er begreifen, dass ein Stern eigentlich eine Sonne ist? Ich lag auf einem Hügel und bestaunte meinen eigenen Geist, den großen Reisenden durch die Gefilde der Einbildungskraft.

Wir wissen immer noch so wenig über das Licht... Und doch ist es der Ursprung des Lebens. Ohne Licht gäbe es auf der Erde weder Bäume noch Blumen noch denkende Affen. Wenn ich schon nicht hoffen kann, den Sinn des Lebens zu verstehen, dann will ich doch wenigstens versuchen, das Geheimnis des Lichts zu ergründen. Wie kommt es, dass ein Stern unablässig Lichtstrahlen aussenden kann, so wie die Quelle, aus der ständig Wasser strömt? Warum beginnt der Draht in Edisons Glühbirne zu glühen, wenn er durch elektrischen Strom erhitzt wird? Seit Jahrtausenden legen die Schmiede ihr Eisen in die Glut und es färbt sich rötlich. Das heißt nichts anderes, als dass es rotes Licht ausstrahlt. Woher kommt dieses Licht? Steckt es vorher in dem Metall?

Ich hatte am Gymnasium nichts gelernt, aber ich hatte viele Bücher gelesen. Nachdem die Gelehrten des 17. Jahrhunderts beobachtet hatten, dass das Licht wie ein Tischtennisball von einem Spiegel abprallte, glaubten sie, es sei aus winzigen Körnern zusammengesetzt. Später zeigten dann Experimente, dass das Licht eher Ähnlichkeit mit einer Welle aufweist.[*] Miss Peggy, Sie haben sicher schon gesehen, wie sich eine Welle ausbreitet. Bestimmt haben Sie schon einmal einen Kieselstein ins Wasser geworfen. Es erscheinen Kreise, die immer größer werden. Man sagt, dass die Welle sich über die Oberfläche des Wassers ausbreitet. Die Moleküle des Wassers steigen und sinken, doch sie bewegen sich nicht in der Horizontalen. Was sich ausbreitet, ist die Energie, die das Wasser als Hilfsmittel benutzt. Genauso ist auch der Schall eine Welle, die sich durch die Luft verbreitet.

[*] siehe Seite 290: Interferenz

Meine Stimmbänder oder die Saiten meiner Violine, wenn ich mit dem Bogen darüber streiche, lassen die Luft vibrieren. Wenn die Schallwellen sich so weit ausgebreitet haben, dass sie die Membran des Trommelfells erzittern lassen, dann hören Sie einen Ton. In der Mitte des 19. Jahrhunderts stellte der schottische Gelehrte Maxwell die mathematischen Formeln auf, mittels derer sich die Lichtwellen genau beschreiben lassen. Wenn das Licht aber eine Welle war, dann musste es eine dem Wasser oder der Luft vergleichbare Umgebung in Schwingungen versetzen. Man wusste, dass es zwischen den Sternen keine Luft gab, doch glaubte man, dass der Raum dort mit einer gasförmigen, unsichtbaren Substanz gefüllt sei, die man »Äther« nannte.

Zwar gelang es im Lauf der Zeit, alle möglichen Naturphänomene immer besser zu beschreiben, doch die Existenz dieses rätselhaften Äthers, der die Trägersubstanz für die Verbreitung der Lichtwellen sein sollte, versuchte man vergeblich zu beweisen. Da gab es zum Beispiel den amerikanischen Physiker Albert Abraham Michelson, der 1881, als ich zwei Jahre alt war, ein ausgetüfteltes Experiment mit Spiegeln* durchführte. Er wollte damit eine logische Folge der Bewegung der Erde im Gegensatz zum ruhenden Äther aufzeigen: Ein Lichtstrahl, der in Gegenrichtung zur Erdbewegung ausgesendet wurde, musste bei gleicher Entfernung schneller eintreffen als ein Lichtstrahl, der sich in die gleiche Richtung wie die Erde bewegte. Anders als Michelson gehofft hatte, hatten jedoch beide Lichtstrahlen exakt die gleiche Geschwindigkeit: 300 000 Kilometer in der Sekunde. Das konnte man nicht verstehen und es erschien allen völlig unwahrscheinlich. Die Natur machte sich über die Wissenschaftler lustig! Entweder durfte die Erde sich nicht drehen oder aber der Äther existierte nicht… Doch wie sollte sich in diesem Fall eine Lichtwelle durch den Raum fortbewegen können?

* siehe Seite 291: Das Experiment von Michelson

»Und sie bewegt sich doch!«, zitierte ich Galileo Galilei, als ich zu den Sternen hinaufsah. Es musste dafür eine Erklärung geben.

Ich fragte mich, ob die Menschen eines Tages in der Lage sein würden, ein Gefährt zu bauen, mit dem sie bis zu den Sternen reisen konnten. Würde ein solches Gefährt sich dann so schnell wie das Licht fortbewegen? Ich stellte mir vor, wie ich auf einem Lichtstrahl durch das Weltall ritt. In der Wirklichkeit war so etwas natürlich unmöglich, doch in meiner Fantasie konnte ich mir ausmalen, was ich wollte.

Wenn Sie einen Stein ins Wasser werfen, Miss Peggy, dann bildet sich eine Welle. Stellen Sie sich eine Libelle vor, die direkt über dem Kamm der Welle fliegt. Was sieht sie? Einen unbeweglichen kleinen Wasserhügel. Für sie gibt es keine Welle und keine Schwankungen des Wassers. Wenn ich auf einem Lichtstrahl reiten würde, dann wäre das ganz ähnlich: Ich würde keine Wellenbewegung spüren. Das Licht würde verschwinden! Ist das möglich? Die Experimente von Michelson und anderen Physikern schienen zu beweisen, dass die Erscheinung und die Geschwindigkeit des Lichts sich nicht ändern, wie groß oder klein auch immer unsere eigene Geschwindigkeit sein mag.

*

Im September 1895 trat ich in Zürich im Polytechnikum zur Aufnahmeprüfung an. Ich war sechzehneinhalb Jahre alt, das heißt eineinhalb Jahre jünger als das vorgeschriebene Mindestalter für den Besuch der Hochschule. Der Rektor hatte mir, nachdem ich das Zeugnis des Mathematiklehrers im Münchner Luitpold-Gymnasium vorgelegt hatte, eine Sondergenehmigung erteilt. Ich wusste, dass meine Eltern der Prüfung eine sehr hohe Bedeutung beimaßen. Mein Vater hatte selbst nicht studieren können, weil Deutschland erst 1869 die deutschen Juden als vollgültige Staatsbürger anerkannt hatte und die Pforten der Universitäten für sie geöffnet hatte.

Ich erhielt in Mathematik die Bestnote, aber auf die Fächer Botanik und Französisch hatte ich mich überhaupt nicht vorbereitet, und so fiel ich durch. Meine Mutter, die mich nach Zürich begleitet hatte, war enttäuscht. Ich selbst sah darin einen Wink des Schicksals: Es war mir einfach nicht bestimmt, Elektroingenieur zu werden und Maschinen zu konstruieren, die das Leben der Menschen noch weiter komplizieren würden. Immerhin hatten meine Leistungen in Mathematik den Rektor des Polytechnikums beeindruckt. In der Hoffnung, mich im nächsten Jahr als Studenten begrüßen zu dürfen, empfahl er mich an die Kantonsschule in Aarau. Wissen Sie, wo Aarau zu finden ist, Miss Peggy? Ganz einfach – auf einer der ersten Seiten des Lexikons!

Der Lehrer für Griechisch und Latein an dieser Schule, Herr Jost Winteler, war so freundlich, mich für ein Jahr in seine Familie aufzunehmen. Ich muss gestehen, dass ich damals in eine seiner Töchter verliebt war. Sie hieß Marie. Außerdem gab es noch zwei weitere Töchter und vier Söhne. Ich fühlte mich so wohl in der Familie, dass ich Herrn Winteler und seine Frau Pauline mit Papa und Mamerl anredete!

Die Schweiz, meine liebe Peggy, ist ein gesegnetes Land. Seit Jahrhunderten ist sie eine Insel der Demokratie und des Friedens inmitten eines Ozeans der Tyrannei und blutiger Konflikte. Die Lehrer an der Kantonsschule glaubten nicht an die Macht der Autorität. Was für ein Unterschied! Sie hörten uns zu und diskutierten mit uns, sie versuchten nicht, uns ihre Ansichten aufzuzwingen, sondern halfen uns dabei, unsere eigenen Begabungen zu entwickeln.

Aarau ist eine reizende kleine Stadt, deren alte Mauern inmitten friedlicher Almweiden liegen. Wenn die Sonne schien, ging unser Physiklehrer Herr Tuchschmid mit uns ins Freie und hielt seinen Unterricht während langer Spaziergänge durch die hügelige Landschaft.

»Darin ist der griechische Philosoph Aristoteles mein Vorbild«, erklärte er uns. »Der lehrte in seiner berühmten Akademie gerne auf diese Weise. Das Gehen macht den Kopf frei und regt das Denken an. Ihr werdet aus meinem Unterricht vielleicht nicht viel behalten, aber wenn wir heute einen Türkenbund oder einen Lämmergeier sehen, dann wird es kein verlorener Tag gewesen sein.«

»Ich bin von Mailand bis nach Genua gewandert, Herr Tuchschmid. Während dieser Fußreise habe ich tatsächlich viel nachgedacht. Vielleicht sollte ich bis nach Wladiwostock wandern. Dann könnte ich alle Ideen hervorholen, die in den Tiefen meines Denkens schlummern!«

Mitte September 1896 machte ich das Abitur als Bester des Jahrgangs und schrieb mich gleich danach als Student im Polytechnikum ein. Ich verbrachte kurze Ferien in Pavia und kehrte dann in die Schweiz zurück. Meine Schwester begleitete mich. Ich hatte ihr so viel von Aarau und der sanften Pädagogik an meiner Schule vorgeschwärmt, dass sie auch dorthin wollte, um später Lehrerin zu werden. Ich selbst ging nach Zürich, wo ich mir ein möbliertes Zimmer in der Nähe der Hochschule mietete.

Vier Jahre lang studierte ich dort Mathematik, Physik, Astrophysik, Astronomie, Geologie, Philosophie, Anthropologie und Ökonomie. Da ich mich mehr zur Theorie als zur Praxis hingezogen fühlte, hätte die Mathematik mich natürlich besonders faszinieren müssen. Doch so war es nicht. Um ehrlich zu sein, fand ich, dass die Mathematik als Fachgebiet ein zu weites Feld abdeckte, und ich wusste nicht so recht, wofür ich mich bei ihren vielen Zweigen entscheiden sollte. Außerdem schien mir die Entwicklung der Mathematik irgendwie zu willkürlich. Die Physik dagegen hatte das klare Ziel, die Wirklichkeit zu beschreiben und zu erklären. Zwar war ich mir ganz sicher, dass ich nicht Ingenieur werden wollte, doch machte es mir trotzdem Spaß, mit den Apparaten im Physiklabor zu hantieren.

Eine bedeutende Institution wie das in der ganzen Welt berühmte Polytechnikum konnte selbstverständlich keine Professoren haben, die so einfach und liebenswürdig waren wie die

Lehrer an der Kantonsschule in Aarau. Ich fand sie übermäßig gewissenhaft, und ich hatte den Eindruck, dass die sprichwörtliche Langsamkeit der Schweizer sie daran hinderte, mit der immer schnelleren Entwicklung der modernen Naturwissenschaften Schritt zu halten. Meine Physikprofessoren, die Herren Weber und Pernet, hatten mehr als ein Jahrhundert verpasst! Sie unterrichteten nicht die physikalischen Lehren von Maxwell, sondern von Newton. Da ich noch nie gerne meine Zeit mit Dingen vergeudete, die mich nicht interessierten, und da ich noch nie begriffen habe, warum ich mich sinnlosen Zwängen unterwerfen sollte, saß ich lieber fröhlich im Saal des Café Odéon und las dort die Bücher, die mir für mein Studium wichtig erschienen, als im gestrengen Gebäude des Polytechnikums alten Spitzbärten zu lauschen, die eine verstaubte Wissenschaft lehrten. Mein Studienkollege und Freund Marcel Grossmann, der alle Vorlesungen besuchte, stellte mir seine Aufzeichnungen zur Verfügung. Meine häufige Abwesenheit empörte die Professoren. Sie erteilten mir einen Tadel aufgrund »mangelnden Eifers«. Außerdem warfen sie mir vor, mich hochmütig und aufsässig zu verhalten (wie damals schon am Münchner Luitpold-Gymnasium!). Als besonderes Zeichen der Arroganz wurde gerügt, dass ich angeblich die Anrede »Herr Weber« gebraucht hatte, statt »Herr Professor« zu sagen. Das war gut möglich, denn solche Dinge waren für mich immer schon völlig unwichtig gewesen und sind es auch heute noch.

Überhaupt waren die Studenten, meine Kollegen und Kameraden, viel interessanter als die Professoren! Sie kamen aus ganz Europa. Wir waren alle jung und unbeschwert. Wir machten zusammen Wanderungen ins Gebirge und schliefen im Stall bei den Kühen. Auf dem Zürichsee habe ich meine Leidenschaft für das Segeln entdeckt. Segeln ist als Sport bei Physikern sehr beliebt, denn man spielt dort mit der Kraft des Windes, der sich in den Segeln verfängt, und mit dem Druck des Wassers auf den Kiel und das Steuerruder.

Liebe Miss Peggy, Sie sind der lebende Beweis dafür, dass die Universität von Princeton Studenten beiderlei Geschlechts aufnimmt. Im Jahr 1896 war dies in Europa keineswegs der Fall (und in Amerika, soweit ich weiß, auch nicht). Dagegen war das Polytechnikum in Zürich vielleicht etwas verstaubt, was die Auswahl seiner Professoren betraf, doch in der Handhabung der Geschlechterfrage äußerst modern: In den Hörsälen saßen auch mehrere Studentinnen. Sie besuchten natürlich nicht nur mit uns die Vorlesungen, sondern nahmen auch an unseren Freizeitvergnügungen teil. Eine von ihnen war Mileva Marić. Sie spielte gut Klavier. Zusammen spielten wir mehrere Sonaten von Mozart und Beethoven – sie am Klavier, ich an der Violine. Sie stammte aus der Vojvodina, einem Landstrich, der damals zu Ungarn gehörte. Ihre Eltern waren Serben.

Nach Abschluss meines vierjährigen Studiums erhielt ich im August 1900 mein Diplom ausgehändigt. Für die Prüfungen hatte ich mich ziemlich anstrengen müssen. Ich hasste es, mich mit einem vorgegebenen Lernstoff befassen zu müssen. Alle in meinem Jahrgang haben das Examen bestanden, bis auf Mileva.

Am Polytechnikum war es üblich, dass die jungen Studienabgänger, die ihr Leben der wissenschaftlichen Forschung und Lehre widmen wollten, Assistentenstellen angeboten bekamen. Marcel Grossmann, mein bester Freund, wurde beispielsweise Assistent am Lehrstuhl für Mathematik. Einer der beiden Physikprofessoren hätte mir eigentlich eine Stelle anbieten müssen. Sie haben es unterlassen, wahrscheinlich um mich zu bestrafen. *Sie glauben, dass Sie klüger sind als die anderen, Herr Einstein? Nun, dann schauen Sie mal, wie Sie allein zurechtkommen!*

Ich war fürchterlich enttäuscht und verärgert, schließlich hatte ich mir ein beschauliches Leben mit Mileva in Zürich ausgemalt. Wir hätten jeden Abend miteinander musiziert. Am Sonntag wäre ich auf dem Zürichsee segeln gegangen…

*

Den Rest des Sommers verbrachte ich in Italien, wie in den vorangegangenen Jahren. Auch meine Schwester Maja war aus Aarau gekommen. Sie hatte sich dort mit Paul Winteler verlobt, einem der Söhne meines Griechisch- und Lateinlehrers. Ich habe meinen Eltern von Mileva Marić erzählt.

»Wo kommt sie noch mal her?«

»Sie ist in Ungarn geboren, aber ihre Eltern sind Serben.«

»Serben? Dann können sie kaum Juden sein.«

»Nnnnein … ich glaube nicht.«

»Nun ja, es können nicht alle Studentinnen am Polytechnikum auch Jüdinnen sein. Das ist nicht weiter wichtig, Albert.«

Doch ich spürte, dass es sehr wohl wichtig war. Paul Winteler war zwar auch kein Jude, doch dies schien meine Eltern nicht weiter zu beschäftigen. Vielleicht glaubten sie, dass nur eine jüdische Mutter ihre Kinder so erziehen könnte, wie es sich gehörte. Möglicherweise hatten sie auch Bedenken, ob eine ehemalige Physikstudentin eine gute Hausfrau abgeben würde.

Die Fabrik in Pavia bereitete meinen Eltern große Sorgen. Anfangs hatten die Italiener die dort hergestellten Dynamos für ihre Firmen und Haushalte eifrig gekauft. Aber als die italienischen Stadtverwaltungen sich dann für eine zentrale innerstädtische Elektrizitätsversorgung entschieden, bevorzugten sie bei den Aufträgen für die neuen Anlagen italienische Firmen. Das Gespenst des Bankrotts, inzwischen schon ein alter Bekannter, ging wieder einmal in unserer Familie um. Mein Onkel Jakob, dessen Elan gebrochen war, wurde Angestellter in einer Wiener Firma, während mein Vater mit dem Unternehmen in Mailand noch einmal einen Neuanfang versuchte. Doch die vielen Sorgen hatten seine Gesundheit angegriffen, und das machte es für ihn noch schwieriger, sich und seine Familie über Wasser zu halten. Von seiner Seite konnte ich mit keiner finanziellen Unterstützung rechnen, also musste ich so schnell wie möglich eine Arbeit finden. Ich schickte an mehrere Professoren Briefe, in denen ich ihnen meine Dienste anbot, doch ohne Erfolg.

Am Observatorium in Zürich machte ich ein Praktikum, um eine Aufenthaltsbestätigung zu erhalten. Die war für mich notwendig, damit ein Verfahren zum Abschluss gebracht werden konnte, das bereits ein Jahr andauerte: mein Antrag für die Schweizer Staatsbürgerschaft. Die Schweizer Bundesbehörden gewähren diese Staatsbürgerschaft nur nach sorgfältiger Prüfung. Ich musste feierlich bestätigen, dass ich kein Trunkenbold war und dass kein Mitglied meiner Familie an Syphilis erkrankt war. Die Polizei führte Ermittlungen durch, um festzustellen, ob meine Angaben auch tatsächlich der Wahrheit entsprachen. Es wurde sogar ein Detektiv nach Mailand geschickt. Erst im Februar 1901 wurde ich endlich Schweizer Staatsbürger. Normalerweise hätte ich dann einen Militärdienst von drei Monaten ableisten müssen, der für jeden Schweizer Pflicht ist. Doch ich hatte Glück, weil ich Plattfüße habe.

Während meines Praktikums am Observatorium verfasste ich einen kleinen Aufsatz, den ich an die deutsche Zeitschrift *Annalen der Physik* schickte: »Folgerungen aus den Kapillaritätserscheinungen, von Albert Einstein«. Die Kapillarität ist das physikalische Phänomen, welches bewirkt, dass der Saft in den Bäumen oder der geschmolzene Talg im Docht einer Kerze nach oben steigen. Um ehrlich zu sein, war der Artikel nicht besonders viel wert, aber Sie können sich vorstellen, meine liebe Peggy, wie stolz ich darauf war, meinen Namen das erste Mal in einer so berühmten Zeitschrift gedruckt zu sehen.

Ich hoffte darauf, dass die Hochschulen oder wissenschaftlichen Labors mich als Schweizer Staatsbürger und nicht mehr staatenlosen Ausländer nun bereitwilliger einstellen würden. Ich verschickte dutzende von Bewerbungsbriefen, doch erhielt ich nur ein oder zwei Antworten – und die waren negativ. Es dauerte bis Mai 1901, bevor ich eine erste, nicht gerade glänzende berufliche Tätigkeit in Aussicht hatte, nämlich für zwei Monate an der Technikschule in Winterthur als Aushilfslehrer zu unterrichten. Ich sollte dort einen Mathematiklehrer vertreten, der in diesem Zeitraum an einer Militärübung teilnahm. Ich hätte mir ein besseres Angebot gewünscht, doch durfte ich mich nicht beschweren. Ich war sogar ganz euphorisch bei der Vorstellung, im Schweiße meines Angesichts endlich mein erstes eigenes Geld zu verdienen.

Als ich den Brief erhielt, befand ich mich in Mailand bei meinen Eltern. Da mir die Wanderung von Pavia nach Genua noch in lebhafter Erinnerung war, beschloss ich, zu Fuß die Alpen zu überqueren. Ich wollte von Mailand bis nach Chur, im Kanton Graubünden, wandern. Von dort würde ich mit dem Zug nach Zürich und dann nach Winterthur fahren. Der Weg stieg sanft an und führte mich durch eine Landschaft blühender Obstbäume und grüner Wiesen, an den Ufern des Comer Sees entlang und durch die malerischen Straßen des Schweizer Städtchens Lugano. Dann begann in Serpentinen der Anstieg bis zu den Füßen mächtiger Alpengipfel. Eine Wanderung im Gebirge ist für den Geist noch viel anregender als eine Wanderung im Flachland. Das habe ich damals festgestellt. Außerdem herrschte in der kleinen Welt der Physik seit mehreren Jahren ein ziemlicher Aufruhr, sodass es mir an Stoff, über den ich nachdenken konnte, wahrlich nicht fehlte.

Es war nicht meine erste Wanderung im Gebirge, denn ich hatte mit meinen Studienkameraden vom Polytechnikum schon zahlreiche Ausflüge in die Berge unternommen, aber es war das erste Mal, dass ich allein zu einer so großen Gebirgstour aufbrach. Schon immer brauchte ich die Einsamkeit, um nachdenken zu können. Meine Freude am einsamen Selbstgespräch ist sogar so groß, dass sie meiner Beziehung zu anderen Menschen schadet.

Meine Ausrüstung bestand in festen Wanderstiefeln, die ich in Zürich gekauft hatte, einem ordentlichen Pullover und einer bequemen Kordhose sowie einem Umhang aus Wachstuch, der jedem Gewitterregen standhalten würde. Der Weg war wie erwartet deutlich markiert, doch hatte ich trotzdem einen Kompass eingesteckt. Das Wetter kann im Gebirge schnell umschlagen, plötzlich hüllt eine Wolke die Gipfel in dichten Nebel ein oder ein Schneesturm zieht auf. Ohne Kompass ist man dann leicht verloren, weil man nicht mehr weiß, in welche Richtung man gehen soll. Leider war es nicht mehr der Kompass, den mir mein Vater als Kind geschenkt hatte. Den hatte ich schon vor langer Zeit verloren… Ich musste lächeln, als ich mich daran erinnerte, dass es meinem Vater nie gelungen war, mir zu erklären, warum die Magnetnadel nach Norden zeigte. Er hatte behauptet, dass eine riesige Eisenmenge in der Nähe des Nordpols die Ursache für diese Ausrichtung der Nadel war. Aber wie sollte das Eisen am Nordpol über tausende von Kilometern hinweg die Nadel in meinem Kompass beeinflussen können?

Vor vielen Jahren kaufte ich in einem Antiquitätenladen einen Stich mit einem Porträt von Michael Faraday. Ich habe stets eine große innere Nähe zu diesem englischen Physiker verspürt, der ein Jahrhundert vor mir gelebt hat. Sein Vater war Schmied. Faraday selbst hatte in der Volksschule lesen, schreiben und rechnen gelernt, das war alles. Als er mit vierzehn Jahren bei einem Buchbinder in die Lehre ging, musste er dort für einen Kunden den Band »E« der *Enyclopedia Britannica* einbinden. Doch er hat nicht nur das getan, er hat den gesamten Band auch gelesen… Der Artikel über die Elektrizitätslehre hat ihn so fasziniert, dass er beschloss, sich als Laufbursche im Labor des berühmten englischen Chemikers Sir Humphry Davy anstellen zu lassen. Nach zehn Jahren war er der Leiter des Labors. Als Erster wies er nach, dass durch das Bewegen eines Magneten entlang eines Kupferdrahts elektrischer Strom entsteht und dass der umgekehrte Effekt es ermöglicht, einen Elektromotor in Betrieb zu setzen.

Faraday hat ein sehr einfaches Experiment durchgeführt, das Sie sicherlich im Physikunterricht auch gezeigt bekommen haben, Miss Peggy: Ein Blatt Papier mit Eisenfeilspänen wird über einen Magneten gehalten. Wenn man das Blatt ganz vorsichtig bewegt, dann verschieben sich die winzigen Eisenfragmente und ordnen sich zu gekrümmten Linien, die von einem Ende des Magneten bis zum anderen reichen. Diese Linien kennzeichnen das so genannte Magnetfeld, das den Magneten umgibt.* Auf jeden Punkt der Linien dieses Feldes wird eine Kraft ausgeübt, welche die Ausrichtung der Eisenspäne bewirkt. Dies bedeutet nichts anderes, als dass Faraday es fertig brachte, die schwer zu beweisende Fernwirkung durch eine lokale Krafteinwirkung zu ersetzen und dies auch nachzuweisen. Diese Art des Denkens sollte die Physik revolutionieren. Mein eigener großer theoretischer Wurf, die Allgemeine Relativitätstheorie (von der ich 1901 noch weit entfernt war), ersetzt in ähnlicher Weise eine andere Fernwirkung des Magneten, nämlich die universale Anziehungskraft von Newton, durch ein »Gravitationsfeld«, das in jedem Punkt des Raums vorhanden ist. Ich betrachte Faraday als meinen großen Ahnherrn in der Wissenschaft. Wenn er die Universität besucht und seinen Kopf mit den Ideen von Newton voll gestopft hätte, dann hätte er vielleicht seine Theorie des Magnetfelds nicht entwickeln können…

Wenn also die Nadel eines Kompasses nach Norden zeigt, dann heißt dies, dass auf der Erdoberfläche ein Magnetfeld vorhanden ist. Wo aber befindet sich der Magnet, der dieses Feld erzeugt? Was meinen Sie, meine liebe Peggy? Möglicherweise befindet er sich im Innern unseres Planeten. Eine riesige Masse Eisen in schmelzflüssigem Zustand verhält sich wie ein gigantischer Magnet.

Der schottische Physiker James Clerk Maxwell hat Faradays Beobachtungen in mathematische Formeln gebracht. Er errechnete die Höhe der lokalen Krafteinwirkung, die nötig ist, um in einem elektromagnetischen Feld die Eisenfeilspäne auszurichten. Wenn man den Magneten oder den Stromkreis, der dieses

---

* Ein ähnliches Feld umgibt auch einen stromdurchflossenen Leiter, weshalb man von einem »elektromagnetischen Feld« spricht.

44

Feld erzeugt, in Schwingung versetzt, dann beginnen auch die Linien des Feldes zu oszillieren, ähnlich der Oberfläche des Wassers, wenn man einen Stein hineinwirft. Man sagt dann, dass eine »elektromagnetische Welle« entsteht. Maxwell hat als Erster die Vorstellung einer solchen Welle entwickelt, doch der deutsche Physiker Heinrich Hertz führte die ersten Experimente durch, mit denen ihre Existenz bewiesen werden konnte. Deshalb ist deren Maßeinheit (»Hertz«) heute nach ihm benannt. Diese Wellen haben die gleiche Beschaffenheit wie das Licht, sie pflanzen sich mit derselben Geschwindigkeit wie das Licht fort und auch die mathematischen Gleichungen von Maxwell treffen auf sie genauso zu wie auf das Licht.

Wenn ich auf meiner Wanderung durch ein Dorf kam, kaufte ich mir einen Laib Brot, ein Stück von dem Käse, den die Bergbauern selbst herstellten, und ein paar Äpfel. Danach suchte ich mir eine Lichtung im Wald oder einen breiten Felsen neben einem Gebirgsbach und machte meine Mittagsrast. Gutes Schuhwerk, Brot, Käse und Sonnenschein. Mehr brauchte ich nicht, um vollkommen zufrieden zu sein. Ich musste lachen, als ich mir vorzustellen versuchte, was ich war: ein winziges Lebewesen, kaum größer als eine Ameise, das auf der runzeligen Oberfläche eines kleinen Planeten im Weltall herumkletterte. Und doch hatte diese winzige Ameise einen so mächtigen Geist, dass sie mit ihrer Einbildungskraft das ganze Universum umfassen konnte. Nicht nur die riesigen Berge, die uralten Bäume und die Regenwolken, die schwer am Himmel hingen, als ob sie auf mich einsamen Wanderer gewartet hätten, sondern auch die anderen Planeten, die Sonne und die Sterne…

Was meine Augen nicht sehen konnten, das stellte ich mir vor. Ich schwamm in dem riesigen Magnetfeld der Erde. Die Erde, ein unermesslich großer, in Schwingung versetzter Magnet, strahlte sicherlich elektromagnetische Wellen aus. Außerdem strahlten bestimmt auch die Sterne Hertz'sche Wellen, genauer gesagt Lichtwellen, aus. Diese Wellen umgaben mich, sie vibrierten überall um mich herum, aber sie waren unsichtbar. Heute, Miss Peggy, erzeugen auch die Menschen große Mengen von Hertz'schen Wellen, die die Antennen der Radio- und Fernsehgeräte in Schwingungen versetzen. Im Jahr 1901 war es Guglielmo Marconi, dem Erfinder des Radios, gerade erst gelungen, die ersten Botschaften im Morsealphabet zu übermitteln. Wilhelm Röntgen hatte die später nach ihm benannten, ebenfalls unsichtbaren Röntgenstrahlen 1895 entdeckt, und Henri Becquerel hatte 1896 beobachtet, dass an Uransalzen eine ungewöhnliche Strahlung festgestellt werden kann.

Ich hätte gerne alle diese unsichtbaren Strahlen um mich herum wahrgenommen, so wie ich die Sonnenstrahlen sehen konnte, die auf den Blättern tanzten und die Wellen des Gebirgsbachs aufblitzen ließen. Und ich hätte gerne ihr Pulsieren verspürt, so wie ich die Wärme der Sonnenstrahlen auf meiner Haut spüren konnte. Wenn ich auch das Magnetfeld der Erde nicht sehen konnte, so konnte ich mich doch immer wieder vergewissern, dass es tatsächlich existierte: Ich brauchte nur den Kompass aus meiner Hosentasche zu ziehen. Auch die Röntgenstrahlen oder die Radioaktivität des Urans konnten durch Messgeräte erfasst werden. Doch was mit den verfügbaren Geräten bisher nicht nachgewiesen werden konnte, war die Existenz des Äthers, von dem man annahm, dass er die Trägersubstanz für alle diese Wellen war.

Ein irischer Physiker namens George Fitzgerald – und nach ihm sein niederländischer Kollege Hendrik Lorentz – hatten die Hypothese aufgestellt, dass die Erde und alle anderen Körper sich bei Bewegung »zusammenziehen«. Unsere physikalischen Instrumente hätten dieser Theorie zufolge die Geschwindigkeit des Äthers beziehungsweise den angenommenen Unterschied in der Lichtgeschwindigkeit je nach Bewegungsrichtung deshalb nicht messen können, weil sie selbst dieser Kontraktion unterworfen waren. Diese Lösung des Problems war einfallsreich, aber nicht sehr überzeugend – ein aus der Not geborener Einfall, weil dringend nach irgendeiner Erklärung für ein völlig unverständliches Phänomen gesucht wurde.

Ich trug einen dicken blauen Pullover, den meine Mutter mir gestrickt hatte. Je höher ich kam, desto kälter wurde es im Gebirge und desto niedriger wurde der Luftdruck. Das hieß nichts anderes, als dass die Anzahl der Luftmoleküle abnahm. Nachdem ich über die Rätsel des unendlich Großen nachgedacht hatte, wandte ich mich jetzt den unsichtbaren Mechanismen des unendlich Kleinen zu. Alle halbwegs vernünftigen Wissenschaftler waren sich damals einig, dass die Materie aus kleinsten, nicht mehr teilbaren Elementen zusammengesetzt ist. Denken Sie kurz nach, Miss Peggy. Können Sie sich eine Materie vorstellen, die unendlich teilbar ist? Seit dem 17. Jahrhundert nannte man diese geheimnisvollen kleinen Teilchen »Korpuskeln« oder »Partikel« oder »Moleküle«. In Zürich hatte ich mich nach Abschluss meines Studiums am Polytechnikum an der Universität eingeschrieben, um dort eine Doktorarbeit anzufertigen. Darin beschäftigte ich mich mit den Gasmolekülen. Wenn man einem Gas Energie zuführt, indem man den Behälter des Gases erhitzt, so bewegen sich die Gasmoleküle schneller, das heißt, sie treffen häufiger auf die Wand des Behälters oder ein Messinstrument auf. Das bedeutet, dass der Druck steigt. Man kann diese Moleküle nicht sehen, weil es keine Mikroskope gibt, die dafür leistungsstark genug sind, aber man kann ihre Geschwindigkeit und ihre Größe errechnen. Das heißt, dass der Physiker so tut, als würden die Moleküle existieren. Jedenfalls habe ich das getan, als ich später mehrere Aufsätze darüber schrieb und an meiner Doktorarbeit saß. Die Skeptiker sagten: »Eure Moleküle existieren nicht. Das ist alles nur Einbildung… eine Kopfgeburt…« Doch gerade das fand ich so großartig! Die Moleküle sind eine Frage des geistigen Blickwinkels, genauso wie die Hertz'schen Wellen, doch bedeutet das nicht, dass sie nicht existieren!

Ich musste häufig an Eratosthenes denken, der die Erdkugel in den Sand zeichnete. Er ging bei seinen Berechnungen von der Annahme aus, dass die Erde rund sei. Auch das war eine Kopfgeburt – eine Hypothese, die jedoch mit seinen Beobachtungen übereinstimmte. Und so ähnlich stellte auch die Existenz von Molekülen eine befriedigende Hypothese dar.

Es wird erzählt, dass der griechische Philosoph Leukippos, der lange Zeit vor Eratosthenes lebte, sich die Frage stellte, wie das Wasser sich in Eis verwandeln und dabei sein Wesen als Wasser trotzdem erhalten konnte. Die einzige mögliche Lösung bestand für ihn in der Annahme, dass das Wasser sich aus kleinen Teilchen zusammensetzte. Beim Übergang in einen anderen Zustand, wie Eis, änderte sich dann die Anordnung dieser Teilchen. Auch Leukippos ging von einer Beobachtung in seiner Umwelt aus – um dann in einem schöpferischen Akt, der dem eines Dichters oder Musikers vergleichbar ist, zur Vorstellung von der Existenz unsichtbarer Teilchen zu gelangen.

Waren nun die Moleküle die kleinsten Teilchen der Materie? Im 19. Jahrhundert fand man heraus, dass das Wasser sich aus Wasserstoff und Sauerstoff zusammensetzt. Das Wassermolekül ist also teilbar. Man nennt die Wasserstoff- und Sauerstoffteilchen, die zusammen ein Wassermolekül bilden, Atome. Das Wort »Atom« bedeutet auf Griechisch »unteilbar«. Demokrit, ein Schüler des Leukippos, hat die kleinsten Materieteilchen so getauft. Das war im 4. Jahrhundert vor Christus. Kurz vor Ende des 19. Jahrhunderts wiesen der niederländische Physiker Lorentz und der englische Wissenschaftler J.J. Thomson durch Experimente nach, dass das Atom seinen Namen zu Unrecht trug: Es enthielt nämlich noch kleinere Teilchen, die so genannten Elektronen, die den elektrischen Strom transportierten.

Es war also nicht richtig, wenn man sich den elektrischen Strom bisher als ein ununterbrochenes, kontinuierliches Fließen vorgestellt hatte. In Wirklichkeit war er auf die Bewegung einzelner Teilchen zurückzuführen. Im Jahr 1900 stellte dann der deutsche Physiker Max Planck eine kühne Hypothese auf: Da die Materie diskontinuierlich, nicht zusammenhängend, ist, könne auch davon ausgegangen werden, dass die ausgestrahlte Energie – wenn beispielsweise ein Metall erhitzt wird oder wenn die Elektronen eines Wechselstromkreises Hertz'sche Wellen aussenden – diskontinuierlich ist. Max Planck hat diesen elementaren Energieteilchen die Bezeichnung »Quanten« (im Singular »Quant«) gegeben.

*

Über meinen Aufenthalt in Winterthur gibt es nicht viel zu erzählen. Ich unterrichtete dreißig Stunden in der Woche darstellende Geometrie, und nach der Arbeit widmete ich mich meinen physikalischen Studien, sodass die Zeit sehr schnell verging. Auf Empfehlung eines ehemaligen Studienkameraden erhielt ich danach eine Anstellung als Privatlehrer an einem Knabenpensionat in Schaffhausen, nördlich von Zürich. Mein einziger Schüler war ein junger Engländer, den ich auf die Matura vorbereiten sollte. Als ich herausbekam, dass ich nur ein Zehntel des Betrags erhielt, den die Eltern des Schülers für den Unterricht zahlten, geriet ich mit dem Direktor des Pensionats in heftigen Streit. Der Direktor wiederum war der Meinung, dass ich als Pädagoge nicht streng genug sei. Er war so ganz anders als meine Lehrer in Aarau, die ich so sehr geliebt hatte…

Doch ich hatte Glück. Mein Freund Marcel Grossmann, genauer gesagt sein Vater, legte bei Friedrich Haller, dem Direktor des Eidgenössischen Patentamtes in Bern, ein gutes Wort für mich ein. Dieses »Amt für geistiges Eigentum«, das es damals seit rund zehn Jahren gab, suchte nach Personen »mit vertieften Kenntnissen in Mechanik oder Physik«. Im Dezember 1901 schickte ich an Herrn Haller ein Bewerbungsschreiben, im März 1902 empfing er mich zu einem Vorstellungsgespräch:

»Nun, junger Mann, schauen Sie sich das mal an. Das ist ein Patentantrag. Wir haben hier den Prototyp der Erfindung sowie eine ausführliche Beschreibung des Mechanismus. Wie schätzen Sie die Sache ein?«

»Mmmh… ich kann erkennen, dass es sich um einen fotografischen Apparat handelt… Die schriftliche Erläuterung ist etwas verworren…«

»Genau das ist es, was unsere Arbeit schwierig macht. Wenn Sie etwas mehr Erfahrung haben, dann werden Sie bald die verworrensten Erklärungen verstehen können. Hier beantragt der Erfinder kein Patent für einen fotografischen Apparat, sondern für die Einlegevorrichtung der fotografischen Platten.«

Herr Haller zeigte sich nachsichtig, zweifellos aus Freundschaft für Marcel Grossmanns Vater. Ich wurde als »technischer Experte III. Klasse des eidg. Amtes für geistiges Eigentum« angestellt, mit einem Jahresgehalt von 3500 Franken. Am 23. Juni 1902 sollte ich meinen Dienst antreten.

Ich fühlte mich wie ein Held in einem Roman… Doch während ich darauf wartete, eine Stelle mit einem sagenhaften Gehalt von fast 300 Franken im Monat anzutreten, konnte ich mir bis dahin nur ein ärmliches möbliertes Zimmer leisten und musste mich von Brot und Käse ernähren. Also gab ich im *Berner Tagblatt* eine Annonce auf:

Privatstunden in Mathematik u. Physik für Studierende und Schüler erteilt gründlichst Albert Einstein, Inhaber des eidgn. polyt. Fachlehrerdiploms, Gerechtigkeitsgasse 32, 1. Stock. Probestunden gratis.

Ein rumänischer Student namens Maurice Solovine meldete sich bei mir.

»Ich studiere Philosophie an der Universität«, stellte er sich vor, »und möchte mich mit der modernen Physik befassen, um meinen Begriff der Natur zu erweitern.«

»Ich finde, das ist eine hervorragende Idee. Ich habe mich selbst mit Philosophie beschäftigt, als ich noch auf dem Gymnasium war. Aber wegen der dort herrschenden Unklarheit und Willkür habe ich mich der Physik zugewandt.«

Mein Schüler war zwei Jahre jünger als ich. Meinen Aarauer Physiklehrer Tuchschmid als Vorbild vor Augen, beschloss ich, meine Unterrichtsstunden vorzugsweise im Gehen abzuhalten. Wir trafen uns am Sonntagmorgen und wanderten bis zum Thuner See, der 30 Kilometer von Bern entfernt liegt. Dafür brauchten wir fast den ganzen Tag, aber ich habe nur eine Unterrichtsstunde berechnet. Dann fuhren wir mit dem Zug nach Bern zurück. Bald schlossen sich uns auch zwei meiner ehemaligen Studienkameraden aus dem Polytechnikum an – Conrad Habicht und Michele Besso. Wir gaben unserem kleinen Kreis den Namen »Akademie Olympia« und erörterten dort ausführlich die Existenz der Atome, die Bewegung der Erde im Verhältnis zum Äther und auch die Lichtgeschwindigkeit. Michele Besso war ein gebürtiger Italiener. Er war mit Anna Winteler verlobt, der ältesten Tochter meines Latein- und Griechischlehrers in Aarau. Der Verlobte meiner Schwester Maja war Annas Bruder.

Im Oktober 1902 fuhr ich nach Mailand ans Sterbebett meines Vaters. Er war erst 55 Jahre alt, aber die großen geschäftlichen Schwierigkeiten, auf die er in Italien mit seinem Elektrizitätsunternehmen gestoßen war, hatten ihn völlig erschöpft, und er war bereits seit mehreren Jahren krank. Es war ihm nie gelungen, das Geld zurückzuzahlen, das er von einem Cousin, seinem Schwager und anderen Familienmitgliedern vorgestreckt bekommen hatte. Mit kaum hörbarer Stimme gab er mir die Erlaubnis, Mileva zu heiraten. Dann bat er alle Anwesenden, das Zimmer zu verlassen. Er wollte alleine sterben.

Nach dem Tod meines Vaters zog meine Mutter zu meiner Schwester Maja nach Aarau. Doch kurze Zeit später begann Maja ein Studium der Romanistik in Berlin, und so beschloss meine Mutter, bei ihrer Schwester Fanny in der Nähe von Stuttgart zu leben.

Meine liebe Peggy, ich hoffe natürlich sehr, Sie durch diesen Brief überzeugen zu können, dass ich kein Monster und kein

Mörder bin. Deshalb möchte ich auch keinesfalls, dass Sie mich beschuldigen könnten, ich würde Ihnen etwas verheimlichen. Darum werde ich Ihnen etwas erzählen, was nur wenige Menschen wissen… Meine Ehe mit Mileva hat schlecht geendet, weil sie schlecht begonnen hat. Ich hatte Mileva dazu überredet, ab und zu eine Nacht mit mir zu verbringen, in Winterthur und in Schaffhausen. Es war eine Art heimliche Hochzeit – aus gesellschaftlichen Konventionen habe ich mir ja nie viel gemacht. Und im Spätsommer 1901 wurde Mileva schwanger. Wir waren beide so jung und dumm, dass mehrere Monate vergingen, bis wir es überhaupt gemerkt haben. Wir wussten, dass es Mittel und Wege gab, um den Abbruch einer Schwangerschaft herbeizuführen, doch hatten wir keine Ahnung, wie. Heiraten wollten wir nicht, während mein Vater schwer krank war, denn meine Eltern hatten sehr unfreundlich reagiert, als sie von unserem Verhältnis erfuhren. Jedes Mal wenn ich nach Mailand kam, machte meine Mutter mir tränenreiche Vorwürfe. Meine Eltern hielten Mileva für eine Frau von schlechtem Charakter und lockerem Lebenswandel, denn sonst hätte sie kaum zugestimmt, ohne Heirat mit einem Mann zusammen zu sein. Sie schrieben sogar einen Brief an Milevas Eltern, in dem sie ihnen erklärten, dass sie Mileva nie in die Familie Einstein aufnehmen würden.

Mileva fuhr dann nach Ungarn zurück und im Mai 1902 brachte sie dort eine Tochter zur Welt, Lieserl. Zunächst war ich sehr glücklich, Vater geworden zu sein, doch dann habe ich nachgedacht. Die Schweiz war damals ein sehr konservatives Land (und ist es, wie ich befürchte, heute noch). Ich konnte nicht die Vaterschaft für ein unehelich geborenes Kind anerkennen, wenn ich zugleich als Beamter in das Eidgenössische Patentamt eintreten wollte. Man hätte mich sofort gefeuert. Milevas Eltern fanden dann in Belgrad eine Adoptivfamilie für unsere Tochter. Ich habe Lieserl nie gesehen. Wir mussten versprechen, dass wir später nie versuchen würden, Kontakt zu unserer Tochter aufzunehmen.

Das alles war eine sehr schmerzliche Angelegenheit. Ich fühlte mich schrecklich schuldig, weil ich Mileva meinen Standpunkt oder vielmehr den meiner Eltern aufgezwungen hatte. Es war für mich leichter, eine Differenzialgleichung zu lösen, als mit den Schwierigkeiten des Lebens fertig zu werden. Einerseits begriff ich allmählich, dass Mileva für mich ein guter Kamerad war, wie Marcel Grossmann oder Michele Besso, aber dass ich für sie nicht jenes tiefe Gefühl hegte, das man Liebe nennt. Andererseits verspürte ich aus einem recht verworrenen Begriff von Ehre heraus den Antrieb, sie zu heiraten, um »meinen Fehler wieder gutzumachen«. Ich konnte sie doch nicht einfach sitzen lassen, nachdem ich sie gezwungen hatte, ihre kleine Tochter wegzugeben. Am 6. Januar 1903 haben wir in Bern geheiratet. Nach der Trauung gingen wir mit Maurice Solovine und Conrad Habicht, unseren beiden Trauzeugen, in eine Gaststätte.

Unsere gemeinsame Wohnung, in die wir dann zogen, war kaum größer als mein möbliertes Zimmer. Mileva war seit ihrer Rückkehr sehr schweigsam. Ich glaube, dass die Geburt und die schmerzvolle Trennung von ihrem Kind bei ihr eine Depression ausgelöst haben. Sie hatte immer schon einen etwas mürrischen und misstrauischen Charakter, doch nun bemerkte ich, dass sich diese Züge noch weiter verstärkten. Von ihrer Kindheit hat sie mir nie viel erzählt. Ich wusste nur, dass sie damals an Tuberkulose erkrankt war, wodurch ihre Gelenke sich verformt hatten, sodass sie beim Gehen leicht hinkte.

Hans Albert kam sechzehn Monate nach unserer Hochzeit auf die Welt.

*

Im Patentamt hatte ich mit Gemüsepressen, Klavierautomaten und Armbanduhren, die sich durch die Bewegung des Handgelenks aufziehen ließen, zu tun. Ich musste die Modelle, die Prototypen, die Entwurfszeichnungen und die Gebrauchsanweisungen untersuchen, um dann den guten Erfindungen ein Patent zu erteilen und die schlechten Erfindungen abzulehnen – sei es, weil schon ein Erfinder dafür ein Patent hinterlegt hatte oder weil falsche Versprechungen gemacht wurden, die nicht eingelöst werden konnten. So behaupteten manche, Blei in Gold verwandeln zu können oder ein Perpetuum mobile erfunden zu haben, das ohne Energiezufuhr endlos in Bewegung bleiben würde. Ich hatte das Glück, dass jede Menge elektrischer Apparate erfunden wurden, die den Geräten ähnelten, welche ich aus der Fabrik meines Vaters bereits kannte. Auch mit Geräten zur Aussendung Hertz'scher Wellen, die aufgrund der Gleichungen von Maxwell konstruiert worden waren, hatte ich häufig zu tun. Ich konnte recht schnell beurteilen, ob die Anordnung der Magnete und der elektrischen Kreisläufe richtig erfolgt war.

Der Hauptteil meiner Arbeit bestand darin, die schriftlichen Ausführungen und Beschreibungen zu überprüfen, welche die Erfinder ihren Prototypen beilegten. Sie waren in der Regel schwierig zu verstehen. Meistens steckten sie voller technischer und logischer Fehler. Das schärfte meinen Geist. Ja, ich möchte fast behaupten, dass ich erst während meiner Zeit in Bern, als ich hunderte von Patentanträgen korrigieren musste, gelernt habe, mich schriftlich klar auszudrücken (vielleicht sogar klar zu denken). Herr Haller verlangte von uns eine schnelle Auffassungsgabe und einen kritischen Kopf.

»Wenn Sie einen Patentantrag überprüfen«, pflegte er zu sagen, »dann müssen Sie erst einmal davon ausgehen, dass alles, was der Erfinder behauptet, falsch ist.«

Auch mein Freund Michele Besso erhielt auf meine Empfehlung hin eine Anstellung im Eidgenössischen Patentamt. Er wohnte bei mir um die Ecke, sodass wir häufig nach der Arbeit gemeinsam nach Hause gingen. Die »Akademie Olympia« setzte ihre regelmäßigen Zusammenkünfte fort, sonntags am See oder im Gebirge, unter der Woche abends in meiner Wohnung.

Am 14. März 1904 kamen Maurice Solovine, Conrad Habicht und Michele Besso bei mir vorbei.

»Ich habe eine Flasche Spumante mitgebracht«, verkündete Michele, »den italienischen Champagner.«

»Und ich Kaviar. Ich hoffe, dass du ihn magst, Albert.«

»Maurice, ich weiß nicht einmal, was das ist.«

»Fischrogen. Wir essen ihn in Rumänien, wenn wir ein Fest feiern.«

»Das passt sehr gut zu meinem Spumante. Ich erinnere mich, dass der Held eines russischen Romans immer Kaviar gegessen hat. Er soll sehr gut schmecken und sehr teuer sein. Du merkst, Albert, deine Freunde haben deinen Geburtstag nicht vergessen…«

»Meinen Geburtstag? Ist heute der 14. März?«

»Er weiß nicht einmal, welches Datum wir heute haben! Albert, wie kannst du nur so zerstreut sein!«

»Ach was, es ist doch ein Tag wie jeder andere. Die Erde hört deswegen nicht auf, sich zu drehen. Glaubt ihr, dass die Planeten und die Sterne sich viel um meinen Geburtstag kümmern?«

»Hört ihn euch an! Ein Tag wie jeder andere! Du bist heute fünfundzwanzig Jahre alt. Ein Vierteljahrhundert!«

»Und wenn schon… dieses Vierteljahrhundert verdient es nicht, dass wir ihm mehr als eine Viertelminute Aufmerksamkeit schenken. Lasst uns mit der heutigen Sitzung beginnen!«

»Aber zuerst wollen wir die Flasche Spumante und den Kaviar öffnen!«

»Also gut, meine lieben Freunde, denn dies ist ein ganz besonderer Tag! Aber nicht weil ich heute vor fünfundzwanzig Jahren geboren bin, sondern weil ich euch eine Mitteilung von größter Wichtigkeit zu machen habe. Ich glaube nämlich, dass ich allmählich begriffen habe, wo in der modernen Physik das grundsätzliche Problem liegt. Es ist keine große Sache, das werdet ihr gleich sehen. Alles hängt von einem einzigen kleinen Wort ab, dem Wörtchen ›oder‹ im Ersten Newton'schen Prinzip…«

»Ja, aber ich will auch wissen, was du uns sagen willst. Ich bin gleich zurück. Wartet auf mich!«

»Probier doch inzwischen vom Kaviar, Albert.«

»Danke, Maurice. Du erinnerst dich doch an das Erste Newton'sche Prinzip? Ich habe dir letztes Jahr davon erzählt.«

»Mmmh… ja, aber verlange nicht von mir, dass ich hier alles wiederhole.«

»Ihr wisst doch, dass ich mir seit Jahren den Kopf über die Lichtgeschwindigkeit und die Bewegung der Erde im Verhältnis zum Äther zerbreche. Ich habe mir vorgenommen, dieser ganzen Frage *ab nihilo* nachzugehen, gänzlich vorurteilsfrei. Was wissen wir eigentlich wirklich über die Begriffe, die wir in diesem Zusammenhang gebrauchen? Als Erstes sollten wir uns vom Äther verabschieden. Man hat seine Existenz behauptet, um die Bewegung der Lichtwellen erklären zu können, aber wir wissen überhaupt nichts von seiner Beschaffenheit, da werdet ihr mir zustimmen müssen…«

»Er ist eine unsichtbare, gasförmige Substanz.«

»Da seine angebliche Existenz bisher nirgendwo eine nachweisbare Spur hinterlassen hat, sollten wir den Äther schleunigst vergessen und kein Wort mehr darüber verlieren. Wenden wir uns jetzt den anderen Begriffen zu. Wissen wir wirklich, was Geschwindigkeit ist? Und was Bewegung ist?«

»Natürlich wissen wir das! Was für eine seltsame Frage!«

»Kannst du mir sagen, Conrad, ob du dich in diesem Augenblick bewegst?«

»Mein lieber Albert, ich sitze gerade in diesem bequemen Sessel und habe nicht vor, mich in der kommenden Stunde davon fortzubewegen.«

»Du bewegst dich also nicht? Deine Geschwindigkeit ist gleich null?«

»Ganz genau.«

»Und doch drehst du dich um die Erdachse und um die Sonne.«

»Aaah, ich verstehe, was du sagen willst… In Wirklichkeit bewege ich mich mit sehr großer Geschwindigkeit.«

»Pass auf, dass du nicht aus deinem bequemen Sessel fällst!«

»Auf der Erde jedenfalls bewegst du dich nicht, Conrad.«

»Richtig, es gibt nichts, was in diesem Augenblick bewegungsloser sein könnte als ich.«

»Bist du dir da ganz sicher?«

»Aber natürlich bin ich mir das.«

»Dann stell dir jetzt vor, dass du kurz eingeschlafen warst und gerade aufwachst. Wenn man aufwacht, ist man manchmal etwas desorientiert. Man weiß nicht mehr ganz genau, wo man sich befindet. Nehmen wir einmal an, dass dieses Zimmer ein Zugabteil ist. Denk genau nach, Conrad. Könntest du in dem Augenblick, in dem du wach wirst, sagen, ob der Zug fährt?«

»Wenn er fährt, dann macht er Lärm. Außerdem kann ich aus dem Fenster schauen und sehen, ob die Landschaft vorbeizieht.«

»Hervorragende Antwort. Jetzt stell dir vor, dass der Zug sich geräuschlos fortbewegt, ohne spürbare Vibrationen. Außerdem sind die Vorhänge zugezogen.«

»Ich verstehe. Ich soll mir eine Situation vorstellen, in der ich nicht sagen kann, ob der Zug in Bewegung ist oder nicht.«

»Ganz genau. Du kannst keinen Unterschied erkennen. Wenn du dich in einem Zug befindest, der sich mit gleichmäßiger Geschwindigkeit fortbewegt, ohne Beschleunigung (man nennt dies eine gleichförmige und geradlinige Bewegung; der Zug ist in diesem Fall ein ›Inertialsystem‹), dann spürst du die Bewegung relativ zur Erde nicht. Es kommt dir so vor, als ob der Zug unbeweglich wäre. Wenn du in dem Zug mit einer Geschwindigkeit von fünf Kilometern pro Stunde nach vorne gehst, dann hast du das Gefühl, dich mit einer Geschwindigkeit von fünf Kilometern pro Stunde zu bewegen, selbst wenn der Zug mit einer Geschwindigkeit von 50 Stundenkilometern durch die Landschaft fährt. Dein Landsmann Galilei, mein lieber Michele, war der Erste, der bemerkt hat, dass es immer notwendig ist, einen Bezugspunkt anzugeben, wenn man von der Unbeweglichkeit eines Gegenstands redet.«

Maurice Solovine, der als Einziger von uns kein Physiker war, strengte sich so an, der Unterhaltung zu folgen, dass sein Gesicht ganz zerknittert aussah. Plötzlich entspannten sich seine Züge, und mit einem breiten Lächeln sagte er:

»Jetzt kann ich mich erinnern, Albert, was du mir letztes Jahr erzählt hast. Bevor wir zu Newton gekommen sind, hast du über Galileo Galilei und seine Theorie gesprochen. Warte… Die Theorie der Relation, war's nicht so?«

»Der Relativität! Das erste Beispiel, das er erwähnt, ist ein Schiff, das seine Frachtstücke im Laderaum verstaut hat und über das Meer gesegelt kommt. Wenn man den Reeder fragt, so wird er antworten: ›Die Ware ist von Zypern nach Venedig gekommen.‹ Wenn man dann den Kapitän fragt: ›Haben die Frachtstücke sich bewegt?‹, so wird er antworten: ›Überhaupt nicht. Sie waren gut festgezurrt.‹ Die Bewegung eines Gegenstands kann immer nur im Verhältnis zu einem Bezugssystem beschrieben werden. Sie ist relativ. Bezogen auf das Schiff, waren die Frachtstücke unbeweglich, aber bezogen auf die Erde, haben sie sich bewegt. Dann stellte Galilei auf die Schiffsbrücke ein Aquarium mit Fischen. Er beobachtete Folgendes: Wenn das Schiff seine Geschwindigkeit beschleunigte, dann wurden die Fische gegen die Rückwand des Aquariums gedrängt. Wenn das Schiff die Geschwindigkeit verlangsamte, dann schwammen sie vorne in ihrem Glasbehälter. Jedes Mal wenn wir mit dem Zug fahren, können wir im Prinzip ähnliche Wirkungen beobachten. Und jetzt kommt der entscheidende Punkt: Wenn das Schiff sich im Sinne eines gleichförmigen und geradlinigen Systems bewegt, schwimmen die Fische in ihrem Aquarium herum, ohne dass eine Einschränkung ihrer Bewegungsfreiheit zu beobachten wäre. Sie leben ihr ganz normales Fischleben in einem Aquarium, als stünde es völlig unbeweglich auf dem Erdboden.«

58

»Albert! Albert! Da du gerade von Fischen sprichst… Du hast den ganzen Kaviar aufgegessen! Hat er dir geschmeckt?«

»Tatsächlich? Habe ich nichts übrig gelassen? Dann hat er mir bestimmt sehr gut geschmeckt. Ich achte nicht besonders darauf, was zum Essen auf den Tisch kommt. Das habt ihr davon, wenn ihr einem Bauerntölpel ausgesuchte Delikatessen mitbringt… Er kann sie überhaupt nicht würdigen. Aber… wo war ich stehen geblieben?«

»Die Fische leben in aller Ruhe ihr Fischleben, bis Galilei sie eines Tages alle auffisst, ohne es zu bemerken!«

»Ach ja, gut. Die Bewegungen, die auf einem Schiff vollführt werden, das mit gleichmäßiger Geschwindigkeit über das Meer segelt, unterscheiden sich nicht von den Bewegungen auf einem Schiff, das ruhig im Hafen liegt. Galilei stellte sich einen Mann vor, der in seiner Kabine einen Weitsprung macht… Egal ob das Schiff am Kai liegt oder auf hoher See ist, der Sprung hat dieselbe Länge. Er stellte sich auch einen Eimer Wasser mit einem Loch im Boden vor, der über einer Flasche aufgehängt ist. Das Wasser fällt Tropfen für Tropfen in die Flasche, egal wie schnell das Schiff fährt – vorausgesetzt die Geschwindigkeit bleibt konstant. Um genau angeben zu können, was er unter ›gleichförmiger Geschwindigkeit‹ verstand, musste Galilei den modernen Begriff von Geschwindigkeit entwickeln, den wir alle im Schulunterricht gelernt haben. Gleichzeitig hat er auch den Begriff der Trägheit entwickelt: Ein Gegenstand in gleichförmiger Bewegung behält seine Geschwindigkeit und seine Richtung automatisch bei, wenn ihm kein Widerstand entgegengebracht wird, wenn keine Kraft auf ihn Einfluss nimmt.«

Das Lächeln auf Maurice Solovines Gesicht wurde noch größer.

»Das ist das Erste Newton'sche Prinzip, Albert. Du hast es letztes Jahr mit mir durchgenommen. Ich erinnere mich jetzt daran.«

»Die vollständige Formulierung des Trägheitsprinzips von Newton lautet wie folgt: ›Jeder Körper verharrt im Zustand der

Ruhe oder der gleichförmigen Bewegung in geradliniger Bahn, solange er nicht durch von außen wirkende Kräfte gezwungen wird, diesen Zustand zu ändern.‹«

»Ich weiß noch, wir hatten damals eine große Diskussion. Ich sagte, dass mein Fahrrad nicht endlos lange weiterrollen würde, wenn es einmal in Bewegung wäre. Zumindest nicht von selbst. Ich müsse immer wieder in die Pedale treten. Du hast geantwortet, ich würde wie Aristoteles argumentieren.«

»Ja, denn die Griechen dachten, dass die Gegenstände von Natur aus träge seien und deshalb immer wieder in ihren Ruhezustand zurückkehren wollten. Galilei und Newton haben erkannt, dass es die Kraft der Reibung ist, die sie anhalten lässt. Gegenstände sind sogar so träge, dass sie niemals von sich aus ihren Zustand ändern. Doch ich komme jetzt zu dem kleinen Wörtchen ›oder‹ in Newtons Formulierung seines Ersten Prinzips. Newton sagt ›im Zustand der Ruhe oder der gleichförmigen Bewegung in geradliniger Bahn‹. Das bedeutet eine Abweichung, wenn nicht sogar einen Rückschritt gegenüber Galilei, der gezeigt hatte, dass kein Unterschied zwischen ›Zustand der Ruhe‹ und ›gleichförmiger Bewegung in geradliniger Bahn‹ besteht. Für Galilei gibt es keine Bewegungslosigkeit – für Newton gibt es sie. Und ihr, meine Freunde, was denkt ihr? Existieren im Universum unbewegte Gegenstände?«

»Die Sonne?«

»Die Sonne ist ein ganz gewöhnlicher Stern auf der Milchstraße, der sich bewegt wie alle anderen Sterne. Newton hütete sich davor, zu behaupten, die Sonne sei unbeweglich. Die Himmelskarte hatte sich seit der Antike verändert, deshalb wusste er, dass die Sterne sich bewegen. Diese Bewegung der Sterne passte ihm nicht ins Konzept. Er brauchte ein absolutes Bezugssystem, um definieren zu können, wann eine Bewegung geradlinig und gleichförmig ist. Da ihm nichts Besseres einfiel, beschloss er, das Universum, in dem sich die Sterne befinden, für unbeweglich zu erklären. Gott habe es so erschaffen und Gott wisse wohl zu unterscheiden, ob sich ein Gegenstand in Bewegung befinde oder unbewegt sei. Ihr werdet mir zustimmen, dass die Formulierung ›Gott allein weiß es‹ möglicherweise für die Philosophie interessant ist. Aber in einer physikalischen Theorie hat sie nichts zu suchen.«

»Das absolute Bezugssystem ist der Äther!«

»Schon gut, Mileva. Daraus spricht nur der verzweifelte Versuch der Physiker, einen Ersatz für Newtons Gott zu finden. Der Äther soll im Universum das Unbewegte darstellen. Das Problem ist nur, dass der Äther nicht existiert. Ich habe doch vorhin erklärt, dass wir ihn vergessen müssen und nicht mehr erwähnen wollen…«

»Es gibt keinen absoluten Raum?«

»Nein. Alles ist relativ! Ich komme jetzt zum Experiment von Michelson. Wir wissen inzwischen, dass Michelson sich in seinem Labor, von dem er spricht, bewegen und dort Billard spielen kann – ganz problemlos, wie im Aquarium von Galilei –, weil es sich dabei um ein Inertialsystem handelt.«

»Jetzt sollen die Fische auch noch Billard spielen!«

»Einen Moment, Albert… Das Aquarium hat der Veranschaulichung der Theorie der geradlinigen und gleichförmigen Bewegung gedient. Michelson hat versucht, die Bewegung der Erde nachzuweisen, die weder geradlinig noch gleichförmig ist.«

»Schau dir den Wein in deinem Glas an, Michele. Er ist so bewegungslos, wie du es dir nur wünschen kannst. Wenn darin ein kleiner Fisch wäre, dann würde er durch eine Beschleunigung keineswegs in beliebiger Richtung herumgeschleudert werden. Halten wir also in einem ersten Schritt fest, dass die Erde ein Inertialsystem ist. Während der Millionstelsekunden, die das Experiment von Michelson andauert, ist die Bewegung der Erde an dem jeweiligen Ort annähernd geradlinig und gleichförmig. Also hört mir gut zu: Nach Galilei kann Michelson ungehindert Billard spielen und alle Experimente der mechanischen Physik in seinem Labor durchführen, ohne sich um die Erdbewegung kümmern zu müssen. Ich behaupte nun, dass er auch die Experimente im Bereich des Elektromagnetismus und der Optik durchführen kann, ohne dabei in seinen Ergebnissen durch die Bewegung des Labors beeinträchtigt zu werden. Ich weite die Theorie der Relativität von Galilei auf den Elektromagnetismus aus: Alle Gesetze der Physik, einschließlich der Gesetze der Optik, lassen sich auf das Labor anwenden. Das Licht, das eine Lampe in diesem Labor ausstrahlt, besitzt immer die gleiche Geschwindigkeit, egal in welche Richtung der Lichtstrahl geschickt wird. Die Bewegung der Erde beeinflusst die Lichtgeschwindigkeit nicht. Deshalb musste das Experiment von Michelson auch scheitern.«

»Angenommen der Äther existiert nicht, dann gestehe ich gerne zu, dass das Licht, das im Labor von einer Lampe ausgestrahlt und von den Spiegeln zurückgeworfen wird, überall die gleiche Geschwindigkeit aufweist. Aber wie verhält es sich mit dem Licht, das uns von einem Stern erreicht? Seine Geschwindigkeit könnte sich sehr wohl verändern, je nachdem ob der Stern sich der Erde nähert oder sich davon entfernt.«

»Das ist meine zweite Behauptung: Die Lichtgeschwindigkeit bleibt immer gleich. Ich schlage vor, die Lichtgeschwindigkeit als den einzigen absoluten Wert im Raum zu betrachten. Der Äther existiert nicht, der absolute Raum existiert nicht – aber das Licht hat immer die gleiche Geschwindigkeit. Alles andere ist relativ. Versteht ihr, was ich damit sagen will?«

»Das hast du uns ja eben erklärt. Die Geschwindigkeit eines Gegenstands ist relativ. Jede Geschwindigkeit ist relativ – bis auf die Lichtgeschwindigkeit.«

»Ja, aber das ist noch nicht alles. Nach dem Galilei'schen Relativitätsprinzip addieren sich die Geschwindigkeiten. Wenn ich mich in einem Zug, der mit einer Geschwindigkeit von fünfzig Kilometern pro Stunde fährt, mit einer Geschwindigkeit von fünf Kilometern pro Stunde nach vorn bewege, dann beträgt meine Geschwindigkeit, auf den Erdboden bezogen, 55 Kilometer pro

Stunde. Es darf nun aber nicht sein, dass diese Regel auch auf das Licht angewandt werden kann, da seine Geschwindigkeit unveränderlich ist. Glücklicherweise bietet sich für dieses Problem eine einfache Lösung an, indem man die Theorie der Kontraktion von Lorentz akzeptiert: Die Länge eines Objekts, das sich mit sehr hoher Geschwindigkeit bewegt, verringert sich.«

»Vor ein paar Tagen hast du noch gesagt, dass es sich dabei um einen Ad-hoc-Einfall handele…«

»Lorentz stellt sich die Elektronen und die Atome, von denen wir so gut wie nichts wissen, als Kugeln vor, die bei großer Geschwindigkeit eiförmig werden, was heißt, dass die Gegenstände bei großer Geschwindigkeit abgeflacht werden. Meine eigene Vermutung ist aber, dass der Raum selbst eine Veränderung erfährt, wenn die Geschwindigkeit sich der des Lichts nähert. Die hervorgerufene Wirkung ist sehr verschieden von der Kontraktion bei Lorentz. Zunächst einmal ist sie wechselseitig. Ein Gegenstand, der mit dem System A verbunden ist, erscheint einem Beobachter des Systems B kontrahiert, doch in gleicher Weise erscheint auch ein Gegenstand des Systems B einem Beobachter des Systems A kontrahiert. Außerdem verändert sich dadurch auch unser Begriff der Zeit. Es gibt keine absolute Zeit mehr, genauso wie es keinen absoluten Raum mehr gibt. Man kann nur noch von einer Zeit sprechen, die innerhalb eines bestimmten Systems gemessen wird.«

»Mir dreht sich der Kopf – und nicht nur wegen Micheles Spumante… Du veränderst erst den Raum und dann die Zeit! Du scheust vor gar nichts zurück…«

»Da kennst du unseren Albert noch nicht, mein lieber Maurice. Schon im Polytechnikum hatte er die ausgefallensten Ideen. Er hat sich gerne ausgemalt, wie es wäre, auf einem Lichtstrahl zu reiten!«

»In Newtons Universum könnten wir einen Lichtstrahl mit seiner Geschwindigkeit einholen und überholen. In meinem

Universum, das heißt in der Wirklichkeit, ist so etwas nicht möglich. Wenn die Geschwindigkeit sehr, sehr groß wird, dann zieht sich der Raum zusammen, und die Zeit dehnt sich aus, sodass wir die Lichtgeschwindigkeit nie erreichen werden.«

»Ich weiß nicht, ob die Zeit sich ausdehnt, aber in meiner Wirklichkeit ist es jetzt drei Uhr morgens. Ich denke, dass wir diese Sitzung der Akademie Olympia beenden sollten.«

»Tatsächlich? Aber ich habe doch noch gar nicht erklärt, warum die Zeit sich ausdehnt.«

»Wir müssen uns für die nächste Sitzung auch noch etwas aufheben, Albert.«

»Kommst du mit, Conrad? Wenn wir sehr schnell gehen, dann zieht der Raum sich zusammen, und wir sind am anderen Ende der Stadt, bevor wir uns hier verabschiedet haben!«

*

Miss Peggy, ich werde Ihnen jetzt die Formel aufschreiben, die im Mittelpunkt meiner Theorie steht. Wie ich bereits angekündigt habe, lässt sie sich direkt vom Lehrsatz des Pythagoras ableiten.*

Diese grundlegende Formel gibt die Kontraktion bei der Messung der Länge eines Stabes in einem Labor an, das sich gegenüber einem ruhenden System mit der Geschwindigkeit v bewegt. d gibt die Länge des Stabs nach der Messung eines Beobachters an, der mit dem bewegten Laboratorium verbunden ist, d' nach der Messung eines Beobachters im ruhenden System; c stellt die Lichtgeschwindigkeit dar:

$$\frac{d'}{d} = \frac{1}{\sqrt{1 - \dfrac{v^2}{c^2}}}$$

* In dieser Formel ist auch die Formel der »Kontraktionshypothese« von Lorentz enthalten. Siehe S. 291: Das Experiment von Michelson

Eine ähnliche Formel gibt Auskunft über die Ausdehnung der Zeit.

Wenn die Geschwindigkeit v des Beobachters oder des Labors im Verhältnis zur Lichtgeschwindigkeit c gering ist, dann besteht zwischen d und d' kaum ein Unterschied. In einem solchen Fall sind die Ausdehnung der Zeit und die Kontraktion des Raums unbedeutend. Hier kommen die Gesetze der Newton'schen Mechanik zur Anwendung. Wenn Sie sehr schnell rennen, Miss Peggy, oder wenn Sie den Zug nehmen, dann werden Sie trotzdem nicht wie Alice im Wunderland schrumpfen, und auch Ihre Uhr wird nicht plötzlich eine falsche Zeit anzeigen. Solche seltsamen Phänomene treten nur auf, wenn ein Gegenstand eine ungeheuerliche Geschwindigkeit erreicht, also vielleicht ein Viertel der Lichtgeschwindigkeit. Man hat die Richtigkeit meiner Theorie anhand von Teilchen, wie den Elektronen, bestätigen können, die in großen Apparaten namens Zyklotronen beschleunigt wurden.

Meine Theorie bezieht sich aber auch auf die Masse eines Gegenstandes: Diese erhöht sich mit der Geschwindigkeit. Für ein Elektron oder einen anderen winzig kleinen Gegenstand ist das nicht weiter schlimm. Aber für so große Körper, wie wir beide es sind, würde eine Zunahme der Masse unserer Moleküle vermutlich katastrophale Folgen haben.

Vor ein paar Tagen hat sich ein junger Student zu mir an den Tisch in der Cafeteria gesetzt, so wie Sie das gemacht haben, Miss Peggy. Ich muss sagen, dass er liebenswürdiger war als Sie. Anstatt mich zu beschimpfen und danach sofort wegzugehen, hat er sich höflich an mich gewandt und mit mir ein Gespräch angefangen:

»Professor Einstein, darf ich Ihnen eine Frage stellen?«

»Aber natürlich.«

»Sind Sie sich sicher, dass man die Lichtgeschwindigkeit nicht überbieten kann?«

»Nach allem, was wir bisher wissen: Ja, ich bin mir da sicher. Die Lichtgeschwindigkeit stellt eine absolute Grenze dar.«

»Was würde passieren, wenn wir versuchen würden, sie zu überbieten?«

»Wenn wir uns der Lichtgeschwindigkeit annähern würden, dann würde unsere Masse so zunehmen, dass es riesige Mengen an Energie bräuchte, um unsere Geschwindigkeit noch weiter zu beschleunigen. Eine unendlich große Menge an Energie! Nur das Licht selbst kann die Lichtgeschwindigkeit erreichen – wir können es nicht.«

»Und die Reise durch die Zeit? Glauben Sie, dass wir eines Tages durch die Zeit reisen können?«

»Leider muss ich Ihnen schon wieder eine negative Antwort geben. Ich glaube nicht, dass das möglich ist.«

»Aber ich habe einen Science-Fiction-Roman gelesen, in dem ein Reisender im Weltall aufgrund der Relativitätstheorie viel langsamer altert als seine Kinder auf der Erde. Die Zeit dehnt sich aus oder irgend so was. Als er zurückkehrt, ist er jünger als seine Kinder.«

»Jünger als seine Kinder ist auf alle Fälle stark übertrieben. Wenn er sehr lange durch das Weltall reist und mit einer sehr, sehr hohen Geschwindigkeit, dann gewinnt er vielleicht ein paar Minuten…*

»Ich habe noch einen anderen Roman gelesen, in dem der Held eine Zeitreise macht. Er muss dafür sorgen, dass seine Eltern sich kennen lernen. Wenn diese Begegnung nicht statt-

---

* Paul Langevin, von dem später noch die Rede sein wird, hat sich als Gedankenexperiment Zwillinge vorgestellt, von denen der eine annähernd mit Lichtgeschwindigkeit durch das Weltall reist. Wird er jünger als sein Bruder, wenn er zur Erde zurückkehrt? Es darf nicht vergessen werden, dass die in der Speziellen Relativitätstheorie beschriebenen Effekte reziprok sind. Für den Zwilling, der durch das Weltall reist, entfernt sich der Bruder auf der Erde mit ungeheurer Geschwindigkeit und müsste deshalb langsamer älter werden. Man nennt dies das Langevin'sche Paradoxon. Die Physiker haben vor allem den Einwand erhoben, dass die Geschwindigkeit in dem Beispiel keineswegs gleichförmig ist. Der Zwilling, der ins Weltall auf-

findet, dann wird es den Helden nicht mehr geben. Er wird verschwinden. Ganz plötzlich! Nicht mehr da! Verstehen Sie…?«
»Ich glaube, ich verstehe nur allzu gut. Die Schriftsteller können schreiben, was sie wollen. Sie erfinden intergalaktische Raumschiffe, die schneller als die Lichtgeschwindigkeit sind und bis ans Ende des Universums reisen. In einem Buch ist alles möglich. In der Wirklichkeit ist das nicht so einfach… Ich werde Ihnen jetzt etwas sagen, junger Mann. Die in der Relativitätstheorie beschriebenen Effekte lassen sich auf die Welt des unendlich Kleinen und des unendlich Großen anwenden, aber nicht auf unser Alltagsleben. Wir leben nicht in der seltsamen Welt von Albert Einstein, sondern in der vernünftigen Welt von Isaac Newton!«

*

Im Juni 1905 veröffentlichte die Zeitschrift *Annalen der Physik* den Artikel, in dem ich meine neue Theorie darlegte. Viele Jahre später war ich so berühmt, dass über mich bereits Biografien verfasst wurden, obwohl ich noch lange nicht tot war. In diesen Büchern findet sich als Bezeichnung für das Jahr 1905 immer wieder der lateinische Ausdruck *annus mirabilis* − »Wunderjahr«. Tatsächlich hatte ich davor bereits drei weitere wichtige Artikel für die *Annalen der Physik* geschrieben, die in den vorangegangenen Nummern abgedruckt worden waren.

In meinem ersten Aufsatz »Über einen die Erzeugung und

bricht, muss zuerst seine Geschwindigkeit beschleunigen und dann umkehren, um wieder zur Erde zurückzukehren. Der erreichte Altersunterschied könnte während der Rückreise wieder zunichte gemacht werden. Bezieht man jedoch nicht nur die Spezielle Relativitätstheorie, sondern auch die Allgemeine Relativitätstheorie ein, dann gibt es diese Symmetrie nicht mehr, und der reisende Zwilling altert tatsächlich etwas langsamer als sein Bruder auf der Erde. Eine Sache steht jedenfalls fest: Die Astronauten, die zum Mond geflogen sind oder monatelang in einem Raumschiff die Erde umrundet haben, sind nicht sichtbar jünger geworden!

Verwandlung des Lichts betreffenden heuristischen* Gesichtspunkt« entwickelte ich die im Jahr 1900 von Max Planck formulierte Quantentheorie weiter. Max Planck hatte angenommen, dass die Atome eines erhitzten Metalls eine diskontinuierliche Lichtenergie in Form von Elementarteilchen abgeben, die er Quanten nannte. Er hielt diese Diskontinuität für eine Eigenschaft der Atome, ohne die Ausbreitung des Lichts durch eine kontinuierliche Wellenbewegung in Zweifel zu ziehen. Liebe Miss Peggy, stellen Sie sich einmal vor, die Welle sei ein Bierfass. Max Planck geht nun davon aus, dass das Bier in abgemessenen Mengen von jeweils einem Liter in das Fass eingefüllt wird. Das kann Sie und mich jedoch nicht daran hindern, aus dem gefüllten Fass eine Menge von, sagen wir, jeweils einem Fingerhut voll Bier zu entnehmen. Nach meiner Theorie ist das aber nicht möglich, denn in dem Bierfass schwimmt das Bier weiter in den abgemessenen Ein-Liter-Mengen herum. Weniger als ein Liter kann nicht entnommen werden. Um jetzt wieder zu den Lichtwellen zurückzukommen: Sie sind nicht aus solchen Ein-Liter-Mengen, sondern aus Quanten zusammengesetzt! Das Licht ist kein Kontinuum – schon die alten Griechen, Descartes und Newton hatten dies vermutet. Doch die Lichtteilchen, die man heute »Photonen« nennt, haben auch die Eigenschaften einer Welle, weshalb es zu dem Phänomen der Interferenz kommen kann. Ich habe in meinem Aufsatz nicht nur diese Hypothese entwickelt, sondern auch darauf hingewiesen, wie sie experimentell überprüft werden konnte. Statt zu untersuchen, wie das Fass sich füllt, musste man beobachten, wie es sich leert! Man brauchte dafür nur den »photoelektrischen« Effekt genauer betrachten, der von Hertz entdeckt und von J. J. Thomson genauer erforscht

---

* Das Adjektiv »heuristisch« bedeutet so viel wie »zu einer Entdeckung hinführend«. Eine Erkenntnis wird als Hypothese formuliert, und man hofft, dass durch Experimente oder eine entsprechende Theorie die Gültigkeit dieser Annahme erwiesen wird.

wurde. Er beschreibt die Erzeugung von Elektrizität durch das »Herausreißen« von Elektronen, das eintritt, wenn bestimmte Materialien dem Licht ausgesetzt werden. Wenn Sie einen Fotoapparat neueren Datums besitzen, Miss Peggy, dann ist er wahrscheinlich mit einer »fotoelektrischen Zelle« ausgerüstet: Eine kleine Nadel zeigt an, wie groß die Lichtmenge ist, die die Zelle gerade empfängt. Der experimentelle Nachweis der Quantentheorie des Lichts ist ziemlich schwierig durchzuführen. Man muss die Anzahl der »herausgerissenen« Elektronen bei unterschiedlicher Lichtintensität und -frequenz zählen. Erst zehn Jahre nach dem Erscheinen meines Artikels war man zu solchen Messungen in der Lage. Sie haben meine Theorie bestätigt.

Der zweite Aufsatz trug den Titel: »Eine neue Bestimmung der Moleküldimensionen«. Ich trug darin die Ergebnisse meiner Doktorarbeit vor. Anders als zunächst geplant, hatte ich mich dort nicht mit den Gasmolekülen beschäftigt, die von ganz vielen Forschern untersucht wurden. Ich fand die Flüssigkeitsmoleküle viel interessanter und schlug eine neuartige Methode vor, mit der die Größe von Zuckermolekülen, die in Wasser aufgelöst worden waren, ausgehend von der Viskosität der Lösung berechnet werden konnte.

Da ich wusste, dass zahlreiche Physiker sich nach wie vor weigerten, an die Existenz von Molekülen zu glauben, lieferte ich hierfür in meinem dritten Aufsatz des Jahres 1905 »Über die von der molekularkinetischen Theorie der Wärme geforderte Bewegung von in ruhenden Flüssigkeiten suspendierten Teilchen« den radikalen und endgültigen Beweis. Ich gebe zu, dass der Titel nicht sehr elegant klingt. Wie der große Physiker Boltzmann einmal treffend sagte, überlasse ich die Eleganz gerne den Frisören und Schneidern. Ich widmete mich in diesem Aufsatz der so genannten Brown'schen Bewegung, einem Phänomen, das Anfang des 19. Jahrhunderts von dem schottischen Botaniker Robert Brown entdeckt worden war. Als dieser im Mikroskop die Körner von Blütenpollen beobachtet hatte, die im

Wasser schwebten, hatte er festgestellt, dass sie sich in unaufhörlicher Bewegung befanden. Ich habe die Brown'sche Bewegung ebenfalls im Mikroskop gesehen. Es ist einfach großartig: Die Teilchen schwimmen wie kleine Fische in alle Richtungen, ohne müde zu werden. Wenn die Natur für die Brown'sche Bewegung einen Patentantrag einreichen würde, dann müsste ich umstandslos anerkennen, dass sie das Perpetuum mobile erfunden hat... Die Erklärung für diesen verrückten Tanz liegt auf der Hand: Jedem Pollenkorn ergeht es nicht anders als einem Fußball. Sobald es sich einem Molekül nähert, erhält es von ihm einen Stoß und wird fortgeschleudert! Misst man mit einem Manometer den Druck eines Gases, so erhält man eine Ziffer, welche die Bewegung der Moleküle zwar angibt, jedoch auf indirekte und abstrakte Weise. Im Mikroskop die Brown'sche Bewegung direkt zu betrachten, ist viel aufregender: Man erhält einen direkten Eindruck von der Existenz der Moleküle. Sie bleiben nach wie vor unsichtbar, aber das Wasserballett der Pollen lässt ihre Bewegung (die weitaus weniger raumgreifend ist als in einem Gas – man sollte eher von einer Vibration sprechen) geradezu körperlich spürbar werden. Ich habe das Verhältnis zwischen der durchschnittlich zurückgelegten Strecke der Teilchen und der Anzahl der Wassermoleküle in einem gegebenen Volumen rechnerisch bestimmt. Meine Berechnungen wurden wenige Jahre später von dem Franzosen Jean Perrin sowie anderen Forschern durch Experimente bestätigt.

Heutzutage sind alle der Meinung, dass ich die »Relativitätstheorie« erfunden hätte. Dabei lautete die Überschrift meines berühmten Aufsatzes vom Juni 1905 ganz anders:»Zur Elektrodynamik bewegter Körper«. Ich war der Meinung, dass bereits Galilei der eigentliche Urheber der Relativitätstheorie war. Während er diese Theorie auf körperliche Gegenstände angewandt hatte, bezog ich sie auf das Licht, was schließlich dazu führte, dass ich den herkömmlichen Raum-Zeit-Begriff ändern musste.

Am Schluss des Artikels bedankte ich mich bei einem anderen Italiener, bei meinem Freund Michele Besso; unsere Gespräche auf dem täglichen gemeinsamen Heimweg vom Patentamt waren mir eine große Hilfe gewesen.

Ich rechnete damit, dass meine Physikerkollegen, die den Aufsatz lesen würden, sich über die These einer Zusammenziehung der Körper (Längenkontraktion) bei sehr hoher Geschwindigkeit nicht besonders wundern würden, da sie der Kontraktionshypothese von Lorentz glich; doch meine These von einer Ausdehnung der Zeit (Zeitdilatation) würde ihnen wahrscheinlich zu schaffen machen. Deshalb habe ich meinen Aufsatz mit einer kleinen Betrachtung zum Begriff der Zeit begonnen: Wenn wir von einem Zeitmaß sprechen oder von der Zeit, die zwischen zwei Ereignissen verstrichen ist, dann tun wir das, ohne uns darüber bewusst zu sein, dass wir dabei von dem Phänomen der Gleichzeitigkeit sprechen. Wir ziehen zum Beispiel unsere Taschenuhr heraus (ich schrieb damals Taschenuhr, weil die Armbanduhr noch nicht sehr verbreitet war) und sagen: »Der Zug kommt um sieben Uhr an.« Richtigerweise müsste der Satz aber lauten: »Wenn der Zug im Bahnhof anhält, wird der große Zeiger meiner Uhr auf die Ziffer zwölf und der kleine Zeiger auf die Ziffer sieben zeigen.« Wir gehen davon aus, dass diese drei Ereignisse gleichzeitig stattfinden. Wenn wir sagen, dass der Zug genau zehn Minuten später wieder abgefahren ist, dann bedeutet dies, dass wir erneut unsere Taschenuhr herausgezogen haben usw.

Was sich in einer solchen Situation physikalisch ereignet, ist fürchterlich komplex: Wir sehen, wie der Zug anhält bzw. abfährt, und schauen gleichzeitig auf die Uhr, um die Stellung der Zeiger zu überprüfen. Ein Lichtstrahl, der vom Zug herkommt, trifft im selben Augenblick auf unsere Pupille wie ein Lichtstrahl, der von der Uhr herkommt. Wenn aber die Uhr und der Zug sich nicht in exakt demselben Abstand vom Auge befinden, dann kann von einer Gleichzeitigkeit der Ereignisse im strengen Sinne nicht mehr gesprochen werden.

Ich will an einem Gedankenexperiment noch einmal erläutern, was ich meine: Ein Beobachter befindet sich genau auf halber Strecke zwischen zwei Lichtquellen 1 und 2, von denen jede einen Blitz aussendet. Wenn er die beiden Blitze im selben Augenblick sieht, dann kann man sagen, dass sie gleichzeitig erfolgt sind. Nun stellen wir uns einen anderen Beobachter vor, der sich von der Lichtquelle 1 fortbewegt und sich der Lichtquelle 2 nähert, während die Blitze ausgesandt werden. Er wird den Blitz 2 vor dem Blitz 1 sehen. Dieser Zeitunterschied ist minimal, da der Beobachter sich mit einer im Verhältnis zum Licht sehr geringen Geschwindigkeit bewegt. Es kommt ihm in der Wirklichkeit keinerlei Bedeutung zu. Doch für die Theoriebildung ist es ganz entscheidend, dass dieser Zeitunterschied vorhanden ist. Denn dies bedeutet, dass Gleichzeitigkeit ein relativer Begriff ist. Man kann deshalb nur sagen, dass zwei Ereignisse *innerhalb eines bestimmten Systems* gleichzeitig sind. Anders ausgedrückt: Die Uhr eines Beobachters, der sich relativ zu einem ruhenden Bezugssystem in Bewegung befindet, misst nicht die gleiche Zeit wie die Uhr eines ruhenden Beobachters. Die Zeit ist nicht absolut, sie ist relativ. (Siehe das Gedankenexperiment auf der gegenüberliegenden Seite.)

Theoretisch müsste man den Zeitdehnungsfaktor nachweisen können, indem man eine Uhr am Nordpol und eine Uhr am Äquator miteinander vergleicht. Die Uhr am Nordpol ist relativ zur Drehung der Erde so gut wie reglos, die zweite vollzieht im Verlauf von vierundzwanzig Stunden eine gesamte Erdumdrehung mit, wodurch ihre Zeitanzeige eine leichte Verlangsamung erfährt. Doch in Wirklichkeit ist der Unterschied so minimal, dass er nicht messbar ist. Erst 1938 ist es Experimentalphysikern gelungen, die Zeitdilatation mithilfe von Atomen (die den Zeitverlauf durch Vibration anzeigen) als Uhren nachzuweisen.

*

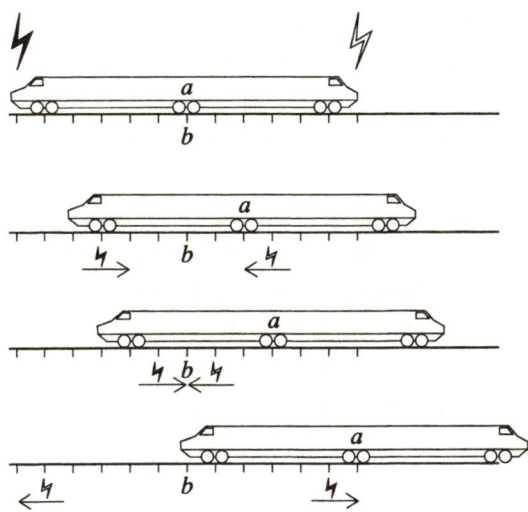

Der Zug fährt sehr schnell: mit halber Lichtgeschwindigkeit. Ein Beobachter *a* sitzt genau in der Mitte des Zugs.

Erstes Bild: Der Zug passiert einen Beobachter *b*, der bewegungslos auf einem Bahnsteig steht. Dort ist eine Messskala angebracht. Am vorderen und am hinteren Ende des Zugs schlagen zwei Blitze ein.

Zweites Bild: Der Zug hat sich um zwei Messstriche nach rechts bewegt. Das Licht der beiden Blitze hat jeweils vier Längeneinheiten zurückgelegt, die durch die Pfeile angedeutet werden. Der Beobachter *a* im Zug sieht den Blitz, der rechts eingeschlagen hat. Die Lichtgeschwindigkeit ist für den Beobachter im Zug und für den Beobachter auf dem Bahnsteig gleich. (Das ist die grundlegende Hypothese der Theorie.)

Drittes Bild: Der Zug hat eine weitere Längeneinheit zurückgelegt, das Licht dagegen zwei. Die zwei Lichtpfeile erreichen zum selben Zeitpunkt den Beobachter *b* auf dem Bahnsteig. Für ihn haben beide Blitze gleichzeitig eingeschlagen.

Viertes Bild: Zwei weitere Längeneinheiten für den Zug, vier für das Licht. Der Lichtstrahl des linken Blitzes erreicht endlich den Beobachter a, der im Zug sitzt. Für ihn haben die beiden Blitze keineswegs gleichzeitig eingeschlagen.

Dieses Gedankenexperiment zeigt, dass Gleichzeitigkeit ein relativer Begriff ist. Es hängt vom jeweiligen Bezugssystem ab, was wir als gleichzeitig wahrnehmen. Unser System der Zeitmessung beruht jedoch auf dem Prinzip der Gleichzeitigkeit. Deshalb ist unser Begriff von Zeit relativ.

Nach der Veröffentlichung meiner neuen Relativitätstheorie in den *Annalen der Physik* reiste ich mit Mileva und Hans Albert im Sommer 1905 nach Novi Sad in Südungarn. Heute gehört die Stadt zu Serbien. Milevas Eltern sollten endlich den Ehemann ihrer Tochter und ihren Enkelsohn kennen lernen. Unser kleiner Albertli war damals schon fast zwei Jahre alt. Während ich selbst (so hat man mir immer wieder erzählt) bis zum Alter von drei Jahren fast überhaupt nicht gesprochen habe, plapperte er gerne vor sich hin. Seine Großeltern waren ganz entzückt von ihm. Ich selbst habe ihnen nicht so gut gefallen. Ich glaube, sie waren nicht zufrieden damit, dass nach meinem Abschluss am Polytechnikum nur ein »technischer Experte III. Klasse« am Berner Patentamt aus mir geworden war.

Wir fuhren auch nach Belgrad und verbrachten danach ein paar Ferientage an der Adria. Ich mietete ein Segelboot und fuhr mit Albertli und Mileva hinaus aufs Meer.

Ich weiß nicht genau, warum, aber das Segeln hat meinen Geist schon immer besonders angeregt. An meinen Freund Conrad Habicht habe ich am Meer einen Brief geschrieben:

Eine Konsequenz der elektrodynamischen Arbeit ist mir noch in den Sinn gekommen. Das Relativitätsprinzip in Zusammenhang mit den Maxwell'schen Grundgleichungen verlangt nämlich, dass die Masse direkt ein Maß für die im Körper enthaltene Energie ist; das Licht überträgt Masse. Eine merkliche Abnahme der Masse müsste beim Radium erfolgen. Die Überlegung ist lustig und bestechend; aber ob der Herrgott nicht darüber lacht und mich an der Nase herumgeführt hat, das kann ich nicht wissen.

Als wir wieder in Bern waren, habe ich einen kleinen Beitrag zu diesem Thema an die Zeitschrift *Annalen der Physik* geschickt. Der Titel lautete: »Ist die Trägheit eines Körpers von seinem Energieinhalt abhängig?« Die Formel, mit der die Masse eines Körpers in Energie umgerechnet werden kann, ist sehr einfach:

$$E = mc^2$$

Wobei E die Energie ist, m die ihr entsprechende Masse und c die Lichtgeschwindigkeit.

Dieser kleine Nachtrag zu meiner Theorie erklärt das rätselhafte Auftreten der Radioaktivität. Henri Becquerel, Pierre und Marie Curie fragten sich 1896 erstaunt, wo die Energie herkam, die von den Uran- und Radiumsalzen abgestrahlt wurde. Ich konnte auf diese Frage die Antwort geben: Diese Minerale verwandeln einen winzig kleinen Teil ihrer Masse in Strahlungsenergie! Da das Quadrat der Lichtgeschwindigkeit eine unglaublich hohe Zahl ergibt, wird durch die Umwandlung einer sehr geringen Masse bereits eine beträchtliche Energie freigesetzt. Dieser Vorgang hat nichts mit dem chemischen Vorgang der Verbrennung zu tun, den wir Feuer nennen. Seit vielen Millionen Jahren scheint die Sonne, ohne zu erlöschen, weil sie ihre riesige Masse in Strahlung verwandelt. Wenn sie wie Kohle brennen würde – so hat man errechnet –, dann wäre bereits nach 1500 Jahren nichts mehr von ihr übrig.

Miss Peggy, Sie wissen sicherlich, dass meine Überlegung, die ich so »lustig« fand, zu dem schrecklichen Verbrechen geführt hat, an dem Sie mir die Schuld geben – dem Abwurf der Atombombe über Hiroshima und Nagasaki. Aber Sie müssen wissen, dass das Prinzip der Äquivalenz von Masse und Energie ein Naturgesetz ist. Ich habe es nicht erfunden, ich habe es lediglich entdeckt…

Nach der Veröffentlichung meines Aufsatzes nahm ich meine Arbeit am Patentamt wieder auf, denn ich war nicht von einem Tag auf den anderen plötzlich der berühmte Albert Einstein. Im Sommer 1906 kam der junge deutsche Physiker Max von Laue nach Bern gereist, um mich kennen zu lernen. Wir hatten schriftlich ein Treffen verabredet und er wartete im Empfangsraum des Amtsgebäudes auf mich. Als ich das Zimmer betrat, beachtete er mich erst nicht weiter, weil er glaubte, der »Vater der Relativitätstheorie« müsse ein ehrwürdiger Professor sein – stattdessen traf er einen jungen Mann in Hemd und Sandalen an. Laue arbeitete seit September 1905 im Labor von Max Planck in Berlin. Er erzählte mir, dass Max Planck von meinen Aufsätzen sehr beeindruckt gewesen sei und sich in einem Vortrag im Physikalischen Kolloquium intensiv mit meinen Theorien auseinander gesetzt habe. Als Erfinder der Quantentheorie hatte er meinen Artikel über die Diskontinuität des Lichts natürlich sehr genau gelesen.

»Der Alte glaubt nicht daran«, erzählte mir Max von Laue. »Die Energie wird zwar in Form von Quanten abgegeben, aber nichts beweist, dass sie ausschließlich in dieser Gestalt existiert. Alle bisher durchgeführten Experimente zeigen, dass das Licht sich wie eine Welle verhält und nicht wie eine Ansammlung von Korpuskeln.«

»Man müsste neue Experimente durchführen. Haben Sie auch meinen anderen Artikel über die Elektrodynamik bewegter Körper gelesen?«

»Ja, ich bin mir nicht sicher, wie viel ich davon wirklich verstanden habe. Er schien mir mehr von Metaphysik als von Physik zu handeln.«

»Aber auf alle Fälle haben Sie mitbekommen, dass ich dort vorschlage, den Äther abzuschaffen. Ohne den Äther aber kann das Licht keine gewöhnliche Welle mehr sein. Wenn Sie mir dann noch zugestehen, dass die Sterne Milliarden von kleinen Lichtkörnern ausspucken, die dann irgendwann in Ihre Augen und in meine fallen, dann ergibt sich der Rest von selbst.«

Ich erfuhr, dass meine Aufsätze auch in Würzburg, Göttingen, Breslau und sogar in Krakau aufgeregt diskutiert wurden. Professor Witkowski soll dort seinem Kollegen Professor Loria sogar zugerufen haben: »Ein neuer Kopernikus!«* Der deutsche Physiker Max Born, der später mein Freund wurde, hat mir einmal

* Kopernikus lebte in Krakau.

diese Anekdote erzählt. Born hatte den Professor 1907 bei einem physikalischen Kolloquium getroffen. »Kennen Sie die Theorie von Einstein?«, hatte ihn der polnische Physiker gefragt. Keiner der anwesenden Wissenschaftler kannte sie.

Während ich das hier aufschreibe, fällt mir plötzlich auf, dass schon wieder ein berühmter Physiker den Vornamen Max trägt. Dafür kann ich nichts, Miss Peggy. Das ist reiner Zufall. Auch wenn es Leute geben mag, die sich über solchen Unsinn ihre Gedanken machen – ich erkläre Ihnen hiermit ganz entschieden, dass solche Phänomene nicht in den Zuständigkeitsbereich der Wissenschaft fallen!

Allmählich nahm die kleine Welt der Physik meine neuen Theorien zur Kenntnis – und hatte große Schwierigkeiten damit, sie anzuerkennen. Mehrere Jahre lang verfasste ich wissenschaftliche Artikel, in denen ich auf die verschiedenen Einwände antwortete, die von den großen Physikern jener Zeit erhoben wurden. Vielleicht sollte ich besser sagen: von den großen Physikern des 19. Jahrhunderts. Hendrik Lorentz zum Beispiel war 52 Jahre alt, als ich 1905 die Relativitätstheorie entwickelte. Im Jahre 1902 hatte er als Krönung seines Forscherlebens den Nobelpreis für Physik* erhalten. Er schrieb mir einen Brief und ich habe ihm geantwortet. Ich empfand es als eine unglaubliche Ehre, mit diesem berühmten Gelehrten, den ich immer bewundert hatte, einen Briefwechsel führen zu dürfen. Außerdem waren seine Briefe für mich sehr nützlich, denn so konnte ich meine eigenen theoretischen Ansichten festigen. Ich versuchte,

---

* Alfred Nobel war ein schwedischer Industrieller, der das Dynamit erfunden und damit ein riesiges Vermögen verdient hatte. 1896 starb er. In seinem Testament verfügte er die Gründung einer Stiftung zur alljährlichen Verleihung der Nobelpreise. Der erste Nobelpreis für Physik wurde 1901 an Wilhelm Conrad Röntgen für die Entdeckung der Röntgenstrahlen verliehen und nach Lorentz erhielt 1903 das Forscherehepaar Pierre und Marie Curie den Preis.

ihn davon zu überzeugen, seine Vorstellung von kugeligen Elektronen, die durch große Geschwindigkeit abgeflacht werden, aufzugeben. Die Gegenstände zogen sich nicht zusammen, der Raum selbst veränderte seine Gestalt. Auch ein Freund von Lorentz, der berühmte französische Mathematiker Henri Poincaré, hatte bereits die Relativität von Raum und Zeit angedeutet. Während eines Kolloquiums im engen Kreis, so kam mir zu Ohren, hatte er erklärt, dass der Raum sich möglicherweise ohne unser Wissen ausdehnte. Da wir uns aber selbst mitsamt unseren Messinstrumenten ebenfalls ausdehnten, würde uns dies nicht bewusst werden.

Nicht wenige Wissenschaftler kritisierten meine Theorie heftig und erklärten sie für falsch und völlig absurd. Manche griffen weniger meine Theorie als meine Person an. Wie konnte ein erst sechsundzwanzigjähriger niederer Beamter es wagen, eine Theorie aufzustellen, welche die Welt der Physik völlig umkrempelte – und dies vor den Augen (und den weißen Bärten) berühmter Professoren, die sich seit Jahrzehnten darum bemühten, die Widersprüche der modernen Physik aufzulösen. Diese Nörgler waren im Grunde bereit, die Relativitätstheorie anzuerkennen, aber sie machten mir die Urheberschaft streitig. Sie erklärten, ich hätte lediglich die Ideen von Lorentz und Poincaré aufgegriffen und beschuldigten mich des wissenschaftlichen Plagiats.

Diese Auseinandersetzungen gelangten schließlich auch in die Zeitungen. Ich machte noch keine Schlagzeilen, das war erst viele Jahre später der Fall. Aber auf den hinteren Seiten war ab und zu ein ironischer Artikel zu finden:

»JUNGER SCHWEIZER PHYSIKER BEHAUPTET:
DIE ZEIT IST DEHNBAR!«

»Wundern Sie sich nicht, wenn Ihre Uhr im Zug nachgeht!
Die verrückte Theorie eines Beamten
am Schweizer Patentamt«

»Ein Physiker zweifelt an der Präzision der Schweizer Uhren
Herr Einstein aus Bern bietet eine wissenschaftliche Erklärung
für die sprichwörtliche Langsamkeit der Schweizer an«

Während die Physiker meine Arbeiten mit Gleichgültigkeit, vorsichtiger Skepsis oder Misstrauen zur Kenntnis nahmen, steuerte ein Gelehrter aus einer anderen Fachrichtung eine Entdeckung bei, deren Bedeutung mir erst allmählich aufging. Hermann Minkowski war am Zürcher Polytechnikum mein Mathematikprofessor gewesen. An mich hatte er keine besonders guten Erinnerungen zurückbehalten. Laut Max Born soll er gesagt haben, ich sei früher »ein richtiger Faulpelz« gewesen und »um die Mathematik hat er sich überhaupt nicht gekümmert«. Seit einigen Jahren hatte er einen Lehrstuhl an der Universität in Göttingen inne. An meiner Relativitätstheorie hatte ihn besonders beeindruckt, dass ich die Zeit in der gleichen Weise wie den Raum behandelte. Im Jahr 1907 kam von ihm dann der Vorschlag, die Zeit als vierte Dimension des Raums zu betrachten! Seither spricht man vom »Raum-Zeit-Kontinuum« oder verkürzt von der »Raum-Zeit«.

Diese vierte Dimension lässt sich in die Form ict fassen, wobei i eine imaginäre Zahl ist, deren Quadrat die Zahl -1 ergibt, sodass das Quadrat der Länge eines Raum-Zeit-Vektors die Form $x^2 + y^2 + z^2 - c^2\,t^2$ hat. Wenn Ihnen das seltsam vorkommt, Miss Peggy, dann sind Sie damit nicht allein. Ich selbst fand damals auch, dass Minkowski etwas zu weit gegangen war. Ich hatte entdeckt, dass Raum und Zeit relativ waren, aber sie waren nach wie vor die Realität für uns… Der Nichtmathematiker wird angesichts der Geheimnisse der Mathematik immer von einem leichten Schwindel ergriffen. Während der darauf folgenden Jahre hatte ich den Eindruck, dass die Mathematiker der Universität Göttingen mit ihrer verrückten Algebra mir meine Theorie wegnahmen, um daraus eine Abstraktion zu machen, von der ich überhaupt nichts mehr verstand. Ich fragte mich, ob es ihnen überhaupt noch um den Wissensfortschritt ging oder ob sie sich nur vor den Physikern groß aufspielen wollten. Doch dann begriff ich allmählich, dass ich überhaupt keine andere Wahl hatte: Ich musste mich selbst mit der modernen Mathematik befassen, wenn ich die Relativitätstheorie weiter ausbauen wollte. Das war für mich umso schwieriger, als Minkowski, der mir dabei hätte helfen können, im Januar 1909 plötzlich an einer Blinddarmentzündung starb. Er war nur 44 Jahre alt geworden. Seine letzten Worte sollen gelautet haben:»Wie schade, dass ich sterben muss, ohne zu wissen, wie es mit der Relativitätstheorie weitergeht.«

Drei Jahre lang hatte Minkowski mich auf alle nur erdenkliche Weise unterstützt. Die Relativitätstheorie hatte ihn nicht mehr losgelassen. Seine Begeisterung, aber auch der Aufruhr, den meine Theorie in der Welt der Physik hervorrief, machten schließlich höhere Stellen in der Schweiz auf meine Existenz aufmerksam. Stellen Sie sich einmal vor, Miss Peggy, wie unangenehm es für die Herren gewesen sein musste, dass der berühmte Albert Einstein nur als kleiner Beamter in einem Amt in Bern tätig war. In jedem anderen Land hätte ein Gelehrter meines Ranges, dessen Theorien überall in der Welt diskutiert wurden, als Professor an einer Universität gelehrt.»Der Prophet gilt nichts in seinem eigenen Land«, sagt ein Sprichwort. Aber dass selbst sehr anerkannte Physikprofessoren in diesem Land noch nicht einmal die Maxwell'schen Gleichungen lehrten, die schon vor vierzig Jahren aufgestellt worden waren, konnte nicht unbemerkt geblieben sein. Wenn man mir nun den Platz einräumte, der mir gebührte, dann würde der Schweiz ein riesengroßer Sprung an die Spitze der modernen Naturwissenschaften gelingen!

Man machte mir deshalb den Vorschlag, eine Stellung an der Universität anzutreten. Professor Alfred Kleiner, mein ehemaliger Doktorvater an der Universität in Zürich, wollte mich zu seinem Assistenten ernennen, doch das war nicht möglich. Ich musste die übliche Stufenleiter durchschreiten. Erst sollte ich eine Habilitationsschrift einreichen und dann als Privatdozent unterrichten, bevor ich mich für eine Professorenstelle bewerben konnte. Diese Vorschriften waren absurd. Ein Privatdozent hielt seine Vorlesungen an der Universität ohne ein festes Gehalt, die Studenten zahlten ihm lediglich ein »Hörergeld«. Damit verdiente er so wenig, dass er gleichzeitig noch einen anderen Beruf ausüben musste. Ich konnte also meine Tätigkeit am Patentamt nicht aufgeben, weshalb ich mich nicht in Zürich, sondern an der Universität in Bern als Privatdozent bewarb. Man hat mich zunächst nicht genommen. Heute muss ich lachen, wenn ich daran denke (aber damals war mir natürlich ganz anders zumute): Der Physikprofessor in Bern, ein alter Schwachkopf, wies meinen Antrag nämlich mit der Begründung ab, dass meine Bewerbungsunterlagen den Anforderungen nicht genügten. Dabei hatte ich meine siebzehn veröffentlichten Aufsätze, meine Doktorurkunde und meine Dissertation beigefügt! Der gute Mann hatte wahrscheinlich noch nie von Albert Einstein (oder Maxwell) gehört. Und so verlangte man von mir eine noch unveröffentlichte Habilitationsschrift. Ich war wütend. Mit der Universität in Bern oder der Universität in Zürich wollte ich nichts mehr zu tun haben. Doch Mileva war damit nicht einverstanden. Sie hat mir ins Gewissen geredet:

»Denk an deine Zukunft. Du musst eine Familie ernähren.«

»Aber ich habe mich ihnen nicht aufgedrängt. Schließlich ist Professor Kleiner selbst zu mir gekommen – und jetzt diese ganzen Schwierigkeiten. Sollen sie mich doch in Ruhe lassen!«

»Schick ihnen deinen nächsten Aufsatz, Albert. Dann haben sie ihre unveröffentlichte Arbeit.«

Ich habe auf Milevas Ratschlag gehört und wurde dann doch Privatdozent an der Berner Universität. Zu meinen ersten Vorlesungen kamen drei Zuhörer: Michele Besso und noch zwei Freunde von mir. Im folgenden Semester hat sich sogar ein richtiger Student in den Hörsaal verirrt. Aus verschiedenen Gründen blieben meine drei Freunde dann aus, sodass ich nur noch einen einzigen Zuhörer hatte… Ihm habe ich das Relativitätsprinzip bei mir zu Hause erklärt oder auf Wanderungen, die wir gemeinsam in den Bergen unternommen haben.

Das Berner Patentamt wusste nichts von meiner wachsenden Berühmtheit. Sein Direktor Friedrich Haller hat sich nach meiner Promotion jedoch um eine kleine Beförderung und eine Gehaltserhöhung für mich bemüht, denn aus mir war inzwischen ja ein »Herr Doktor Einstein« geworden. Ich wurde zum »technischen Experten II. Klasse« ernannt und erhielt nun 4500 Schweizer Franken im Jahr. Wir zogen in eine etwas größere Wohnung, aber Mileva war nie zufrieden. In den sieben Jahren, die wir gemeinsam in Bern gelebt haben, sind wir sieben Mal umgezogen.

Hans Albert wurde allmählich größer. Ich habe ihm eine kleine Drahtseilbahn gebaut, die von einem Elektromotor angetrieben wurde. Er hatte viel Spaß an solchen Dingen, aber für die Musik konnte ich ihn nicht begeistern.

Meine Schwester Maja, die in der Zwischenzeit in Paris gelebt hatte, reichte an der Universität Bern ihre Doktorarbeit in Romanistik ein. Danach heiratete sie ihren langjährigen Verlobten Paul Winteler und die beiden zogen nach Luzern.

*

Während die deutschsprachige Schweiz es gerade mal fertig brachte, einen einzigen Studenten zu mir in die Vorlesung zu schicken, bedachten mich die französischsprachigen Schweizer mit den allergrößten Ehren. Anlässlich der Jubiläumsfeier ihres 350-jährigen Bestehens (seit der Gründung durch Calvin) hat mir die Universität Genf die Ehrendoktorwürde verliehen – gleichzeitig mit Marie Curie! Ich wurde zu einer großen Feier, bei der die Ehrenurkunden überreicht werden sollten, nach Genf eingeladen. Den Brief beachtete ich jedoch nicht weiter, denn nachdem ich einen kurzen Blick auf das Blatt Papier mit seinen geschnörkelten Buchstaben und seinen gestelzten Formulierungen geworfen hatte, fühlte ich mich nicht persönlich angesprochen. Ich warf den Brief in den Papierkorb, in dem auch alle meine Schmierzettel mit ihren Formeln und Berechnungen landeten. Mileva beklagte sich dauernd über meine Unordentlichkeit. Alles sei bei mir ein großes Durcheinander, nie würde ich aufräumen, immer würde ich Dinge verlieren. Ich sei ihr überhaupt keine Hilfe. Es stimmt, dass ich häufig mit meinen Gedanken ganz woanders war – bei den Sternen und nicht auf der Erde.

Die Genfer Universität schrieb mir einen weiteren Brief, den mir ein Kollege persönlich überbrachte… Schließlich reiste ich nach Genf, um meinen Ehrendoktortitel in Empfang zu nehmen. Ich hatte gehofft, bei dieser Gelegenheit Marie Curie kennen zu lernen, doch sie war nicht gekommen. Nach einer sehr steifen und langweiligen Zeremonie war ich zu einem Festbankett eingeladen. Nie mehr habe ich an einem so prunkvollen Essen teilgenommen. Calvin, der immer nur trockenes Brot gegessen haben soll, hätte sich im Grab umgedreht, wenn er mitbekommen hätte, wie man sein Gedächtnis ehrte.

Im September 1909 war ich dann das erste Mal zu einer großen wissenschaftlichen Tagung eingeladen, dem »Kongress der deutschen Naturforscher und Ärzte« in Salzburg. Dort begegnete ich endlich Max Planck, mit dem ich schon seit Jahren einen Briefwechsel führte. Der große deutsche Physiker überschüttete mich geradezu mit Lob, sodass ich richtig rot wurde. Doch war er über mein Aussehen wohl etwas erstaunt. Max von Laue, der mich in Bern schon besucht hatte, schien ihm nicht gesagt zu haben, dass ich mich immer sehr leger kleide. Ich finde es sinnlos, auf einer Reise riesige Gepäckstücke mit mir herumzuschleppen. Außerdem bin ich der Meinung, dass Socken ziemlich überflüssig sind. Deshalb trage ich sie im Sommer auch nicht. Auf einen Gürtel verzichte ich ebenfalls und binde mir nur dann dieses lächerliche Stück Stoff, das Krawatte genannt wird, um den Hals, wenn es unbedingt sein muss. Max Planck dagegen war immer sehr streng und korrekt gekleidet. Er war ein großer, schlanker Mann mit einem großen Schnurrbart im schmalen Gesicht. Seine Augen blitzten vor Intelligenz und Scharfsinn, was durch seine ovalen Brillengläser noch verstärkt wurde. Seine hohe Stirn war glatt wie Marmor. Es war Max Planck, der meiner Theorie den Namen gab, unter dem sie dann bekannt geworden ist. Wahrscheinlich weil es ihm zu umständlich war, immer von der »Elektrodynamik bewegter Körper« zu reden, hatte er sich zunächst angewöhnt, kurzerhand von der »relativen Theorie« zu sprechen. Später taufte er sie dann die »Relativitätstheorie von Einstein«.

Als meine Theorie viele Jahre später auch der breiten Öffentlichkeit bekannt geworden war, hat man sie auf alle möglichen anderen Bereiche angewandt, zum Beispiel auf die Politik oder auf die Geschichte. Immer wieder waren Sätze zu lesen wie »Alles ist relativ, sagt Einstein«. Mag sein, dass eine solche Aussage auf die Politik zutrifft, aber sie stimmt sicherlich nicht, wenn man sie auf meine eigene physikalische Theorie bezieht. Denn die Lichtgeschwindigkeit ist eine absolute Größe. In Wirklichkeit besagt meine Theorie nämlich, dass die Gesetze der Physik unverändert ihre Gültigkeit behalten, wenn man von einem Inertialsystem in ein anderes wechselt. Man könnte sie deshalb mit dem gleichen Recht »Invarianztheorie« nennen.

In Salzburg lernte ich auch Max Born kennen. Er war Assistent bei dem unglücklicherweise so früh verstorbenen Hermann Minkowski in Göttingen gewesen. Er stellte mir viele Fragen, denn er sollte auf der Tagung einen Plenarvortrag über die Relativitätstheorie halten, und zwar in der in Göttingen ausgearbeiteten mathematischen Form. Ich selbst hielt einen Vortrag über die Natur des Lichts. Mein Vorschlag lautete, das Licht und andere Strahlen nicht länger als Welle oder als Teilchen aufzufassen, sondern als beides gleichzeitig:

»Zahlreiche Experimente haben bewiesen, dass das Licht ein

Verhalten zeigt, das nur durch die Newton'sche Korpuskeltheorie erklärt werden kann, während andere Experimente zu Ergebnissen geführt haben, die eindeutig auf eine Wellennatur des Lichts hinweisen. Ich bin deshalb der Auffassung, dass die nächste Stufe in der Entwicklung der theoretischen Physik darin bestehen wird, die Theorien von der Teilchen- bzw. Wellennatur des Lichts miteinander zu verbinden. Wir müssen eine tiefgehende Änderung unserer Anschauungen vom Wesen des Lichts vornehmen.«

Max Planck erhob sich:

»Eine solche Forderung ist meiner Meinung nach viel zu verfrüht…«

Ich fuhr in meinem Vortrag fort und erläuterte, dass der Wellen- und der Teilchenaspekt der Lichtquanten als die zwei Seiten einer Medaille betrachtet werden müssten, ähnlich wie ich in meiner Gleichung eine Äquivalenz zwischen der Energie und der Masse eines Körpers hergestellt hatte. Ich bemerkte wohl, dass die Physiker der älteren Generation ihre Gesichter verzogen, aber meine jüngeren Kollegen, wie Arnold Sommerfeld und Lise Meitner, hörten fasziniert und begeistert zu.

*

Die beiden wichtigsten Veranstaltungen dieses großen Naturforscherkongresses waren meinen Theorien gewidmet gewesen. Ich war dabei, ein Star zu werden, wie die Amerikaner sagen. Meine berufliche Tätigkeit in Bern erschien dafür immer weniger angemessen. Ein Jahr zuvor hatte Professor Kleiner in Zürich erreicht, dass dort ein außerordentlicher Lehrstuhl für theoretische Physik eingerichtet wurde. Dieser Posten war für mich geschaffen worden, doch es war keineswegs sicher, dass ich ihn auch erhalten würde! Denn die Bürokratie wachte darüber, dass die Dinge ihren ordnungsgemäßen Gang nahmen. Ich hatte kein Anrecht darauf, die Stufen der akademischen Karriereleiter schneller zu nehmen als Friedrich Adler, der damals

Assistent bei Professor Kleiner war. Ich kannte Friedrich gut, wir hatten im selben Jahrgang am Polytechnikum studiert, doch inzwischen hatte er eine weitaus größere Lehrerfahrung vorzuweisen als ich. Aber noch aus einem anderen Grund war es unwahrscheinlich, dass man mich vor meinem Studienfreund zum Universitätsprofessor ernennen würde: Friedrich war nicht einfach irgendwer. Sein Vater war Viktor Adler, der Gründer der Sozialdemokratischen Partei Österreichs. Er hatte das allgemeine Wahlrecht in seinem Land durchgesetzt und war Nachfolger von August Bebel an der Spitze der Sozialistischen Internationale. Fast alle Mitglieder der Erziehungsdirektion in der Zürcher Kantonsregierung waren überzeugte Sozialdemokraten… Die gesamte Angelegenheit war sehr heikel. Und Mileva, die wieder schwanger war, hatte keine Lust auf einen Umzug nach Zürich:

»Albertli hat an der Schule Freunde gefunden. Er lernt gerade lesen. Bald wird er seine Eltern mit einem kleinen Bruder oder einer kleinen Schwester teilen müssen. Er braucht nicht noch mehr Veränderungen in seinem kleinen Leben.«

»Sollen sie doch Adler ernennen. Das ist mir egal. Ich habe sie nicht darum gebeten, Professor werden zu dürfen.«

»Aber du würdest mehr Geld verdienen.«

»Das stimmt nicht mal. Eher weniger. Es handelt sich um eine ›außerordentliche‹ Professur, die ein geringeres Ansehen hat als ein ›ordentlicher‹ Lehrstuhl. Außerdem hat mir das Patentamt eine Gehaltserhöhung angeboten, damit ich bleibe. Plötzlich haben sie erkannt, dass ich meine Arbeit gut mache.«

»Wie viel mehr?«

»Ich weiß es nicht genau. Nicht allzu viel. Das geht schön langsam voran, Schritt für Schritt, auf Schweizer Art. Jedenfalls heißt das nicht, dass sie mich gleich zum ›technischen Experten I. Klasse‹ ernennen wollen.«

»Wenn du in Zürich nicht mehr verdienst, dann lohnt sich das alles nicht. Die Mieten sind dort viel höher.«

Die Zürcher Regierung hat ein ganzes Jahr lang gezögert, bevor sie mich auf den Lehrstuhl berufen hat. Friedrich Adler war in die Erziehungsdirektion gestürmt und hatte seiner Empörung freien Lauf gelassen:

»Sie werden doch nicht mich zum Professor ernennen wollen, wenn Sie einen Mann wie Einstein haben können! Meine Fähigkeiten als Forscher sind in keiner Weise mit seinen vergleichbar! Eine solche Gelegenheit können Sie sich doch nicht entgehen lassen! Durch Einstein wird die Universität ihren Ruf enorm verbessern!«

Friedrich Adler war sehr temperamentvoll. Sein Vater hatte ihn in die Schweiz geschickt, weil er ihn davon abhalten wollte, sich in die österreichische Politik einzumischen. Doch Friedrich war nicht wirklich mit Leib und Seele Physiker. Da er die Professur nicht annehmen wollte, trug man den Posten einem anderen Kandidaten an, einem Schweizer Professor, der sich jedoch ebenfalls dieser Pflicht entzog, indem er vor Amtsantritt an Tuberkulose starb. Schließlich hat man notgedrungen mich gefragt. Das Gehalt war lächerlich niedrig und ich protestierte lautstark. Daraufhin war man bereit, mir so viel wie im Patentamt zu bezahlen: 4500 Schweizer Franken im Jahr. Unter diesen Umständen konnte ich schlecht ablehnen. Immerhin war die Professur eigens für mich geschaffen worden.

Meine Kollegen an der Zürcher Universität interessierten sich nicht genug für theoretische Physik, um in Forscherkreisen schon auf meinen Namen aufmerksam geworden zu sein. Man hatte auf Beschluss eines obskuren Verwaltungsgremiums eine Professur für einen Unbekannten geschaffen, der sich nicht die Mühe machen wollte, die akademische Stufenleiter ordentlich Schritt für Schritt zu erklimmen … Doch verblüffte es diese Kollegen einigermaßen, dass die berühmten Professoren Walther Nernst aus Berlin und Arnold Sommerfeld aus München eigens angereist kamen, um mit diesem Herrn Einstein über Fragen der Physik zu debattieren!

Das Leben in Zürich war so teuer, dass wir einige Zimmer in unserer Wohnung an Studenten untervermieten mussten. Mileva war ständig unzufrieden. Meistens habe ich gar nicht verstanden, warum sie wütend auf mich war.

»Du solltest Albertli von der Schule abholen!«

»Ach ja, stimmt, das hab ich versprochen. Ich geh sofort!«

»Du hättest ihn um zwei Uhr abholen sollen. Jetzt ist es fünf Uhr. Man kann sich nicht auf dich verlassen.«

»Oje, fünf Uhr? Wo hab ich nur meine Uhr? Wahrscheinlich wartet er schon ungeduldig auf mich.«

»Er ist schon lange zu Hause. Frau Müller hat ihn hergebracht. Es war mir sehr unangenehm.«

»Wer ist Frau Müller?«

»Unsere Nachbarin. Du kennst nicht einmal die Namen unserer Nachbarn! Ich habe gelogen und gesagt, dass du heftige Kopfschmerzen hast. Um drei Uhr hat sie Albertli heulend vor der Schule stehen sehen. Ich möchte nicht wissen, was sie jetzt von uns denkt... Eltern, die ihr Kind einfach vergessen!«

»Er hätte doch allein nach Hause gehen können. Es ist nicht weit.«

»Albert, er ist erst fünf Jahre alt. Er kann noch nicht allein über die Straße gehen. Das ist zu gefährlich. Denk an die vielen neuen Automobile!«

Ich habe Hans Albert ein kleines Segelboot geschenkt und manchmal nahm ich ihn mit an die Uferpromenade des Sees. Dort spielte er in einem Wasserbecken. Als wir eines Nachmittags in die Wohnung zurückkamen, schrie Mileva laut auf:

»Was ist passiert? Das Kind ist ja ganz nass!«

»Stimmt, das hab ich gar nicht gemerkt. Hat es geregnet? Aber dann müsste ich ja auch nass sein.«

»Warum bist du so nass, Albertli?«

»Ich bin ins Becken gefallen.«

»Meine Güte! Er ist ins Becken gefallen und du, Albert, hast es nicht mal bemerkt!«

»Ich… ich habe nachgedacht! Das Wasser ist doch gar nicht tief.«

»Der Herr hat nachgedacht! Vielleicht solltest du etwas weniger an die Physik und etwas mehr an deinen Sohn denken.«

Wir wohnten im selben Mietshaus wie Friedrich Adler, in der Nähe des Zürichbergs. Friedrich und ich sind sehr gute Freunde geworden. Erst kürzlich hat mir Hans Albert (der jetzt 46 Jahre alt ist) erzählt, dass er damals in Zürich in Friedrichs Tochter Assinka verliebt war. Ich konnte mich nicht daran erinnern, dass Friedrich eine Tochter hatte. Ich konnte mich nicht einmal daran erinnern, dass Friedrich Adler verheiratet war.

Unser zweiter Sohn Eduard ist im Juli 1910 geboren.

*

Im März 1911 zogen wir dann erneut um: Ich hatte einen Ruf als ordentlicher Professor an die Deutsche Universität in Prag angenommen. Mein zweiter Aufenthalt in Zürich hatte nur achtzehn Monate gedauert. Ich war dort glücklich gewesen. Ich liebte den See und die Berge. Die Universität war klein, und die Studenten interessierten sich nicht besonders für die theoretische Physik – was den Vorteil hatte, dass ich die Zahl meiner Hörer an den Fingern abzählen konnte, manchmal sogar an den Fingern einer Hand. Ich fand das sehr angenehm, denn so konnte ich mit ihnen die Themen meiner Vorlesung im Café Odéon oder auf einer Bank am Ufer des Zürichsees vertiefen. Ich lud sie auch häufig zum Tee zu mir nach Hause ein. Allerdings hat sich Mileva immer beschwert, dass ich es nicht vorher ankündigte.

Aber die Prager Universität war eine altehrwürdige Institution. Lange Jahre hatte dort der berühmte Physiker und Erkenntnistheoretiker Ernst Mach gelehrt, der immer noch lebte, aber schon über siebzig Jahre alt war. Da Mach sich mit der Verbreitung der Schallwellen befasst hatte, trägt die Schallgeschwindigkeit seinen Namen.* In einem seiner Bücher, das mein Denken sehr beeinflusst hat, kritisierte er den absoluten Raum- und Zeitbegriff, wie er von Newton eingeführt worden war. Er entwickelte außerdem eine neue, sehr eigenständige Auffassung von der Masse eines Körpers. Unter seinem Einfluss hatte die Prager Universität in den Naturwissenschaften ein sehr hohes Niveau erreicht. Doch wirklich ausschlaggebend war für mich, dass die Bibliothek dort weitaus besser bestückt war als in Zürich. Mileva brauchte ich nicht lange zu überreden. Da ich nicht mehr nur ein »außerordentlicher Professor« sein würde wie in Zürich, sondern der Inhaber eines »ordentlichen« Lehrstuhls, verdoppelte sich mein Gehalt. Wir konnten uns in Prag eine große Wohnung und sogar ein Hausmädchen leisten. Hans Albert war sehr erfreut, als er hörte, dass wir in der Wohnung sogar elektrisches Licht haben würden. In Bern hatten wir in der Wohnung nur Petroleumlampen und in Zürich gab es in den Zimmern nur Gasbeleuchtung.

Der Fakultätsrat in Prag war fest entschlossen gewesen, mich an die Prager Universität zu holen, ganz anders als damals das Berufungsgremium in Zürich. Zusätzlich war ein Gutachten von Max Planck eingeholt worden, der mich wärmstens empfahl. In seinem Buch zur Geschichte der Physik, das im selben Jahr erschien, schrieb er, das Relativitätsprinzip übertreffe »an Kühnheit wohl alles, was bisher in der spekulativen Naturforschung, ja auch in der philosophischen Erkenntnistheorie geleistet wurde. [...] Mit der durch dieses Prinzip im Bereiche der physikalischen Weltanschauung hervorgerufenen Umwälzung ist an Ausdehnung und Tiefe wohl nur noch die durch die Einführung des Copernikanischen Weltsystems bedingte zu vergleichen.«

Dennoch kam es zu Verwicklungen, an denen meine Berufung fast noch gescheitert wäre. Denn damals gehörte Prag zur öster-

---

* Die Schallgeschwindigkeit in der Luft beträgt ungefähr 1200 Kilometer pro Stunde. Man spricht davon, dass ein Flugzeug mit Mach 2 fliegt, wenn es sich mit doppelter Schallgeschwindigkeit fortbewegt.

reichisch-ungarischen k. u. k. Monarchie, und die Universität war angehalten, zunächst einem anderen Kandidaten, der Österreicher und Katholik war, den Lehrstuhl anzubieten. Professor Gustav Jaumann aus Brünn war jedoch so empört darüber, dass außer ihm noch ein anderer Physiker in Betracht gezogen worden war – und schlimmer noch: ein Ausländer und Jude –, dass er aus gekränkter Eitelkeit ablehnte. Der k. u. k. Sektionschef des Wiener Ministeriums wandte daraufhin ein, dass ich nicht österreichisch-ungarischer Professor werden könne, weil in dem Auskunftsbogen zu meiner Person keine Zugehörigkeit zu einer Religionsgemeinschaft verzeichnet sei. Ich reiste eigens nach Wien und versicherte dem Beamten, dass ich zwar nicht regelmäßig die Synagoge besuchte, dass ich mich aber trotzdem dem Judentum zugehörig fühlte. Mit sechsmonatiger Verzögerung wurde ich dann schließlich an die Prager Universität berufen.

Um ein Beamter der k. u. k. Monarchie unter Kaiser Franz Joseph werden zu können, habe ich sogar die österreichisch-ungarische Staatsbürgerschaft angenommen. Zum Glück hat man mir erlaubt, meine Schweizer Staatsbürgerschaft zu behalten. Früher war ich mehrere Jahre lang staatenlos gewesen und jetzt besaß ich sogar zwei Nationalitäten…

Schon bald nach unserem Umzug musste ich feststellen, dass die Nationalitätenfrage wie auch die Religionszugehörigkeit im Prager öffentlichen Leben eine große Rolle spielten. Die altehrwürdige Universität war seit zwei Jahrzehnten in einen deutschen und einen tschechischen Teil aufgespalten. Die tschechischen Einwohner der Stadt machten rund fünfundneunzig Prozent der Bevölkerung aus, gegen die sich die deutschsprachigen Böhmen und Juden als Minderheit verbündeten. Zugleich waren die Deutschen, die ihren wachsenden Antisemitismus nur schlecht verbergen konnten, ungehalten darüber, dass sie auf die Unterstützung der Juden angewiesen waren. Die Juden, die von beiden Seiten, von den Deutschen wie von den Tschechen, wenig geachtet wurden, wandten sich immer zahlreicher dem Zionismus zu – einer neuen jüdischen Weltanschauung, die als politisches Ziel die Emigration der Juden nach Palästina anpries. Die Juden sollten dort einen eigenen Staat gründen und als einfache Siedler die Erde fruchtbar machen.

Meine jüdischen Kollegen an der Universität führten mich bald in zionistische Kreise ein. Dort lernte ich die Schriftsteller Max Brod und Franz Kafka kennen, lange bevor sie berühmt geworden sind. Max Brod verfasste später einen Roman mit dem Titel »Tycho Brahes Weg zu Gott«, in dem er (so erzählt man sich) der Figur des berühmten Astronomen Johannes Kepler, der in Prag gelebt hat, die Charakterzüge meiner Person verliehen haben soll. Ich finde dieses Porträt nicht sehr schmeichelhaft: Kepler scheint dort keiner Gefühle fähig zu sein. In seinem Leben zählen nur die Wissenschaft und ihre Wahrheitssuche.

Die Vorstellung, nach Palästina auszuwandern, reizte mich jedenfalls gar nicht. Inzwischen war es für mich nicht mehr möglich, ganz allein für mich zu denken und zu arbeiten, wie ich dies lange Zeit getan hatte. Je weiter ich mit meinen Forschungen vorankam, desto mehr benötigte ich die Hilfe der Mathematik und der Mathematiker.

Die Relativitätstheorie, liebe Miss Peggy, gleicht einem Haus mit zwei Stockwerken. Das erste Stockwerk stellt die »Spezielle Relativitätstheorie« dar, die ich bereits 1905 in meinem Artikel »Zur Elektrodynamik bewegter Körper« entwickelt habe. Sie befasst sich mit den physikalischen Phänomenen, die in einem Laboratorium auftreten, das sich gegenüber einem Bezugssystem in gleichförmiger und geradliniger Bewegung befindet. Doch gibt es ein solches Labor in der Wirklichkeit gar nicht. Wenn es sich nämlich auf der Erde befindet, dann dreht es sich um die Erdachse und um die Sonne. Wenn ich einen Stein oder einen Ball weit weg werfe, dann beschreibt er keine gerade Linie, sondern eine Kurve. Der Grund dafür ist die Schwerkraft. Auch alle Apparate in dem Laboratorium sind der Schwerkraft unterworfen.

Das zweite Stockwerk des Hauses, die »Allgemeine Relativitäts-theorie«, musste deshalb dieses Phänomen der Schwerkraft, der Anziehungskraft der Sonne sowie der Planeten einbeziehen. Die ersten Stufen auf der langen Treppe, die hinauf in dieses zweite Stockwerk führte, habe ich 1907 erklommen, als ich mich erstmals in einem Aufsatz mit dem »Äquivalenzprinzip« be-schäftigte.

Ich erinnere mich noch daran, als wäre es gestern… Ich saß auf meinem Stuhl im Patentamt in Bern und träumte vor mich hin, wie dies so oft der Fall war. Ob ich dabei vielleicht an die Ge-schichte von *Alice im Wunderland* dachte, aus der ich Hans Albert erst am Abend vorher vorgelesen hatte? Ich weiß es nicht. Ich stellte mir jedenfalls vor, dass ich mich in einem Auf-zug befand, der in die Tiefe fiel und fiel und fiel… Das Aufzugs-kabel musste gerissen sein, keine Frage. Es war wie im Märchen. Ich schwebte, als ob ich mein eigenes Gewicht nicht mehr spürte. Meine Haare standen in alle Richtungen ab, wie die Ten-takeln einer Qualle. Als ich meine Pfeife aus der Tasche zog, schwebte sie auch! Ich war verblüfft. Dann fing ich an zu lachen. Ich hatte gerade herausgefunden, dass die Schwerkraft als Phä-nomen nicht absolut, sondern nur relativ war. Wenn ein Mensch sich in einem Fahrstuhl im freien Fall befindet, dann entspricht seine Beschleunigung so genau der Schwerkraft, dass er das Gefühl für sein Gewicht ganz verliert.

Danach habe ich meinen Fahrstuhl (der seither in der kleinen Welt der Physik als »Einstein'scher Fahrstuhl« bekannt ist) in einem weiteren Gedankenexperiment in den Weltraum versetzt, fern von der Erde und der Sonne mit ihren Gravitationsfeldern. Ich schwebte immer noch! Auch meine Haare und meine Pfeife! Liebe Miss Peggy, es dauert nicht mehr lange, dann wird man in der Lage sein, Raumschiffe zu bauen. Ein wagemutiger Astro-naut, der sich an Bord eines solchen Raumschiffs in das Weltall begibt, wird in seiner Kabine frei herumschweben können. Wenn er morgens aufwacht, dann wird er nicht sagen können, ob er sich in einem Fahrstuhl befindet, der blitzschnell in die Tiefe stürzt, oder in einem Raumschiff, das sich immer weiter von der Erde entfernt…

Ich habe mir dann etwas sehr Seltsames vorgestellt: einen Engel, der nach dem Aufzugskabel greift, irgendwo da oben im Weltall, und immer heftiger daran zieht. Heute würde ich mir wahrscheinlich vorstellen, dass an dem Aufzug ein Motor mit Raketenzündung angebracht ist, wie ihn die Deutschen gegen Kriegsende herzustellen versuchten. Wenn der Motor gezündet wird, beschleunigt der Aufzug die Geschwindigkeit. Ich schwebe nicht mehr; ich werde gegen den Boden geschleudert wie die Fische in Galileis Aquarium gegen die Glaswände. Alle Gegenstände, die in der Kabine schweben, »fallen« auf den Boden. Der Astronaut, der während einer solchen Beschleunigungsphase aufwacht, wird nicht unterscheiden können, ob er auf den Boden eines Raumschiffs geschleudert wird, das gerade schneller wird, oder ob er sich in seinem Schlafzimmer auf der Erde befindet, wo er gerade aus dem Bett fällt. Mein Gedankenexperiment zeigt, dass zwischen beiden Situationen eine *Äquivalenz* besteht. Trägheit und Schwere sind wesensgleich.

1911 habe ich einen neuen Artikel zu meinem Einstein'schen Aufzug veröffentlicht. Darin habe ich eine sehr einfache Frage gestellt: Was passiert, wenn ein Lichtstrahl das Raumschiff durchquert? Wohlgemerkt, ich hatte meinen Aufzug mit Bullaugen versehen, sagen wir zwei an jeder Seite. Das hat mir ja schließlich keine zusätzlichen Kosten verursacht! Das Licht tritt durch das erste Fenster auf der linken Seite ein. Um zu verstehen, was vor sich geht, werde ich die Bahn eines einzigen Lichtteilchens untersuchen. Da das Raumschiff seine Geschwindigkeit erhöht, bewege ich mich mit jedem Augenblick schneller quer zur Lichtbahn. Ich sehe, wie das Lichtteilchen durch das erste Bullauge links vorne am Raumschiff eintritt, sich mir nähert und durch das zweite Bullauge rechts hinten wieder austritt (siehe die gegenüberliegende Seite).

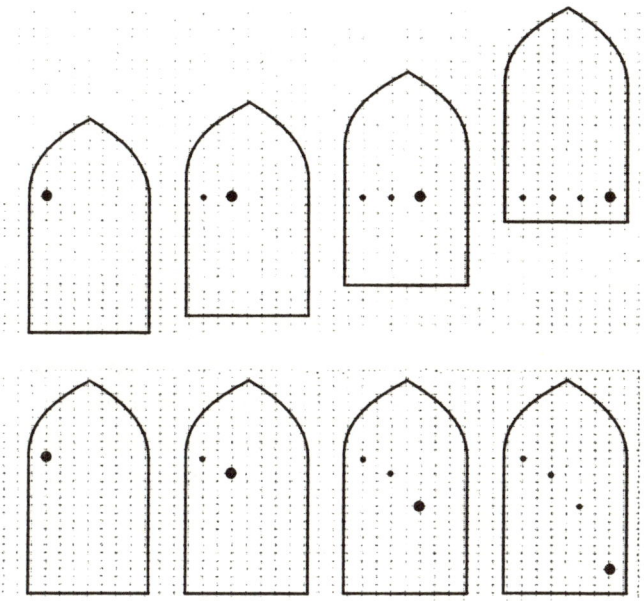

Diese beiden Reihen von Zeichnungen zeigen jeweils vier imaginäre Aufnahmen, die in regelmäßigen Abständen von einem Raumschiff gemacht wurden, das irgendwo in den Galaxien unseres Universums seine Geschwindigkeit beschleunigt.

Die erste Reihe zeigt den Blick eines Beobachters, der sich in einem ruhenden Bezugssystem außerhalb des Raumschiffs befindet. Die Rasterung, mit deren Hilfe die Geschwindigkeit gemessen wird, ist auf das ruhende Bezugssystem bezogen. Das Raumschiff bewegt sich zuerst um zwei Einheiten nach oben, dann um vier, dann um acht. Es fliegt immer schneller! Ein Photon, das heißt ein elementares Lichtteilchen, kreuzt den Weg des Raumschiffs. Es bewegt sich mit gleichförmiger Geschwindigkeit von links nach rechts. Man kann davon ausgehen, dass der Lichtstrahl durch das Bullauge links vorne am Raumschiff eintritt und durch das Bullauge rechts hinten wieder austritt.

Die zweite Reihe zeigt genau die gleichen Ereignisse, doch nun aus der Sicht eines Astronauten, der sich im Raumschiff befindet. Die Rasterung ist diesmal auf das Raumschiff bezogen. Das Photon »fällt« auf den Boden des Raumschiffs, das immer mehr an Geschwindigkeit gewinnt. Es beschreibt eine Kurve – wie ein Gegenstand, der durch die Luft geworfen wird und wieder auf die Erde fällt.

In meinem Einstein'schen Aufzug (bzw. meinem Raumschiff) sehe ich also, wie das Licht auf den Boden des Aufzugs »fällt«. Es verhält sich nicht anders als ein Stein, der durch die Luft geworfen wird und in einem Bogen auf die Erde zurückfällt. Der Lichtstrahl ist gekrümmt!

Aus dem Äquivalenzprinzip folgt, dass das Licht auf der Erde genauso eine »Ablenkung« erfährt wie in meinem Einstein'schen Aufzug, den ich ins Weltall versetzt hatte. Anders gesagt, das von der Sonne oder den Sternen ausgestrahlte Licht beschreibt einen Bogen, wenn es auf die Erde fällt. Nur ist die Masse unseres kleinen Planeten viel zu gering, als dass diese Ablenkung nachweisbar wäre. Und die Masse der Sonne? Ich war der Meinung, dass dort die Krümmung der Lichtstrahlen, wenngleich schwach, im Verlauf einer totalen Sonnenfinsternis messbar sein müsste.* Einer meiner Studenten an der Prager Universität hat dem deutschen Astronomen Erwin Freundlich in Berlin davon erzählt. Daraufhin schrieb Freundlich mir einen Brief, in dem er mir erklärte, dass er versuchen würde, meine Hypothese zu bestätigen. Da eine totale Sonnenfinsternis nur selten vorkommt, plante er zunächst, die Ablenkung des Lichts in der Umgebung des Jupiters zu messen. Der entsprechende Winkel war dort jedoch hundert Mal kleiner als bei der Sonne und Freundlich hatte keinen Erfolg.

Ich befand mich auf halbem Weg zwischen dem ersten und dem zweiten Stockwerk meines Hauses. Um eine »Allgemeine Relativitätstheorie« aufstellen zu können, die diesen Namen tatsächlich verdiente, musste ich eine hinreichende Erklärung des Phänomens der Schwerkraft bieten können. Dabei waren zwei große Hindernisse zu überwinden. Zum einen war die Newton'sche Theorie der Erdanziehungskraft und der Beschleunigung

---

* Die Abweichung beträgt etwas weniger als eine Bogensekunde, das heißt einen sehr winzigen Winkel: ein Grad hat 3600 Sekunden.

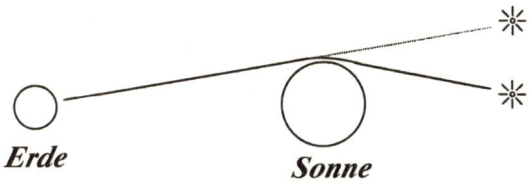

Erde   *Sonne*

Wir sehen das Licht eines Sterns, der sich hinter der Sonne befindet, haben aber den Eindruck, als sei er an anderer, leicht verschobener Stelle gelegen. Wenn die Sonne normal scheint, kann dies nicht wahrgenommen werden, deshalb muss man eine Sonnenfinsternis abwarten, wenn man dieses Phänomen beobachten will. Der Mond, der für eine Sonnenfinsternis verantwortlich ist und sich zwischen der Erde und der Sonne befindet, ist auf der Zeichnung nicht abgebildet.

eines Körpers mit den Schlussfolgerungen aus meiner »Speziellen Relativitätstheorie« unvereinbar – da gemäß Newton eine konstante Kraft einen Gegenstand unbegrenzt beschleunigen konnte und es somit theoretisch auch möglich war, dass die Lichtgeschwindigkeit übertroffen wurde. Zum anderen übte die Erdanziehungskraft eine spontane Fernwirkung aus, was ich als physikalische Möglichkeit stets abgelehnt hatte.

Ohne dass ich es wollte, blieb ich ein Gefangener des Newton'schen Systems! Im Übrigen hatte ein deutscher Mathematiker, ein gewisser Johann Georg von Soldner, bereits 1801 die These aufgestellt, dass ein Lichtstrahl durch die Sonne abgelenkt werden konnte. Das war zu jenem Zeitpunkt eine ganz logische Schlussfolgerung, weil man annahm, dass das Licht aus kleinen Korpuskeln gebildet sei, die der Schwerkraft unterworfen waren. Mein abgelenktes Licht hatte kein Gewicht, aber ich konnte seine Energie mithilfe der Gleichung $E = mc^2$ in Masse verwandeln.

Soldner hatte damals sogar vor, seine Hypothese während einer Sonnenfinsternis auf ihre Richtigkeit hin zu überprüfen! Ich allerdings hatte noch nie von ihm gehört. Erst 1921 las ich über ihn einen Artikel, den der deutsche Physikprofessor Philipp Lenard in den *Annalen der Physik* veröffentlichte. Auf diesen Philipp Lenard, der sehr stolz auf sein Deutschtum war, werde ich später noch zu sprechen kommen, Miss Peggy.

Ich war stets der Meinung, dass meine Gedankenexperimente nicht besonders außergewöhnlich waren. Es hätte sie fast jedermann anstellen können, vorausgesetzt er verfügte über ein wenig Fantasie. Galilei hat zum Beispiel die These aufgestellt, dass alle Gegenstände im luftleeren Raum mit der gleichen Geschwindigkeit herabfallen, unabhängig von ihrer Masse. Die Unterschiede, die wir beobachten können, haben allein mit dem Luftwiderstand zu tun. Wenn ein Kilo Bettfedern langsamer herunterfällt als ein Kilo Blei, dann deswegen, weil die Luft die Bettfedern stärker abbremst. Als Beweis hat Galilei eine kleine und eine große Kugel Blei vom Turm von Pisa herabfallen lassen. Beide sind zur gleichen Zeit auf dem Boden aufgetroffen. Da die Erdanziehungskraft auf alle Gegenstände die gleiche Wirkung ausübt, egal wie groß ihre Masse ist, konnten sich Galilei und Newton problemlos ein Kügelchen von winzigster Masse, beinahe am Wert null angelangt, vorstellen, das wie alle anderen auf die Erde fällt. Wenn man die Masse gedanklich noch weiter reduziert, erscheint es durchaus logisch, dass auch ein Lichtteilchen, dessen Masse bei null angelangt ist, auf die Erde fallen kann.

In Gedanken war ich weiterhin bei meinem gekrümmten Lichtstrahl… Er stellte den kürzesten Weg von einem Punkt zum anderen dar, da es unmöglich ist, die Lichtgeschwindigkeit zu übertreffen. So verließ ich die euklidische Geometrie, in der grundsätzlich gilt, dass der kürzeste Weg zwischen zwei Punkten die gerade Linie ist… Immer mehr gelangte ich zu der Überzeugung, dass ich nur dann eine Allgemeine Relativitätstheorie würde formulieren können, wenn ich von Grund auf die Geometrie des Raums neu durchdachte. Ich musste deshalb unbedingt meine Kenntnisse in Mathematik vertiefen, wenn ich in meiner Theoriebildung vorankommen wollte. Das hat mich nicht gerade gefreut. Otto Stern, der damals in Prag mein Assistent war und jetzt in den Vereinigten Staaten arbeitet (er hat 1943 den Nobelpreis für Physik erhalten), erzählte, dass ich einmal gesagt haben soll:»Sobald man sich auf mathematische Berechnungen einlässt, steckt man in der Scheiße, bevor man überhaupt weiß, wie einem geschieht.« Ich zwang mich dazu, die Aufsätze über mathematische Physik von Arnold Sommerfeld zu lesen und auch das Buch, das Max von Laue über die Relativitätstheorie geschrieben hatte. Laue behandelt dort ausführlich deren mathematische Beschreibung durch Hermann Minkowski. Außerdem holte ich mir Hilfe bei dem Mathematikprofessor Georg Pick, einem meiner Kollegen an der Deutschen Universität in Prag. Er wies mich auf eine neue Differenzialgeometrie hin, auch Tensormethode genannt, die von den Italienern Gregorio Ricci und Tullio Levi-Civita entwickelt worden war.

Mir fällt auf, dass ich ganz vergessen habe, wieder einmal meine Geige zu erwähnen, die in meinem Leben immer einen ganz wichtigen Platz eingenommen hat. Georg Pick war ein ausgezeichneter Geiger. Zusammen mit zwei seiner Freunde haben wir ein Streichquartett gebildet und trafen uns an zwei Abenden in der Woche zum Musizieren. Wir spielten Streichquartette von Mozart und Beethoven. Mit der Schwägerin des Sanskritprofessors Moritz Winternitz übte ich regelmäßig Sonaten für Klavier und Geige. Sie war ein altes Fräulein, gab Klavierunterricht und war sehr streng mit mir. Ein richtiger Feldwebel!

*

Sie werden glauben, dass ich Hummeln im Hintern hatte, Miss Peggy, denn ich bin nur acht Monate in Prag geblieben. Ich war dort ordentlicher Professor, ich bezog ein Gehalt, mit dem ich sehr zufrieden sein konnte, aber ich musste experimentelle Physik unterrichten, was mir viel weniger lag als die theoretische Physik, und die Studierenden waren weniger neugierig und weniger fleißig als in Zürich. Die k. u. k. Bürokratie war fürchterlich! Man musste wegen der geringsten Angelegenheit ganze Stapel von Formularen ausfüllen. Mileva war unglücklich. Sie war mit dem Leben ganz allgemein unzufrieden, besonders aber mit ihrem Ehemann. Darüber hinaus belasteten sie die Spannungen zwischen den verschiedenen Bevölkerungsgruppen in der Stadt weitaus mehr als mich.

Wenn ich ehrlich sein soll, wäre ich wahrscheinlich auch länger in Prag geblieben. Aber ich erhielt bessere Angebote von anderer Seite. Die Universität von Utrecht in Holland fragte bei mir an. Ich lehnte ab. Die Berufungskommission ließ sich dadurch nicht beirren und versuchte, mich durch immer bessere Bedingungen zu locken.

In der allgemeinen Öffentlichkeit war ich damals zwar noch nicht bekannt, unter den Physikern inzwischen jedoch eine Berühmtheit. Meine Arbeiten waren allgemein zur Kenntnis genommen worden. Ernest Solvay, ein belgischer Industrieller und Mäzen, berief im November 1911 den Solvay-Kongress in Brüssel ein, zu dem die achtzehn bedeutendsten Physiker der Welt eingeladen waren. Der deutsche Physiker Walther Nernst war mit der Auswahl beauftragt worden. Ich fühlte mich sehr geschmeichelt, dass ich mich diesem Olymp der Physiker zugehörig fühlen durfte! Zunächst verbrachte ich ein paar Tage in der holländischen Stadt Leiden, wo ich meinen alten Lehrmeister Hendrik Lorentz besuchte. Ich nenne ihn meinen Lehrmeister, weil ich mich als seinen Schüler betrachte. Damals traf ich ihn zwar das allererste Mal persönlich, doch hatte ich bereits so viele Briefe mit ihm gewechselt, dass ich meinte, ihn schon seit ewigen Zeiten zu kennen. Mit seinem gepflegten grauen Spitzbart und seinem würdigen Aussehen erinnerte er mich an einen weisen Großvater. Gemeinsam reisten wir zum Solvay-Kongress, wo er den Vorsitz führen sollte. Diese Aufgabe hätte von kaum jemand besser erfüllt werden können als von ihm. Er sprach fließend Deutsch und Französisch und behandelte alle Teilnehmer des Kongresses mit ausgesuchter Höflichkeit.

In Brüssel habe ich endlich Marie Curie kennen gelernt (die soeben zum zweiten Mal den Nobelpreis erhalten hatte). Sie war eine nervöse Frau, die sehr verschlossen wirkte. Ihr Gesicht heiterte sich nur dann auf, wenn sie auf ihr geliebtes Radium zu sprechen kam. Doch dieses Radium verbrannte ihr die Haut. Ständig rieb sie sich die Fingerspitzen, die zu viel Strahlungen abbekommen hatten. Aber auch meine berühmten Kollegen Henri Poincaré, Paul Langevin, Jean Perrin, Ernest Rutherford und andere traf ich auf dem Kongress zum ersten Mal. Ich freute mich, Max Planck, Walther Nernst, Arnold Sommerfeld sowie weitere deutsche und österreichische Physiker wiederzusehen, die bereits 1909 an der Tagung in Salzburg teilgenommen hatten. Jene, die mich noch nicht kannten, staunten mich an wie ein exotisches Tier. Poincaré und Lorentz, die sich in ihren eigenen Theorien mehr als alle anderen meinen Positionen angenähert hatten, konnten sich trotzdem nicht dazu durchringen, der Relativitätstheorie zuzustimmen, und versteiften sich weiter auf die Existenz des Äthers.

Als der Kongress in vollem Gange war, hörten wir, dass in Paris ein neuer Skandal für Aufregung in der Öffentlichkeit sorgte. Die Zeitungen beschuldigten die seit 1906 verwitwete Marie Curie, mit ihrem Kollegen Paul Langevin ein Liebesverhältnis zu haben. Langevin war verheiratet und Vater von vier Kindern. Der Beweis dafür sollte sein, dass sie mit ihm nach Brüssel gefahren war, angeblich zu einem Kongress. Die Tatsache, dass es sich bei Marie Curie um eine gebürtige Polin handelte, nahmen die konservativen Blätter zum willkommenen Anlass, die Bevölkerung vor allen Ausländern zu warnen, da von ihnen nichts Gutes zu erwarten sei. Auch die Frage, ob die Wissenschaftlerin nicht vielleicht Jüdin sei, wurde scheinbar beiläufig gestellt. Der arme Pierre Curie war 1906 in Paris auf der Straße überfahren worden. Fünf Jahre nach seinem Tod streuten die Zeitungen nun das Gerücht aus, er sei möglicherweise hinter die Untreue seiner Ehefrau Marie gekommen und habe Selbstmord begangen.

In Wirklichkeit machten Paul Langevin und Marie Curie alles andere als den Eindruck eines Liebespaares auf der Flucht. Sie erklärten uns, dass sie gemeinsam im Labor arbeiteten und sich sowieso jeden Tag sahen. Sie bräuchten also weiß Gott keine Reise nach Belgien zu unternehmen, wenn sie eine Liebesaffäre beginnen wollten…

Während meines Aufenthalts in Brüssel trat die Universität von Utrecht erneut mit mir in Berufungsverhandlungen ein. Das Gehalt, das mir angeboten wurde, war so hoch, dass ich mich fragte, ob ich mich vielleicht beim Umrechnen von niederländischen Gulden in Schweizer Franken getäuscht hatte. Auch Lorentz gab mir zu verstehen, dass er mich gerne als Nachfolger auf seinem Lehrstuhl in Leiden gesehen hätte, denn er war kurz vor dem Ruhestand.

Schließlich nahm ich dann doch den Ruf an eine andere Hochschule an. Ich kehrte nach Zürich zurück! Mileva, die sehr gerne in Zürich gelebt hatte, war begeistert. Auch mir gefiel es in Zürich sehr gut. Außerdem besaß ich nach wie vor die Schweizer Staatsbürgerschaft. Doch sollte ich diesmal nicht an der Universität lehren, sondern am Polytechnikum, das für mich eigens eine Professur für theoretische Physik einrichtete. Das gute alte Polytechnikum! Die älteren Professoren dort hatten mich sicherlich nicht in guter Erinnerung behalten, da ich immer »Herr Weber« gesagt hatte und nicht »Herr Professor«. Ich weiß nicht, ob sie ihre Meinung über mich tatsächlich geändert hatten oder nur mit Widerwillen meiner Berufung zustimmten. Mein Freund Marcel Grossmann, inzwischen Professor für Mathematik am Polytechnikum, hatte sich leidenschaftlich für mich eingesetzt. Auch Marie Curie und Henri Poincaré verfassten überschwängliche Gutachten, in denen sie darlegten, welche Ehre es für das Polytechnikum bedeuten würde, wenn der brillanteste Physiker seiner Generation an dieser Hochschule lehrte. Während die Schweizer sich mit ihrer Entscheidung wieder einmal

Zeit ließen, hätte ich gleichzeitig Berufungen an die Columbia University in New York, an die Wiener oder die Berliner Universität annehmen können. Doch ich zog das Polytechnikum vor! Ich freute mich unbändig darauf, wieder auf dem Zürichsee zu segeln. Und ich würde Bergtouren unternehmen können! Der kleine Hans Albert fragte mich jeden Tag: »Wann fahren wir nach Hause, Papa?«

Im April 1912 unternahm ich eine Reise nach Berlin, um das Angebot der dortigen Universität zu prüfen. Ich übernachtete bei meiner Tante Fanny, der Schwester meiner Mutter, die mit ihrem Mann dorthin gezogen war. Meine Mutter, die mehrere Jahre bei ihnen gewohnt hatte, war in Stuttgart geblieben. Bei dieser Gelegenheit sah ich auch meine Cousine Elsa wieder, Fannys Tochter, die ich seit vielen Jahren aus den Augen verloren hatte. Sie war mit einem Textilfabrikanten verheiratet gewesen, war inzwischen geschieden und lebte mit ihren beiden Töchtern Ilse und Margot bei ihren Eltern. Die gemütliche häusliche Atmosphäre, die Tischrunden im Kreis der ganzen Familie erinnerten mich an meine Kindheit. Ich konnte nicht anders: Ständig verglich ich Elsas und Milevas Charakter miteinander. Elsa war heiter, sanftmütig und warmherzig, Mileva dagegen mürrisch, misstrauisch und cholerisch. Mileva, die ihr eigenes Physikstudium ohne Abschluss abgebrochen hatte, war neidisch auf meinen Erfolg. Elsa aber war stolz auf ihren Cousin, den Herrn Professor.

Dass ich meine Professur in Prag nach nur eineinhalb Jahren aufgab, führte zu zahlreichen Kommentaren in den ortsansässigen Zeitungen. Manche Journalisten vermuteten, dass einige meiner Kollegen, die mir meinen Ruhm missgönnten, mir an der Universität das Leben schwer gemacht hatten, andere, dass die k. u. k. Bürokratie mich schlecht behandelt hatte, weil ich Jude war. Daraufhin schrieb ich einen Brief an den Dekan der Universität, um ihm mitzuteilen, dass ich mich in Prag sehr wohl gefühlt hatte und er auf diese Gerüchte nichts geben sollte.

Bevor ich Prag verließ, lernte ich dort einen Mann kennen, der einer meiner besten Freunde werden sollte: Paul Ehrenfest. Er stammte aus Wien und hatte in Petersburg an der Universität unterrichtet. Anders als ich hatte er erfahren, was es heißt, tatsächlich als Jude verfolgt zu werden. Als der Antisemitismus im Zarenreich immer schlimmere Auswüchse annahm, verließ er Russland. Er erhielt einen Ruf an die Deutsche Universität in Prag, doch um die Professur antreten zu können, hätte er sich denselben bürokratischen Zwängen beugen müssen wie ich. Er hätte erklären müssen, dass er die Vorschriften und Regeln der jüdischen Religion befolgte. Da er sehr großen Wert auf sein Freidenkertum legte, weigerte er sich, dieser Aufforderung nachzukommen.

Während seines kurzen Aufenthalts in Prag hatten wir genug Zeit, ausführlich die Relativitätstheorie zu diskutieren, uns zu streiten, uns zu versöhnen – und dann festzustellen, dass wir in beinahe allen Bereichen dieselben Auffassungen vertraten. Anschließend musizierten wir gemeinsam. Wir spielten die 3. Sonate für Violine und Klavier von Johannes Brahms. Wenige Monate später wurde Paul Ehrenfest zum Nachfolger von Hendrik Lorentz in Leiden ernannt, wo ich ihn später mehrmals besuchte. Meine beiden Söhne Hans Albert und Eduard verstanden sich prächtig mit Pauls Kindern. Ich weiß nicht, ob ich wirklich so gefühlskalt bin wie die Figur des Johannes Kepler in Max Brods Roman. Aber es stimmt, dass ich mich den Menschen gegenüber meistens ziemlich distanziert verhalte. Doch ist das nicht immer so: Meine Freundschaft mit Paul Ehrenfest gründete sich auf wenige Stunden, die wir damals gemeinsam verbrachten, und sie hat bis zu seinem Tod angehalten…

Paul Ehrenfest war nicht mein einziger Freund. In Zürich habe ich auch meinen alten Studienkollegen Marcel Grossmann wiedergetroffen. Er half mir sehr bei meinen Forschungen und war sozusagen mein privater Mathematiklehrer. Er führte mich in äußerst komplexe mathematische Theorien und Methoden ein, ohne die es mir nicht gelungen wäre, eine Geometrie des Raum-Zeit-Kontinuums zu entwickeln. 1913 veröffentlichten wir gemeinsam den Entwurf einer »verallgemeinerten Relativitätstheorie«. Ich spürte, dass ich meinem Ziel der Formulierung einer solchen allgemeinen Theorie immer näher kam. Doch es fehlte noch etwas. Die Karten lagen sozusagen alle schon auf dem Tisch, aber ich wusste immer noch nicht, nach welcher inneren Logik ich sie anzuordnen hatte.

Auch Friedrich Adler traf ich in Zürich wieder. Er hatte sich noch immer nicht entschieden, ob er Physiker oder Politiker werden wollte.

»Wie weit bist du mit deiner großen Theorie inzwischen gekommen?«, fragte er mich.

»Ach, Friedrich«, antwortete ich ihm, »die Natur zeigt uns von dem Löwen nur den Schwanz. Aber es ist mir unzweifelhaft, dass der Löwe dazugehört, wenn er sich auch wegen seiner ungeheuren Dimension den Blicken nicht unmittelbar offenbaren kann. Wir sehen ihn nur wie eine Laus, die auf ihm sitzt.«

Aus der ganzen Welt erreichten mich Anfragen, in denen man um die Ehre bat, mich zu einem Vortrag oder einem Kongress einladen zu dürfen. Im März 1913 nahm ich eine Einladung der Französischen Physikalischen Gesellschaft nach Paris an und Mileva begleitete mich. Wir freuten uns beide sehr, dass wir endlich einmal eine Reise in die französische Hauptstadt machen konnten. Marie Curie war unsere Gastgeberin. Sie leitete inzwischen ein eigenes Institut, das die französische Regierung für sie geschaffen hatte, um ihre Verdienste als Nobelpreisträgerin zu würdigen. Marie Curie ist bisher die einzige Person, die den Nobelpreis zweimal verliehen bekommen hat. Sie hat die Leitung des Labors später an ihre Tochter Irène Joliot-Curie übergeben.

Bei unserem Besuch in Paris war Irène ein fünfzehnjähriges Mädchen. Aber sie kannte sich in der Physik und auch mit den Physikern schon gut aus. Als wir mit ihrer Mutter und ihrer kleinen Schwester Eva (die neun Jahre alt war, genau wie Hans Albert) auf den Eiffelturm hochfuhren, machte sie eine Bemerkung, aus der hervorging, dass sie meinen berühmten Aufsatz von 1911 gelesen hatte:

»Ich hoffe, dass das Kabel nicht reißt. Ich habe nämlich keine Lust, mich im freien Fall in einem Einstein'schen Aufzug zu befinden. Auch nicht mit seinem Erfinder!«

»Wir hätten auch die Treppe benutzen können, Mademoiselle Irène…«

»Das hätte ich auch gerne getan, aber für Mama wäre das zu anstrengend gewesen.«

»Meine Tochter hat Recht, Monsieur Einstein. Für Sie wäre das kein Problem. Sie sind jung und kräftig und, wie ich gehört habe, machen Sie auch gerne Wanderungen in den Schweizer Bergen. Für eine ältere Frau wie mich wäre das nichts mehr. Unmöglich!«

»Aber, Madame Curie, hat nicht Napoleon gesagt: ›Unmöglich ist ein Wort, das die französische Sprache nicht kennt?‹ Ich lade Sie ganz herzlich ein, mich im nächsten Sommer in Zürich zu besuchen! Dann werden Sie merken, dass man in jedem Alter in die Berge gehen kann.«

Wir haben Französisch gesprochen, denn das konnte ich noch etwas von meinem Französischunterricht am Gymnasium in München. Irène fand meinen Akzent sehr lustig und musste lachen, wenn ich Fehler machte.

Marie Curie hat meine Einladung angenommen. Im Juli 1913 kam sie mit ihren beiden Töchtern nach Zürich. Ich konnte großzügig ihr Gastgeber sein, denn ich wohnte in einem Haus mit sechs Zimmern, das ich mir mit meinem Professorengehalt mühelos leisten konnte.

Wir haben jeden Tag eine Wanderung unternommen und Marie

Curie marschierte zügig drauflos. In Paris war sie von ihrer Arbeit und ihren vielen Pflichten stark beansprucht. Sie fühlte sich oft erschöpft. Aber in Wirklichkeit war sie noch gar nicht alt, erst sechsundvierzig. Wir führten sehr anregende Gespräche über die verschiedensten Themen der Physik.

»Sie erinnern sich doch an Rutherford, Monsieur Einstein? Sie haben ihn auf dem Solvay-Kongress kennen gelernt.«

»Ein großer Engländer... ich erinnere mich.«

»Er stammt aus Neuseeland, aber er arbeitet seit langer Zeit in England. Ein sehr geschickter Experimentalphysiker. Er hat als Erster eine genaue Analyse der radioaktiven Strahlung vorgenommen.«

»Sie meinen den Nachweis, dass es nicht nur elektromagnetische Wellen gibt, sondern auch Elektronen und sogar Helium-Atome? Sie werden in sehr großer Geschwindigkeit ausgestoßen. Man müsste gemäß meiner Relativitätstheorie eine Zunahme ihrer Masse nachweisen können.«

»Rutherford hat mir geschrieben. Er hat durch ein Experiment bewiesen, dass der Aufbau des Atoms demjenigen unseres Sonnensystems gleicht: Elektronen mit negativer Ladung kreisen wie die Planeten um einen Atomkern, der eine positive Ladung aufweist.«

»Hat mir das nicht schon jemand erzählt? Ich glaube, ein Däne hat sich mit einem solchen Atommodell beschäftigt... ein Schüler von Max Planck.«

»Ja, Niels Bohr. Er hat auch mit Rutherford in England zusammengearbeitet. Er untersucht die Energiezustände der Elektronen unter Zuhilfenahme der Quantentheorie. Nach seinem Modell springt ein Elektron auf eine andere Umlaufbahn, sobald es ein Energiequantum aufnimmt oder abstößt.«

»Genial... einfach genial! Es springt... Das ist eine sehr wichtige Entdeckung!«

»Sommerfeld arbeitet auch auf diesem Gebiet.«

»Arnold Sommerfeld in München? Es gibt noch so unglaublich viel zu entdecken! Passen Sie auf, dass Sie nicht ausrutschen, Madame Curie!«

»Wie gut, dass ich einen Wanderstock mitgenommen habe, wie Sie es mir geraten haben. Dieser Gletscher ist wirklich sehr beeindruckend.«

»Er schmilzt in der Sonne. Deshalb kommt es auf dem Weg zu diesem Wasserrinnsal. Auf den Gletscher selbst kann man nicht gehen, außer man ist angeseilt. Sehen Sie hier… und da! Das sind sehr tiefe Gletscherspalten. Sie entstehen, weil die Gletscherzunge sich ins Tal schiebt und im Eis dabei Risse entstehen. Gegenüber diesen Kräften der Natur sind wir Menschen klein und unbedeutend. Aber wir können die Natur verstehen, das ist immerhin ein Anfang…«

»Und der verschneite Gipfel da… wissen Sie, wie der heißt?«

»Der Berg dahinten? Keine Ahnung.«

»Wie kommt das denn? Sie sind Schweizer, und Sie wissen nicht, wie die Berge heißen?«

»Das ist die Wolfsspitze, Maman.«

»Mademoiselle Irène kennt sich besser aus als ich.«

»Ich war schon einmal in den Alpen. Alle Gipfel heißen entweder Wolfsspitze oder Hundskugel.«

Ich habe in Zürich noch anderen hohen Besuch empfangen. Im selben Sommer traf aus Berlin Max Planck und Walther Nernst ein, um mich persönlich zu sprechen. Planck war groß und hager, mit stets ernster Miene; Nernst dagegen klein und rundlich, mit einem sehr leutseligen Temperament. Diese beiden Koryphäen der deutschen Naturwissenschaften waren nicht mit leeren Händen angereist:

»Wir bewundern schon seit geraumer Zeit die berühmten amerikanischen Forschungsinstitute.«

»Seit 1911 gibt es bei uns Pläne, auch in Deutschland ein Institut dieser Art zu gründen.«

»Von welcher Art von Institut sprechen Sie?«

»Von reinen Forschungsinstituten. Was Steinmetz in den Vereinigten Staaten macht, in den Labors von General Electrics. Auch die Engländer haben ähnliche Projekte.«

»Und Madame Curie, unsere gemeinsame Bekannte, hat soeben ein eigenes Institut in Paris gegründet. Mit staatlicher Unterstützung.«

»Mehrere große Banken und Industrieunternehmen haben ihre finanzielle Unterstützung zugesagt. Die Errichtung eines Instituts für physikalische Chemie und Elektrochemie hat in Berlin bereits begonnen. Fritz Haber wird es leiten. Danach wollen wir ein physikalisches Institut gründen.«

»Der deutsche Kaiser wird der Schirmherr und Namensgeber dieses Unternehmens sein. Die Institute sollen in der Kaiser-Wilhelm-Gesellschaft zur Förderung der Wissenschaften zusammengeschlossen werden.«

»Großartig. Was auch immer dem Fortschritt in den Naturwissenschaften zu dienen vermag, finde ich großartig. Aber was wollen Sie von mir, meine Herren?«

»Nun, verehrter Einstein, Sie sollen das Physikalische Institut leiten.«

»Man hat uns an höchster Stelle versichert, dass Sie der Nachfolger von van't Hoff* an der Preußischen Akademie der Wissenschaften werden können, sofern Sie dies wollen.«

»Van't Hoff ist gestorben?«

»Bereits vor zwei Jahren. Man hat die Stelle bisher noch nicht besetzt, weil sie ein besonders großes Renommee hat und sehr hoch dotiert ist. Der Nachfolger von van't Hoff darf nicht einfach irgendwer sein.«

»Das Gehalt beträgt 6000 Mark im Jahr.«

»Man hat uns zu verstehen gegeben, dass die Summe auf etwa das Doppelte erhöht werden kann.«

---

* Jacobus van't Hoff war 1901 mit dem ersten Nobelpreis in Chemie ausgezeichnet worden.

»Meine Herren, Ihr Angebot… kommt etwas überraschend für mich… Wie Sie wissen, bin ich erst im vergangenen Sommer von Prag nach Zürich zurückgekehrt. Meine Schweizer Freunde und Kollegen werden sicherlich sehr verärgert sein, wenn ich mich nach einem Jahr schon wieder davonmache. Ich bin mir im Klaren darüber, dass das naturwissenschaftliche Niveau in Berlin viel höher ist als in Zürich. Unvergleichlich höher… Außerdem müsste ich endlich keine Lehrveranstaltungen mehr abhalten… Dennoch müssen Sie mir etwas Zeit geben, um über alles in Ruhe nachzudenken.«

»Wir werden uns inzwischen Ihr schönes Land ansehen.«

»Wir sind ganz privat hier, auf Sommerfrische.«

»Man hat uns von einem netten kleinen Ausflug erzählt: mit der Seilbahn auf den Rigi.«

»Sie können uns Ihre Antwort mitteilen, wenn wir wieder zurück sind.«

»Dann lassen Sie uns Folgendes vereinbaren, meine Herren. Ich werde Sie am Bahnhof erwarten. Wenn ich bei Ihrer Ankunft mit einem weißen Tuch winke, dann bedeutet das Ja.«

Berlin war damals die Welthauptstadt der Physik und ich sollte dort das Zepter übernehmen! Geld war mir nie besonders wichtig gewesen, doch selbst ich konnte bei einem so phantastischen Angebot nicht länger den Gleichgültigen spielen. Ich wollte, dass meine beiden Söhne eine möglichst gute Ausbildung bekamen. In Wirklichkeit, meine liebe Peggy – das will ich Ihnen nicht verschweigen –, verhielt ich mich bereits so, wie man es sich von reichen Eltern erzählt, die ihre Kinder mit teuren Spielsachen überschütten, anstatt ihnen Liebe und Aufmerksamkeit zu schenken. Ich spürte, dass ich mich bald von Mileva trennen würde. Ich konnte sie nicht mehr in meiner Nähe ertragen. Und ihr schien es genauso zu gehen: Je mehr alle Welt mich bewunderte, desto mehr verachtete sie mich.

Ach, Miss Peggy, Sie haben wahrscheinlich schon erraten, dass es mich noch aus einem anderen Grund nach Berlin zog.

Ich wollte in der Nähe meiner Cousine Elsa sein, die inzwischen einen wichtigen Platz in meinem Herzen einnahm. Seit meinem letzten Besuch in Berlin führten wir einen heimlichen Briefwechsel. Sie schickte ihre Briefe an die Adresse des Polytechnikums...

Ich winkte am Bahnhof mit einem weißen Tuch. Die deutsche Regierung veröffentlichte eine Verlautbarung und die Preußische Akademie der Wissenschaften wählte mich zu ihrem ordentlichen Mitglied. Man hat mir später mitgeteilt, dass diese Wahl automatisch die deutsche Staatsbürgerschaft nach sich zog. Ich selbst aber betrachtete mich weiterhin als Schweizer.

Noch ein letzter wichtiger Besuch fiel in den Sommer 1913: Im September kam der deutsche Astronom Erwin Freundlich nach Zürich. Er hatte kurz zuvor geheiratet und seine junge Ehefrau Käthe davon überzeugen können, dass Zürich ein genauso schönes Ziel für eine Hochzeitsreise sein würde wie Venedig. Ich holte die beiden am Bahnhof ab. Freundlich erkannte mich sofort, da er höchstwahrscheinlich eine Fotografie von mir in der Zeitung gesehen hatte. Aber er schien sich zu fragen, ob dieser Mann, der auf ihn wartete, tatsächlich der berühmte Albert Einstein sein konnte. Denn auf dem Bahnsteig, so schrieb er später, stand eine »unordentliche Gestalt in einem ziemlich legeren Aufzug, die einen auffallenden Strohhut trug«.

Erwin Freundlich hatte immer noch vor, die Lichtablenkung durch die Sonne experimentell zu bestätigen:

»Im nächsten Jahr wird auf der Krim eine totale Sonnenfinsternis zu beobachten sein. Meine Kollegen am Observatorium in Berlin glauben nicht wirklich daran, aber man hat mir einen unbezahlten Urlaub gewährt, und so werde ich die Reise auf eigene Kosten unternehmen. Ich bin mir sicher, dass ich durch meine Messungen eine Lichtablenkung nachweisen kann. Die ganze Welt wird staunen, verehrter Einstein! Die Leute vom Observatorium werden sich noch ärgern. Geschieht ihnen ganz recht!«

»Mein lieber Freundlich, sehr geehrte Frau Freundlich, was halten Sie davon, wenn Sie mich nach Frauenfeld begleiten? Ich werde dort einen Vortrag über die Allgemeine Relativitätstheorie halten.«

In Frauenfeld lud ich sie mit Marcel Grossmann und Otto Stern, meinem jungen Assistenten, der mir von Prag nach Zürich gefolgt war, in ein Wirtshaus zum Essen ein. Als ich bezahlen wollte, bemerkte ich, dass ich überhaupt kein Geld bei mir hatte… Otto Stern hat uns aus der Verlegenheit geholfen, er hatte zufällig einen 100-Franken-Schein in der Tasche!

Ich stellte Ernst Freundlich auch den Zuhörern meines Vortrags vor:

»Das ist der Mann, der die Richtigkeit meiner Theorie im nächsten Jahr während einer Sonnenfinsternis auf der Krim beweisen wird!«

Danach schlug ich Freundlich vor, mit mir zu Fuß von Frauenfeld nach Winterthur zu wandern. Dies würde uns die Gelegenheit zu einem ausführlichen Gespräch geben.

»Das sind ungefähr zwölf Kilometer. Wir können dann mit dem Zug nach Zürich zurückfahren. Stern und Grossmann werden Ihre Frau ins Hotel begleiten.«

Während unseres langen Spaziergangs erläuterte Freundlich mir die Schwierigkeiten seines Vorhabens. Es sei nämlich fast unmöglich, das Ausmaß der Lichtablenkung mit bloßem Auge zu messen:

»Die Sonnenfinsternis dauert dafür einfach nicht lange genug. Es wird besser sein, wenn ich einen fotografischen Apparat benutze.«

»Einen Apparat wie in einem fotografischen Atelier?«

»Wir haben spezielle Apparate, die durch eine Vergrößerungslinse oder durch ein Teleskop ihre Aufnahmen machen. Das Dumme daran ist nur, dass ich dafür viel Ausrüstung auf die

Krim mitnehmen muss. Außerdem sind die besonders lichtempfindlichen Platten sehr teuer. Ich brauche für meine Expedition unbedingt einen weiteren Geldgeber.«

»Ich werde an Max Planck schreiben, der erst vergangenen Monat bei mir zu Besuch war. Er kennt in Deutschland alle möglichen Leute ... Wenn das nichts hilft, dann werde ich Sie mit meinen eigenen Ersparnissen unterstützen. Zweitausend oder dreitausend Mark müsste ich auf meinem Konto übrig haben ...«

Schließlich hat das Stahlunternehmen Krupp die Finanzierung von Freundlichs Expedition nach Südrussland übernommen. Ich brauchte mein Sparbuch nicht anzugreifen!

*

Am 7. Dezember 1913 schickte ich mein Antwortschreiben an die Preußische Akademie der Wissenschaften, in dem ich offiziell erklärte, die Wahl zum Mitglied der Akademie annehmen zu wollen. Wenige Tage vor meinem Umzug im März 1914 veranstalteten meine Kollegen am Polytechnikum für mich eine Abschiedsfeier. Marcel Grossmann hat mich auf dem Heimweg begleitet.

»Freust du dich, Albert?«

»Ich freue mich darauf, meine ganze Zeit der Forschung widmen zu können. Aber dass ich in Deutschland leben soll, behagt mir weniger.«

»Bist du nicht dort geboren?«

»Eben. Ich bin in die Schweiz gekommen, weil ich Deutschland und die Deutschen nicht ertragen konnte. Die Menschen dort sind streng, engstirnig, voller Misstrauen gegenüber neuen Ideen. Sie tragen Scheuklappen wie die Pferde.«

»Sie erwarten dich wie einen Messias!«

»Das finde ich auch so beunruhigend. Die Deutschen spekulieren mit mir wie mit einer prämierten Legehenne. Dabei weiß ich selbst nicht, ob ich überhaupt noch Eier legen kann. Ich hoffe, dass ich nicht versucht sein werde, schlechte Forschungsarbeiten zu veröffentlichen, um mein Gehalt zu rechtfertigen. Wenn man unterrichtet, fühlt man sich irgendwie nützlicher.«

Meine Schwester Maja wohnte inzwischen mit ihrem Ehemann in Luzern und meine Mutter war zu ihnen gezogen. Ich fuhr nach Luzern, um mich von ihnen zu verabschieden. Meine Mutter war sehr stolz auf ihren Sohn, der ein richtiger deutscher Professor geworden war!

Am 6. April 1914 traf ich mit Mileva und den Kindern in Berlin ein. Im Gebäude der Preußischen Akademie der Wissenschaften in der Prachtstraße Unter den Linden wartete ein riesiges Büro auf mich.

Die Verwaltungsräte der Kaiser-Wilhelm-Gesellschaft zur Förderung der Wissenschaften kamen häufig bei mir vorbei. Man hatte den Bau des Physikalischen Instituts begonnen, und sie wollten von mir wissen, wie die Labors ausgestattet werden sollten.

»Was benötigen Sie denn für Ihre Forschungen, Herr Professor?«

»Papier und Bleistift werde ich selber mitbringen. Aber ich brauche noch einen großen Papierkorb für die Zettel mit allen meinen unnützen Einfällen.«

Noch heute, Miss Peggy, verlasse ich nie das Haus, ohne ein Notizbuch und einen Bleistift einzustecken. Ich schreibe alle Ideen sofort auf, die mir beim Spazierengehen kommen. Wenn ich das nicht tue, sind sie verloren!

Beinahe jeden Tag traf ich Erwin Freundlich, um mit ihm seine Expedition auf die Krim vorzubereiten. Eines Abends, als ich bei ihm und seiner Ehefrau Käthe zum Essen eingeladen war, schob ich, ganz in Gedanken versunken, meinen Teller zurück und schrieb einige mathematische Gleichungen auf die bestickte Tischdecke ... Vermutlich hatte ich mein Notizbuch in der Manteltasche vergessen. Ich habe mir sagen lassen, dass Käthe Freundlich es heute sehr bedauert, dass sie damals das Tischtuch gleich in die Wäsche gesteckt hat. Hätte sie es nicht gewaschen, dann wäre es heute sehr viel wert!

Am 28. Juni 1914 ermordete ein serbischer Student den österreichischen Thronfolger Erzherzog Franz Ferdinand und seine Gemahlin in Sarajewo. Da ich mit meinen Gedanken ganz bei den Sternen war, die sich hinter der Sonne versteckten, widmete ich diesem Ereignis keinerlei Aufmerksamkeit. Trotzdem bekam ich in meinem bescheidenen Heim einen Widerhall davon zu spüren. Mileva war wütend:

»Du kannst dich nicht ewig in deiner Physik verkriechen, als ob nichts passiert wäre…«

»Aber was soll denn weiter schon geschehen?«

»In ganz Europa wird bald der Krieg ausbrechen. Wir müssen sofort zurück in die Schweiz.«

»Krieg in ganz Europa? Aber warum denn?«

»Liest du denn keine Zeitungen? Die Österreicher wollen in Belgrad eine eigenständige gerichtliche Untersuchung wegen des Attentats vornehmen. Aber wie kann Serbien es zulassen, dass auf diese Weise seine Souveränität verletzt wird? Es wird diese Forderung aufs Schärfste ablehnen. Dann marschieren die Österreicher in Serbien ein und es gibt Krieg.«

»Ein weiterer Krieg auf dem Balkan vielleicht, aber deswegen doch nicht gleich in ganz Europa… Ich glaube nicht, dass sich die anderen Länder von der Angelegenheit betroffen fühlen.«

»Ich fühle mich betroffen. Ich bin Serbin.«

»Das stimmt nicht, du bist Schweizer Staatsbürgerin. Und du bist nicht einmal in Serbien geboren, sondern in Ungarn.«

»Die Österreicher und die Ungarn werden die serbische Minderheit in den Ländern der k. u. k. Monarchie nun noch schlimmer verfolgen, und die Deutschen, die ihre Verbündeten sind, werden Serbien auch angreifen. Sie verachten die Slawen. Ich hasse die Deutschen. Ich gehe zurück in die Schweiz. Mach, was du willst!«

»Ich muss morgen meine erste Rede vor der Akademie halten.«

»Zieh ruhig deine schöne Uniform an! Halte vor ihnen deine

Rede! Ich erinnere mich an Zeiten, als du damit geprahlt hast, dass du deine deutsche Staatsangehörigkeit aufgegeben hast, weil alle deine Landsleute um dich herum nur an den Krieg dachten. Du hast dich sehr verändert.«

Am 2. Juli 1914 legte ich die lächerliche Uniform der Preußischen Akademie der Wissenschaften an und hielt meine Antrittsrede vor einer Zuhörerschaft aus würdigen älteren Herren, die Spezialisten für Schmetterlingskunde oder für Sanskrit waren und einnickten, während ich zu ihnen sprach. Ich bedankte mich bei ihnen, dass sie mich in die Akademie gewählt hatten und dass ich fortan frei von materiellen Sorgen sein würde. Ich erzählte von meinen Forschungen und betonte, dass die Hypothesen der theoretischen Physik reine Gedankenspiele blieben, wenn man nicht versuchte, sie durch Experimente zu überprüfen. Die Theorie habe keinen Wert, wenn es ihr nicht gelinge, tatsächlich die Wirklichkeit zu beschreiben:

»Die Natur ist ein unerbittlicher Richter. Man kann von ihr kein Entgegenkommen erwarten. Sie sagt niemals Ja. Bestenfalls kann man ihr ein Vielleicht entlocken. In den meisten Fällen aber sagt sie ein deutliches Nein. Bald wird ein Berliner Astronom aufbrechen, um auf der Krim…«

Michele Besso kam nach Berlin, um Mileva mit den Kindern bei der Rückreise nach Zürich behilflich zu sein. Mir war es ganz recht: Endlich konnte ich mit Elsa so oft zusammen sein, wie ich wollte. Vor allem aber fühlte ich eine große Erleichterung, denn ich brauchte viel Zeit und Ruhe, um meine Allgemeine Relativitätstheorie aufstellen zu können. Hans Albert war inzwischen zehn Jahre alt, Eduard war vier. Ich liebte meine beiden Söhne, aber ich fand, dass sie immer viel zu viel Krach machten. Ich konnte sie nicht auseinander bringen, wenn sie Streit hatten und miteinander rauften, und schaffte es nicht, sie zu beruhigen. Ich konnte sie nicht trösten, wenn sie heulten. In meinem Kopf verfolgten mich stets die bissigen Bemerkungen von Mileva, auf die ich wieder einmal keine schlagfertige Antwort gewusst hatte. Ich konnte nicht mehr richtig arbeiten. Die Streitigkeiten in meiner Familie und in der Welt brachten mich aus dem Gleichgewicht. Ich gebe zu, dass ich mich ganz gerne in die Welt der Sterne und der mathematischen Gleichungen flüchtete!

Ein Gedicht von Heinrich Heine, das alle deutschen Schüler zu meiner Zeit auswendig lernen mussten, handelt von zwei französischen Grenadieren, die nach langer Gefangenschaft in Russland auf dem Weg zurück in ihre Heimat sind. Mitten in Deutschland erfahren sie, dass Frankreich besiegt ist und der Kaiser Napoleon gefangen genommen wurde. Der eine der beiden Grenadiere will seinen Weg fortsetzen, denn er wird von Frau und Kindern erwartet. Der andere aber will sofort sterben und ruft:

»Was schert mich Weib, was schert mich Kind…

Mein Kaiser, mein Kaiser gefangen!«

So hätte auch ich am liebsten ausrufen mögen:

»Was schert mich Weib, was schert mich Kind…

Das Universum, das Universum ruft nach mir!«

Ich war ganz nahe dran, ein großes Geheimnis zu lüften. Eine unaussprechliche Aufregung ergriff mich, wenn ich daran dachte, dass ich vielleicht bald den Schlüssel zum Bau des Universums gefunden haben würde. Ich würde einen unmittelbaren Einblick in das Schöpfertum Gottes gewinnen.

Ich begleitete Besso, Mileva und die Kinder zum Bahnhof. Als der Zug abfuhr, ich weiß nicht, wie mir geschah, sind mir plötzlich die Tränen gekommen.

Mitte Juli 1914 machte sich Erwin Freundlich mit zwei Assistenten auf den Weg zur Krim, wo sie die Sonnenfinsternis beobachten wollten. Sie reisten in einem Spezialwaggon, in dem ihre gesamte technische Ausrüstung untergebracht war. Am 1. August erfolgte Deutschlands Kriegserklärung an Russland (das zuvor Österreich den Krieg erklärt hatte, weil Österreich wiederum Serbien den Krieg erklärt hatte – eine ziemlich komplizierte Angelegenheit). Die Russen nahmen daraufhin den armen Freundlich in seinem Eisenbahnwaggon fest und beschlagnahmten seine ganze Ausrüstung. Im Austausch gegen zwei russische Offiziere, die in Kriegsgefangenschaft geraten waren, wurde er schließlich freigelassen und kehrte am 2. September nach Berlin zurück. Ich war froh, ihn lebendig wiederzusehen. Trotzdem war ich enttäuscht. Denn ich musste nun eine weitere Sonnenfinsternis abwarten, um zu erfahren, ob die Natur mit einem Vielleicht auf meine Theorie antworten würde.

Schon als Kind war mir aufgefallen, dass die Deutschen gerne im Gleichschritt marschierten und davon träumten, die Welt zu erobern. Ich hatte trotzdem gehofft, dass wenigstens meine Kollegen sich von der großen Masse der Deutschen abheben würden, dass ich in ihnen Gesinnungsgenossen finden würde, die den Krieg ablehnten. Ach, Miss Peggy, wie sehr habe ich mich da getäuscht! Otto Stern, mein Assistent, hat mich verlassen, um an der Ostfront zu kämpfen. Max Born hat sich zum Dienst in einem Armeelabor gemeldet. Der berühmte Physiker Walther Nernst hat sich höchstpersönlich der Erforschung von Explosionsstoffen gewidmet. Max Planck hielt vor seinen Studenten, die sich begeistert als Kriegsfreiwillige meldeten, schwülstige Reden:

»Deutschlands beispielloser Langmut gegenüber seinen Feinden hat sich erschöpft. Es ist an der Zeit, das Schwert gegen die Brutstätten schleichender Hinterhältigkeit zu erheben.«

Doch der glühendste Patriot und Befürworter des Kriegs war Fritz Haber, der das Kaiser-Wilhelm-Institut für Chemie leitete (das heißt, er bekleidete in der Chemie denselben Rang wie ich in der Physik). Er war ebenfalls Jude, jedoch zum Protestantismus übergetreten. Er wollte in jeder Hinsicht ein besonders vorbildlicher Preuße und Deutscher sein. Er trug ein Monokel, und seine Wangen waren voller Narben – man nannte das »Schmisse« – von den Wunden, die sich Studenten damals bei

Fechtübungen zufügten. »Seht her, ich habe für meine Ehre gekämpft!«, sagten diese Narben. Haber erklärte voller Stolz, dass er in Friedenszeiten für die gesamte Menschheit arbeite, in Kriegszeiten jedoch für sein Vaterland kämpfen wolle. Er hat deshalb an seinem Institut nur noch Forschungen betrieben, die für Deutschland im Krieg nützlich sein konnten. Zunächst befasste er sich ebenfalls mit Sprengstoffen – sein wichtigster Mitarbeiter starb sogar den »Heldentod fürs Vaterland«, ohne das Labor verlassen zu haben, als ein Gemisch unerwartet explodierte. Später kam er auf die Idee, mit Gasen zu experimentieren, die bei den Soldaten zum Erstickungstod führten. Fritz Haber war der Erfinder des fürchterlichen Senfgases, an dem zehntausende von Soldaten qualvoll krepierten, nachdem sie es eingeatmet hatten. Man sagt, dass Haber vor Freude die Tränen gekommen seien, als er die Nachricht erhielt, der deutsche Kaiser habe ihn zum Hauptmann ernannt.

Ein »Aufruf an die Kulturwelt« wurde veröffentlicht, den dreiundneunzig deutsche Wissenschaftler und Künstler unterzeichneten, darunter auch Wilhelm Röntgen, Max Planck, Walther Nernst, Fritz Haber und fast alle meine Berliner Kollegen. Darin wurde erklärt, dass Deutschland – der Heimat von Goethe, Kant und Beethoven – ein »schwerer Daseinskampf« aufgezwungen worden sei, in dem es die »weiße Rasse« gegen die barbarischen Horden aus Russland und gegen die »Neger« in den englischen und französischen Armeen verteidigen müsse. Ich hatte das Gefühl, in meiner Umgebung der Einzige zu sein, der dieses Manifest unerträglich dumm fand. Doch schließlich fand ich einen Verbündeten, der genauso dachte: Georg Nicolai, ein Professor an der medizinischen Fakultät der Berliner Universität und gesuchter Herzspezialist. Wir verfassten zusammen einen »Aufruf an die Europäer«, in dem wir den Krieg ablehnten. Wir betonten die engen kulturellen Bindungen zwischen den Völkern Europas. Durch die Technik und die neuen Transportmittel würden sie noch näher zusammenrücken. Die Einheit Europas, so erklärten wir, werde allmählich Wirklichkeit. Dieser Einigungsprozess müsse durch die Gründung internationaler Organisationen unterstützt werden, anstatt einen Bruderkrieg zu gefährden, bei dem alle Europäer verlieren müssten. Wir riefen alle überzeugten Europäer auf, sich uns anzuschließen und ihre Kräfte zu vereinen, um eine Liga der Europäer zu gründen. Der erste Schritt dazu war ganz einfach: Man brauchte nur unser Manifest zu unterzeichnen.

Wir haben nur zwei Unterschriften bekommen!

Kurze Zeit später gehörte ich zu den Gründern einer pazifistischen Vereinigung, dem »Bund Neues Vaterland«. Ich glaube nicht, dass wir besonders viel Einfluss hatten. Doch die bloße Existenz eines solchen Verbands war den deutschen Behörden ein Dorn im Auge. Deshalb wurde er nach einiger Zeit verboten.

Im Kreis meiner Kollegen, die so viele Menschen wie möglich töten wollten, fühlte ich mich nicht mehr wohl. In Briefen an meinen Freund Paul Ehrenfest in Leiden machte ich meinem Ärger und meiner Enttäuschung Luft:

»Unglaubliches hat nun Europa in seinem Wahn begonnen. In solcher Zeit sieht man, welcher traurigen Viehgattung man angehört. Ich empfinde eine Mischung von Mitleid und Abscheu. […] Die internationale Katastrophe lastet schwer auf mir als internationalem Menschen. Man begreift schwer beim Erleben dieser ›großen Zeit‹, dass man dieser verrückten, verkommenen Spezies angehört, die sich Willensfreiheit zuschreibt. Wenn es doch irgendwo eine Insel für die Wohlwollenden und Besonnenen gäbe! Da wollte ich auch glühender Patriot sein.«

Im September 1915 reiste ich in die Schweiz, um meine Kinder (und meine Ehefrau) wiederzusehen. Am Genfer See hatte ich die Ehre einer Begegnung mit dem französischen Schriftsteller Romain Rolland, der bereits zahlreiche Schriften gegen den Krieg veröffentlicht hatte. Unser Briefwechsel hatte begonnen, als unter meiner Mitwirkung der »Bund Neues Vaterland« gegründet wurde. Bei ihm konnte ich meinem Ärger über die Deutschen freien Lauf lassen, ohne Angst haben zu müssen, deswegen bei der Polizei angezeigt zu werden. Ich wäre gerne in der Schweiz geblieben, aber das war nicht möglich. Lange Zeit war ich mit meiner Forschungsarbeit nur sehr langsam vorangekommen, doch nun hatte ich den Eindruck, dass das Ziel meiner Bemühungen greifbar nahe war. Wenn alles gut lief, konnte ich vielleicht schon im November den Mitgliedern der Preußischen Akademie der Wissenschaften meine Allgemeine Relativitätstheorie vorstellen. Auf dem Weg in die Schweiz hatte ich in Göttingen den berühmten Mathematiker David Hilbert besucht, der mir dabei half, die Gleichungen der Allgemeinen Relativitätstheorie aufzustellen. Außerdem konnte ich nicht auf mein Professorengehalt verzichten, von dem ich mehr als die Hälfte an Mileva überwies.

Meine liebe Peggy, Sie haben wahrscheinlich bemerkt, dass ich lieber von meinen wissenschaftlichen Forschungen und Entdeckungen berichte als aus meinem Privatleben erzähle. Das hat nicht nur damit zu tun, dass ich in solchen Dingen stets sehr zurückhaltend war. Ich beschäftigte mich immer schon lieber mit den Sternen als mit mir selbst. Wenn ich in meine Welt der Zahlen und Formeln versunken war, vergaß ich zu essen und zu trinken. Erst wenn mir an meinem Schreibtisch die Augen zufielen, merkte ich, dass ich müde war und besser schlafen gehen sollte. Als ich in Berlin allein lebte, kam jeden Morgen eine Haushälterin zu mir. Mit ihrem Staubwedel sorgte sie dafür, dass die Wohnung sauber blieb. Aber mein Arbeitszimmer durfte sie nicht betreten – das hatte ich ihr strengstens untersagt! Sie kümmerte sich auch um die Wäsche. Sie kochte ein Essen für mich, das dann in der Küche bereitstand. Aber wegen des Kriegs gab es auf dem Markt fast nichts mehr zu kaufen, behauptete sie. Und so kochte sie nur eine dünne Suppe, in der ein paar armselige

Kartoffeln oder Steckrübenwürfel schwammen. Durch diese Diät war ich so mager wie ein Fakir geworden. Bei der Köchin von Romain Rolland ging es viel üppiger zu – und das obwohl Krieg war. Sie tischte uns ein fettes Huhn mit Pilzen auf und als Nachspeise einen köstlichen Reisauflauf. Ich war danach so satt, dass ich im Zug zurück nach Zürich sofort einschlief.

Ich träumte, dass ich vor den Mitgliedern der Akademie auf meiner Geige spielen wollte, statt meinen Vortrag über die Allgemeine Relativitätstheorie zu halten, mit dem ich nicht rechtzeitig fertig geworden war. Verzweifelt nestelte ich an dem Knopf des steifen Kragens meiner Galauniform als Akademiemitglied herum. Es gelang mir nicht, den Kragen zuzuknöpfen. Ich war viel zu spät dran. Hastig suchte ich die Notenblätter zusammen, die unordentlich über meinem Schreibtisch verstreut lagen. Ich hatte sie mit Berechnungen und Gleichungen voll gekritzelt. Als ich meine Wohnung verließ, überfiel mich plötzlich ein riesiger Schrecken… Meine Geige! Wo hatte ich bloß meine Geige? Dann fiel mir ein, dass ich am Ufer des Genfer Sees für Romain Rolland gespielt hatte. Ich rannte dorthin. Ja, da lag meine Geige, direkt am Seeufer. Doch als ich nach ihr greifen wollte, wurde sie von einer Welle fortgetragen. Da ereignete sich etwas ganz Seltsames: Der See wurde zu einem riesigen Wasserwirbel. Er leerte sich wie eine Badewanne! Und er war auch kein See mehr, sondern ein großes Becken. Albertli hatte damals sein kleines Segelschiff in einem solchen Becken schwimmen lassen. Meine Geige schaukelte auf den Wellen. Sie schwamm in großen Kreisen immer rundherum. Das Wasser drehte sich zu einem Strudel und drehte sich und drehte sich… ohne tatsächlich abzulaufen. In der Mitte des Beckens war ein großes schwarzes Loch.

Als der Zug dann in Zürich ankam, hatte ich begriffen, dass alle meine Gleichungen falsch waren. Der Weg, den ich vor drei Jahren gemeinsam mit meinem Freund Marcel Grossmann eingeschlagen hatte, war nicht der richtige. Ich vereinbarte ein

Treffen mit dem guten alten Grossmann und erklärte ihm, dass ich noch einmal von vorne anfangen würde. Sobald ich in Berlin wäre, würde ich die Riemann'sche Geometrie als neuen Ausgangspunkt benutzen.

Die Arbeit an den zehn Gleichungen der Allgemeinen Relativitätstheorie war so intensiv, dass ich mich an den Herbst 1915 kaum erinnern kann, obwohl es der Zeitraum meines größten Triumphes war. Zwischen dem Mathematiker David Hilbert und mir entwickelte sich in diesen Wochen ein sehr lebhafter Briefwechsel. Als ich mir schließlich sicher war, dass meine Gleichungen tatsächlich die Struktur des Universums beschrieben, spürte ich ein starkes Herzklopfen in meiner Brust. Ich glaubte, vor Freude fast zu zerspringen. Mehrere Tage lang lebte ich in einem Zustand unbeschreiblicher Euphorie. Dieses Gefühl war so stark, dass es fast schmerzte. Ich war wie geblendet von der unvergleichlichen Schönheit meiner Theorie. Es war wie ein Rausch. Ich fühlte mich, als wäre ich betrunken – vor Glück.

Ohne viel Mühe schaffte ich es, den steifen Kragen meiner Galauniform zuzuknöpfen. Ich hielt mehrere Vorträge vor den Mitgliedern der Akademie, in denen ich mein Lebenswerk vorstellte. Außerdem schrieb ich einen Aufsatz, den ich an die Zeitschrift *Annalen der Physik* schickte. Seine Veröffentlichung erregte in der Welt der Physik bei weitem nicht so viel Aufsehen, wie dies 1905 bei meinen Arbeiten der Fall gewesen war. Der Krieg beschäftigte die Wissenschaftler um mich herum mehr als die Form des Raums. Meine Kollegen befassten sich mit dem Bau von Bomben, Flugzeugen und U-Booten. Die sich die Mühe machten, meinen Aufsatz zu lesen, hielten meine Theorie für ein rein mathematisches Modell des Universums, das mit der Wirklichkeit genauso wenig zu tun hatte wie die imaginäre Zeit von Hermann Minkowski.

Erst nach Beendigung meiner großen Arbeit merkte ich, dass ich vollkommen erschöpft war. Der Wahnsinn der Menschen, die sich im Krieg gegenseitig abschlachteten, deprimierte mich zutiefst. Warum taten sie das? Warum bestaunten sie nicht lieber die Rätsel und die erhabenen Schönheiten der Natur? Ich bemerkte, dass ich starkes Bauchweh hatte. Um ehrlich zu sein, hatte ich seit mehreren Monaten Bauchschmerzen, aber ich war so in meine Gleichungen vertieft gewesen, dass ich es immer wieder verdrängt hatte. Vielleicht hatte ich einen Tumor. Wenn es so war, dann würde ich mit achtunddreißig Jahren glücklich sterben können. Denn ich hatte gefunden, was ich so lange gesucht hatte.

Doktor Rosenheim, ein Freund von Erwin Freundlich, erklärte mir, dass mein Magen völlig durcheinander sei, weil ich nicht regelmäßig gegessen hatte. Er stellte mich auf die Waage. Ich hatte fünfundzwanzig Kilo abgenommen, ohne es zu bemerken!

Hedwig Born, die Ehefrau von Max Born, schaute regelmäßig bei mir vorbei, um für mich zu sorgen und mich aufzupäppeln. Abends ging ich zu meiner Tante Fanny oder zu Elsa. Beide taten ihr Bestes, um trotz der Seeblockade genug Essen auf den Tisch zu bringen.

Im März 1916 kehrte ich noch einmal nach Zürich zurück. Ich erklärte Mileva, dass zwischen uns alles aus sei. Sie weinte. Sie sagte, ich würde sie im Stich lassen. Einer Scheidung wollte sie nicht zustimmen. Michele Besso, unser gemeinsamer Freund, versuchte vergeblich, uns noch einmal miteinander zu versöhnen.

»Du solltest noch einen Versuch machen, Albert. Denk an deine Söhne. Ihr seid alle beide so kluge Köpfe, Mileva und du. Ihr müsstet euch doch verstehen können.«

»Ja, sie ist eine intelligente Frau. Aber genau darin liegt das Problem. Sie ermüdet mich mit ihren Spitzfindigkeiten und

Analysen. Seit ich allein lebe, bin ich wieder froh und lebenslustig. Ich fühle mich viel jünger.«

»Sie ist sehr unglücklich.«

»Sie lebt in einer schönen Villa, hat zwei prächtige Buben und vom Krieg bekommt sie nichts mit. Sie kann mit ihrer Zeit anfangen, was sie will. Außerdem kann sie sich noch mit dem Heiligenschein der betrogenen Unschuld schmücken.«

Michele wurde in Zürich eine Art diplomatischer Bevollmächtigter für mich. Er kümmerte sich darum, dass meine Söhne auf die richtigen Schulen geschickt wurden. Er schrieb mir, wenn Mileva Geld brauchte. Sie wurde krank. Ich hatte das Gefühl, am Ausbruch dieser Krankheit mitschuldig zu sein. Deshalb verzichtete ich darauf, sofort die Scheidung zu verlangen. Man glaubte zunächst, dass es sich um Tuberkulose handele. So schlimm war es dann doch nicht und Mileva erholte sich langsam wieder.

Auch im folgenden Sommer unternahm ich eine größere Reise. Ich besuchte zuerst Paul Ehrenfest in Leiden und anschließend Hendrik Lorentz in Haarlem. Trotz des Kriegs war es möglich, von Deutschland in die Niederlande zu gelangen, denn die Front verlief hundert Kilometer weiter südlich. Die Reisenden mussten lediglich an der Grenze in einen anderen Zug umsteigen. Allerdings brauchte man einen Passierschein. Ich dachte, dass ich als Mitglied der Preußischen Akademie der Wissenschaften einen solchen Schein sofort ausgestellt bekommen würde. Dem war jedoch keineswegs so. Die zuständige Behörde, die überall Kriegsverräter witterte, verweigerte mir die Erlaubnis zunächst. Ich musste eine persönliche Einladung von Lorentz vorzeigen und mir außerdem aus Zürich meine Schweizer Staatsbürgerschaftsurkunde zuschicken lassen.

Ich freute mich sehr darauf, Paul Ehrenfest wiederzusehen. Von allen Physikern, die ich kannte, fühlte ich ihm gegenüber die größte innere Verwandtschaft. Ich malte mir aus, dass er wie ich zwischen den Sternen herumspazierte und den sinnlosen Krieg, der Europa in zwei Hälften spaltete, tief unter sich zurückließ.

Wieder einmal musste ich feststellen, dass ich mich in der menschlichen Seele schlecht auskannte: Der Krieg erschütterte Ehrenfest zutiefst. Er war dick geworden und schien um mindestens zehn Jahre gealtert zu sein. Er hatte Angst vor der Zukunft:

»Das ist der Triumph der Barbarei, Albert«, sagte er. »In welcher Welt werden unsere Kinder einmal leben?«

»Vielleicht heilt dieser Krieg die Völker von ihrem krankhaften Nationalstolz. Sie werden in einem neuen, geeinten und friedlichen Europa aufwachsen.«

In der Familie Ehrenfest fühlte ich mich sehr wohl. Auch Pauls Ehefrau und seine vier Kinder waren zu mir sehr nett. Tatjana war Physikerin und stammte aus Russland. Paul hatte sie in Petersburg kennen gelernt. Sie war eine lebensfrohe und warmherzige Person, ohne die er sicherlich noch tiefer in seine Depressionen versunken wäre.

Um das Gespräch vom Krieg abzulenken, fragte sie mich nach meinen Forschungen:

»Sind Sie immer noch dabei, das gesamte Universum umzumodeln?«

»Ich habe es verbogen und gekrümmt, als ob ich Zeus persönlich wäre!«

»Tatsächlich? Aber passen Sie auf, dass Sie es nicht beschädigen! Sie wirken sonst immer so sanft, Albert, und jetzt...«

»Ich habe den Aufsatz dabei, in dem ich alles darlege.«

»Nur glaube ich leider nicht, dass ich Ihren Ausführungen noch folgen kann. Seit die Kinder auf der Welt sind, habe ich für die Wissenschaft keine Zeit mehr. Paul kann den Aufsatz lesen, wenn er will. Mir ist es lieber, wenn Sie mir alles mündlich, hier im Gespräch, erklären. Wenn ich schon das Glück habe, dass ein so bedeutender Physiker bei mir auf dem Sofa sitzt...«

»Die Ausgangsidee ist, dass der kürzeste Weg zwischen zwei

Punkten, der Weg, den ein Lichtstrahl zurücklegt, nicht gerade ist, wie man vielleicht denken könnte, sondern gekrümmt.«

»Vor langer Zeit haben Sie mir einmal erzählt, das Licht sei aus vibrierenden Teilchen zusammengesetzt. Verhindert diese Schwingung, dass sie den geraden Weg nehmen?«

»Hübsche Vorstellung, Tatjana. Sie haben Ihren physikalischen Spürsinn noch nicht verloren. Aber leider ist das nicht richtig. Die Teilchen des Lichts verhalten sich nicht wie ein Betrunkener, der auf einer Straße hin und her torkelt. Sie marschieren brav hintereinander, nur ist die Straße nicht gerade, sondern macht eine Kurve.«

Paul mischte sich neugierig ein:

»Der Raum ist gekrümmt?«

»Ganz genau. Er folgt nicht den Gesetzen der euklidischen Geometrie. Aber die Geometrie von Riemann…«

»Nicht so schnell, ihr beiden. Mir fehlen ein paar Erläuterungen. Was hat es mit dieser Geometrie von… – wie hieß er noch mal? – auf sich?«

»Entschuldigen Sie, Tatjana. Ich spreche von der Riemann'-schen Geometrie. Sie kennen doch die Lehrsätze der euklidischen Geometrie. Eine Gerade verläuft bis ins Unendliche. Zwei parallele Geraden kreuzen sich nie. Durch einen Punkt außerhalb der Geraden verläuft nur eine einzige Gerade parallel zu ihr. Die Summe der Winkel eines Dreiecks beträgt 180 Grad.«

»Kann sein, dass ich vieles vergessen habe. Aber das ganz bestimmt nicht.«

»Stellen Sie sich vor, dass wir die Figuren der euklidischen Geometrie auf ein Blatt Papier zeichnen, das eine unendliche Fläche darstellt. Jeder Punkt dieser Fläche kann mithilfe zweier Zahlen, die sich auf zwei Achsen beziehen, genau bestimmt werden.«

»Seine Koordinaten, x und y…«

»Richtig. Da zwei Zahlen ausreichen, um einen Punkt genau zu bestimmen, spricht man von einem zweidimensionalen

Raum. In unserem Alltagsleben bewegen wir uns in einem Raum, der drei Dimensionen hat.«

»Paul hat gesagt, dass es vier sind. Und das sei Ihre große Entdeckung, Albert.«

»Die Zeit stellt die vierte Dimension dar, das stimmt. Doch das wollen wir erst mal beiseite lassen. Auch die dritte Dimension ist im Augenblick unwichtig. Kehren wir zu unserem Blatt Papier zurück. Wenn Sie auf dem Papier eine Gerade zeichnen und diese immer weiter verlängern, was passiert dann?«

»Ich zeichne über das Blatt hinaus und lande auf dem Tisch.«

»Sehr gut. Stellen Sie sich jetzt vor, dass das Blatt Papier auf den Boden gelegt wird, und zwar so, dass die Gerade genau nach Norden zeigt. Sie zeichnen weiter und immer weiter. Zuerst auf dem Blatt, dann auf dem Boden des Zimmers, des Hausflurs, die Treppe hinunter und aus dem Haus hinaus. Sie zeichnen immer weiter. Stellen Sie sich eine schnurgerade Straße vor, so weit das Auge reicht. Sie beginnt vor Ihrer Haustür und führt direkt nach Norden. Sie folgen ihr mit dem Zeichenstift. Wohin gelangen Sie?«

»Zum Nordpol!«

»Ausgezeichnet. Jetzt kehren Sie wieder nach Hause zurück und zeichnen eine Gerade, die im rechten Winkel zu der ersten Geraden verläuft. Sie beginnen auf dem Papier, verlassen das Zimmer und das Haus und folgen einer schnurgeraden Straße, die direkt nach Osten führt. Halten Sie an, wenn Sie ein Viertel der Erde umrundet haben. Wo befinden Sie sich?«

»Lassen Sie mich nachdenken… Ein Viertel der Erde… Irgendwo in Russland? In Sibirien?«

»Höchstwahrscheinlich. Zeichnen Sie jetzt eine weitere Gerade in Richtung Norden. Sie verläuft im rechten Winkel zu der Ost-West-Achse, richtig?«

»Ja.«

»Demnach verläuft sie parallel zur ersten Geraden in Richtung Norden. Zwei Geraden, die beide im rechten Winkel auf eine dritte Gerade auftreffen, sind Parallelen. Stimmen Sie mir da zu?«

»Einen Augenblick, bitte. Ich zeichne das alles in meinem Kopf…«*

»Wenn Sie diese neue Gerade immer weiter verlängern, wohin kommen Sie dann irgendwann?«

»Na, wieder zum Nordpol.«

»Sie haben also zwei parallele Geraden gezeichnet, die sich am Nordpol kreuzen. Ein Raum, in dem sich zwei parallele Geraden kreuzen können, ist ein nicht-euklidischer Raum. Können Sie den Winkel bestimmen, in dem die beiden Geraden am Nordpol aufeinander treffen?«

»Albert, Sie sind unerbittlich. Sie stellen mir richtige Prüfungsfragen!«

»Sie befinden sich am Nordpol. Ein Längenkreis kommt aus Holland, der andere aus Sibirien. Stellen Sie sich eine Orange vor. Sie teilen sie in Viertel…«

»90 Grad?«

»Richtig. Sie haben ein Dreieck, bei dem jeder Winkel 90 Grad misst. Die Summe der Winkel dieses Dreiecks beträgt nicht 180 Grad, sondern 270 Grad!«

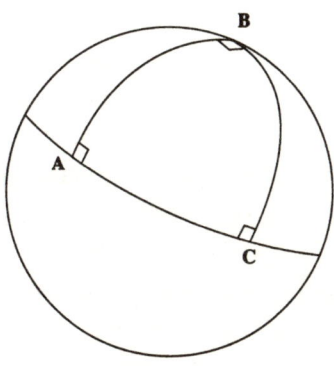

* A und C liegen auf demselben Breitenkreis, beispielsweise dem Äquator, B befindet sich am Nordpol.

»Ja, aber die Erde ist keine Scheibe, Albert. Die angeblichen Geraden sind in Wirklichkeit Längenkreise! Sie wollen sich über mich lustig machen!«

»Keineswegs. Dafür schätze ich Sie viel zu sehr, Tatjana. Die Oberfläche der Erde ist ein zweidimensionaler Raum, allein darauf kommt es mir hier an. Ein Punkt auf dieser Fläche kann mittels zweier Koordinaten exakt bestimmt werden, seinem Längen- und seinem Breitengrad. Sagen wir also, dass dieser zweidimensionale Raum nicht flach, sondern gekrümmt ist. Stimmen Sie mir da zu?«

»Ein gekrümmter zweidimensionaler Raum? Ja, das leuchtet mir ein.«

»Auf Ihrem Blatt Papier und noch ein wenig darüber hinaus ist die Fläche dieses Raums tatsächlich ganz eben. Der kleine Abschnitt des Längenkreises, den Sie dort aufzeichnen, ist unbestreitbar eine Gerade. Wenn die Erdkugel von einer Fläche berührt wird, was in der Geometrie eine ›Tangentenfläche‹ genannt wird, dann kann man zu Recht sagen, dass der gekrümmte Raum in diesem Abschnitt mit der Tangentenfläche verschmilzt. Mit dem ›flachen‹ tangentialen Raum.«

»Bis hierher kann ich Ihnen folgen. Ich nehme aber an, dass ich Sie bald nicht mehr verstehen werde. Denn sonst wäre ich ja Einstein…«

»Einstein selbst hatte große Schwierigkeiten, das alles zu verstehen. Drei Jahre lang habe ich in der falschen Richtung nach einer Lösung gesucht.«

Paul legte eine Hand auf meine Schulter. »Also erging es dir nicht viel anders als mir. Auch dich hat der Krieg durcheinander gebracht.«

»Da muss ich dir leider widersprechen, Paul. Ich glaube, der Krieg hat mich vorangebracht. Um ihm zu entfliehen, habe ich mich umso stärker in meine Formeln und Gleichungen vertieft. Aber ich hatte mit Grossmann in Zürich einen falschen Weg eingeschlagen. Als ich dann auf die Riemann'sche Geometrie gestoßen bin, habe ich in wenigen Wochen die Lösung gefunden.«

»Albert, Sie fangen wieder an, in Rätseln zu sprechen…«

»Bernhard Riemann war ein Mathematiker, der sich mit einer nicht-euklidischen Geometrie beschäftigt hat, wie ich sie eben vorzuführen versuchte. Einer Geometrie, in der Geraden nie parallel zueinander verlaufen. Haben Sie mein Beispiel mit dem gekrümmten zweidimensionalen Raum verstanden?«

»Ich glaube, ja.«

»Auch den dreidimensionalen Raum, der uns umgibt, halten wir für ›flach‹ und den Gesetzen der euklidischen Geometrie gehorchend. Eine Gerade – oder ein Lichtstrahl – kann bis ins Unendliche reichen…«

»Erwarten Sie jetzt nicht, dass ich Ihnen mit Ja antworte. Immerhin habe ich begriffen, dass Sie den Raum krümmen wollen. Allerdings bin ich mir nicht sicher, ob ich wirklich verstehe, was das bedeutet.«

»Ich werde Ihnen ein anderes Beispiel geben. Stellen Sie sich den Nordpol vor. Eine riesige weiße Fläche, so weit das Auge reicht…«

»Ich habe das Bild vor mir.«

»Jetzt nehmen Sie einen Bindfaden, der einen Kilometer lang ist, marschieren los und spulen ihn ab. Das Ende des Fadens markieren Sie mit einem Pfosten.«

»Hab ich gemacht.«

»Kehren Sie zum Pol zurück und wiederholen Sie das Ganze. Aber marschieren Sie in eine andere Richtung. Folgen Sie einem anderen Längengrad. Sagen wir, der Winkel zwischen zwei Fäden beträgt 5 Grad. Sie stecken noch einen Posten in den Schnee, dann noch einen und dann noch einen… bis Sie wieder bei dem ersten Längengrad angekommen sind. Wie viele Pfosten haben Sie benötigt?«

»Hmm… Ein Kreis hat 360 Grad. Geteilt durch fünf… Zweiundsiebzig?«

»Verbinden Sie jetzt diese zweiundsiebzig Pfosten durch eine imaginäre Linie. Das ergibt einen Kreis. Wie groß ist sein Umfang?«

»Der Radius beträgt einen Kilometer. Der Umfang ist gleich $2\pi R$... Ungefähr 6,2 Kilometer.«

»Nein, geben Sie mir die ganz genaue Länge an.«

»Nun, 2π Kilometer.«

»Sind Sie ganz sicher?«

»Warten Sie... Ich glaube, ich habe verstanden. Der Umfang würde 2π Kilometer betragen, wenn die Erde flach wäre. In Wirklichkeit aber handelt es sich um eine Kugelkappe, deren Umfang gemessen werden soll. Die Länge ist natürlich niedriger als 2π.«*

»Ganz genau. Vorhin haben wir mit unserem Dreieck bewiesen, dass unser zweidimensionaler Raum gekrümmt ist. Jetzt haben

* Wenn die Erdoberfläche ganz flach wäre, dann hätte der Kreis, der durch die Pfosten markiert wird, den Radius R und sein Umfang würde $2\pi R$ betragen.

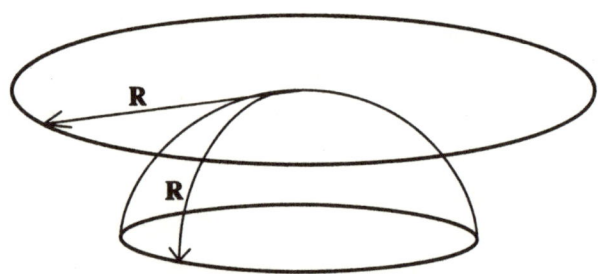

Die Zeichnung führt vor Augen, was das Ergebnis ist, wenn man auf einer Kugelkappe in verschiedene Richtungen jeweils eine Strecke mit der Länge R zurücklegt: der Kreis, der dann mithilfe der Pfosten gezogen werden kann, ist deutlich kleiner.

Wenn ihr den Umfang eures Kreises nachmesst und feststellt, dass er niedriger als $2\pi R$ ist, dann könnt ihr sicher sein, dass ihr auf einer gekrümmten Oberfläche lebt!

wir ein Mittel gefunden, um seine Krümmung zu bestimmen: Je größer der Unterschied zwischen 2π und dem Umfang unseres Kreises ist, desto stärker ist die Krümmung. Ist das klar genug geworden? Sie können sich diesen gekrümmten Raum vorstellen?«

»Ich bemühe mich.«

»Ich gehe nun zum dreidimensionalen Raum über. Jetzt wird es schwieriger. Sie befinden sich irgendwo im Weltall, weit weg von jedem Planeten. Sie nehmen nun wieder Ihren Bindfaden, doch diesmal gehen Sie in alle Richtungen. Auf diese Weise stecken Sie eine Kugel mit einem Radius von einem Kilometer ab. Wissen Sie, wie groß Ihre Fläche ist?«

»Wenn ich mich recht erinnere, $4\pi R^2$, das heißt 4π Quadratkilometer.«

»Das ist das richtige Ergebnis, wenn es sich um einen dreidimensionalen euklidischen Raum handelt. Jetzt hören Sie genau zu! Versuchen Sie, mir zu folgen! Wir können uns keinen gekrümmten dreidimensionalen Raum mehr vorstellen, so wie wir dies mit dem zweidimensionalen Raum noch konnten. Aber wir können überprüfen, ob er gekrümmt ist oder nicht. Wenn die Fläche der Kugel eine Größe von $4\pi R^2$ hat, dann ist der Raum euklidisch oder ›flach‹; wenn sie aber kleiner als $4\pi R^2$ ist, dann ist der Raum gekrümmt – so wie wir dies bei unserem zweidimensionalen Vergleichsbeispiel gesehen haben. Der Ausdruck ›gekrümmt‹ ist dabei in einem mathematischen Sinn zu verstehen, der vom üblichen Verständnis abweicht. Man könnte auch sagen ›nicht-euklidisch‹. Es gibt dort keine Geraden und keine Unendlichkeit. Ich weiß nicht, ob ein von der Erde losgeschickter Lichtstrahl nach mehreren hundert Millionen Jahren, in denen er, ähnlich wie ein Längenkreis um unseren Planeten, eine Reise um das ganze Universum macht, wieder an seinen Ausgangspunkt zurückkehrt. Jedenfalls beschreibt er keine gerade Bahn. Das kleine ›flache‹ Stück Raum, das wir um uns herum sehen, ist nur der tangentiale Raum eines nicht-euklidischen Raums!«

»Ich werde mich hüten, Ihnen da zu widersprechen, Albert. Aber ich würde gerne wissen, was die Behauptung, der Raum sei nicht-euklidisch, für Ihre Forschung bedeutet!«

»Haben Sie es noch nicht erraten? Die Krümmung des Raums ist die Schwerkraft! Ich werde versuchen, Ihnen meinen neuen Raum zu beschreiben. Stellen Sie sich eine große Leinwand vor, die in einen Rahmen gespannt ist. Wenn Sie auf diese Leinwand eine dicke, schwere Bleikugel legen, dann wird diese Kugel einsinken und die Leinwand dabei verformen. Zuerst ist die Leinwand ein flacher zweidimensionaler Raum. Doch die schwere Kanonenkugel krümmt diesen Raum, sodass er nicht-euklidisch wird. Rund um den schweren Gegenstand sieht der Raum ähnlich wie ein Trichter aus. Ungefähr so müssen Sie sich vorstellen, was mit dem dreidimensionalen Raum geschieht. Fern von jedem Gegenstand ist er flach, das heißt euklidisch. Ist ein Gegenstand da, dann krümmt er sich. Der kürzeste Weg zwischen zwei Punkten ist keine Gerade mehr. Die geraden Linien gibt es nicht mehr. Stellen Sie sich jetzt vor, dass Sie eine kleine Kugel auf die Leinwand werfen. Wo die Leinwand flach ist, wird die Kugel in einer geraden Linie rollen. Sobald sie sich jedoch dem Trichter nähert, wird sie durch die Verformung des Raums aus ihrer Bahn gebracht. Man könnte glauben, dass sie von der Bleikugel angezogen wird. Newton kam zu dieser Schlussfolgerung, wenn auch etwas widerwillig. Eine solche augenblickliche, das heißt verzögerungsfreie Fernwirkung kam ihm unwahrscheinlich vor. Seit meiner Speziellen Relativitätstheorie ist eine solche Wirkung grundsätzlich ausgeschlossen. Der Begriff ›Augenblicksfernwirkung‹ ergibt keinen Sinn mehr, da ich bewiesen habe, dass die dafür vorausgesetzte Vorstellung von Gleichzeitigkeit nicht mit der Wirklichkeit übereinstimmt.«

»War das nicht die Geschichte mit dem Zug und den zwei Blitzen? Paul hat mir das vor langer Zeit einmal erklärt.«

»Die kleine Kugel wird also keineswegs von der großen Bleikugel ›angezogen‹. Was ihre Bahn bestimmt, sind die Ausgangsgeschwindigkeit und die Form des Raums an den jeweiligen Punkten. Die kleine Kugel weiß nicht, dass es die Bleikugel gibt. Sie folgt nur dem bequemsten Weg, ähnlich wie ein Bach immer die Linie mit dem größten Neigungswinkel wählt. Keiner käme auf die Idee zu sagen, dass der Bach von einem fernen Ozean angezogen wird… Wo Newton mechanische Kräfte mit Fernwirkung am Werk sah, sind gemäß meiner Theorie die Auswirkungen der lokalen Geometrie zu beobachten. Die Krümmung des Raums durch die Bleikugel ist mit den räumlichen Veränderungen im Umfeld eines Magneten vergleichbar. Man kann deshalb von einem Gravitationsfeld sprechen. Wenn die kleine Kugel sehr schnell rollt, wird sie von ihrer ursprünglichen Bahn nur geringfügig abgelenkt werden, sobald sie den Rand des Trichters streift. Wenn sie jedoch sehr langsam rollt, dann wird sie in den Trichter hinunterfallen und direkt auf die Bleikugel zusteuern. Weist die Kugel aber eine ganz bestimmte mittlere Geschwindigkeit auf, wird sie lange Zeit um den Trichterrand kreisen, wie die Planeten um die Sonne.«

»Sie hätten mir sagen sollen, dass Sie von der Sonne und einem Planeten sprechen. Dann hätte ich mich nicht so anstrengen müssen, um mir eine Kanonenkugel und ein Kügelchen vorzustellen!«

»Sie können sich auch die Erde als die Kanonenkugel vorstellen und einen Asteroiden als Kügelchen, wenn Sie wollen. Die Sonne hat aber den Vorteil, dass sie sehr schwer ist. Der Trichter, der von ihr verursacht wird, dürfte tief genug sein, um seine Existenz empirisch nachweisen zu können. Meine Theorie besagt, dass ein Lichtstrahl, der an der Sonne vorbeikommt, von seiner ursprünglichen Bahn abgelenkt wird. Ich kann sogar den Winkel berechnen. Eines Tages wird dies während einer Sonnenfinsternis durch Messungen bestätigt werden, davon bin ich überzeugt.«

»Paul hat mir erzählt, wie es dem armen Erwin Freundlich in Russland ergangen ist.«

»Er hatte wirklich kein Glück. Aber ich muss jetzt eigentlich froh darüber sein. Denn damals arbeitete ich noch mit der euklidischen Geometrie. Der von mir errechnete Winkel war nicht richtig. Ich hatte die Masse der Sonne berücksichtigt, aber nicht die Krümmung des Raums. Mit der Riemann'schen Geometrie ist der Winkel doppelt so groß.«*

»Solange der Krieg dauert, wird niemand eine neue Expedition ausrüsten wollen…«

»Und wenn der Krieg zu Ende ist, wird niemand mehr übrig sein, um eine Sonnenfinsternis zu beobachten…«

»Ach was. Mein Aufsatz enthält auch schon einen ersten Beweis. Ich kann nämlich damit eine Auffälligkeit in der Umlaufbahn des Merkurs erklären, die im letzten Jahrhundert von dem französischen Mathematiker Dominique Arago und seinem Freund, dem Astronomen Urbain Le Verrier, bemerkt wurde. Der Merkur befindet sich von allen Planeten der Sonne mit ihrer riesigen Masse am nächsten, für ihn ist der Raum deshalb am stärksten gekrümmt.

Aus meiner Theorie lässt sich noch eine andere Schlussfolgerung ziehen, die empirisch überprüft werden kann. Die Gegenwart von Materie beeinflusst nicht nur den Raum, sondern auch die Zeit. Die Elektronen der Atome in der Sonne, die dort ihr Licht ausstrahlen, müssen aufgrund der riesigen Masse des Himmelskörpers langsamer vibrieren als normalerweise. Da die Schwingungsfrequenz des Lichts über seine Farbe entscheidet, muss beim Sonnenlicht eine leichte Verschiebung hin zu den niedrigen Frequenzen, das heißt zum roten Farbbereich, nachweisbar sein.**

»Vielen Dank, Albert. Ich habe mich sehr bemüht, Ihren Aus-

---

* ungefähr 1,75 Bogensekunden
** Diese Verschiebung ist für die Sonne sehr schwer nachzuweisen, doch die Fortschritte in der Spektralanalyse des Lichts machten es möglich, dass 1960 ein Unterschied in der Schwingungsfrequenz

führungen zu folgen… Aber mein armes Gehirn läuft heiß und ich fühle mich erschöpft. Wissen Sie, was Sie jetzt tun sollten?«

»Was denn, meine liebe Tatjana?«

»Sie sollten mit Paul die dritte Sonate von Brahms spielen.«

»Hervorragende Idee. Sie sind wirklich eine kluge Frau. Paul ist ein Glückspilz.«

Wenige Tage später unternahm ich einen Ausflug nach Haarlem, um Hendrik Lorentz zu besuchen, der nach seiner Pensionierung dorthin umgezogen war. Die Stadt liegt mit dem Zug nur eine halbe Stunde von Leiden entfernt. Lorentz hatte versprochen, mich vom Bahnhof abzuholen. Ein Gefühl von Freude und zärtlicher Zuneigung stieg in mir hoch, als ich ihn in aufrechter Haltung auf dem Bahnsteig stehen sah. Der Bart meines alten Lehrmeisters war ganz weiß geworden. Bevor er mich zu sich nach Hause einlud, machten wir einen Spaziergang durch die Stadt. Wir sprachen über den Krieg:

»Die Menschheit macht große Fortschritte in der Technik und in der Wissenschaft, mein lieber Einstein, aber die Entwicklung ihrer Moral lässt sehr zu wünschen übrig.«

»Die Menschen sind blutrünstige Tiere. Der technische Fortschritt führt nur dazu, dass das Blutbad, das sie anrichten, noch schrecklicher wird. Kaum haben sie den alten Menschheitstraum des Fliegens verwirklicht, benutzen sie die Flugzeuge, um damit Bomben abzuwerfen. Der Militarismus ist eine Krankheit. Eine Epidemie wütet in Europa. Die Wissenschaft ist zur Waffe in der Hand von Mördern geworden. Wissen Sie, wer das fürchterliche Senfgas erfunden hat, mit dem die Soldaten massenweise umgebracht werden? Sie verrecken qualvoll in ihren Schüt-

des Lichts zwischen dem Erdgeschoss und dem obersten Stockwerk eines Gebäudes in Harvard festgestellt werden konnte – das oberste Stockwerk befand sich 20 Meter über dem Erdboden und war damit weiter von der riesigen Masse der Erde entfernt.

zengräben. Es war mein Kollege Fritz Haber… Vor dem Krieg rühmte sich Deutschland, die besten Chemiker und Physiker der Welt zu besitzen. Sie verwenden jetzt ihren Ehrgeiz als Forscher darauf, Methoden der industriellen Tötung von Menschen zu entwickeln. Ich weiß nicht, wohin das noch führen wird.«

»Haben Sie von Sigmund Freud gehört?«

»Meinen Sie den Österreicher, der die Psychoanalyse erfunden hat? Ich weiß nicht viel über ihn. Auf diesem Terrain kenne ich mich nicht so gut aus…«

»Seit ich nicht mehr an der Universität bin, habe ich mehr Zeit als früher. Ich habe mehrere Bücher von ihm gelesen. Während Sie, mein lieber Einstein, unsere Auffassung von Raum und Zeit revolutionieren, verändert Freud unseren Blick auf die menschliche Seele. Die Menschen sind zweifellos Tiere, aber durch die Erziehung lernen sie, ihre Triebe zu beherrschen. Auf der einen Seite führen die Erfindungen der Naturwissenschaftler dazu, dass immer mörderischere Waffen entwickelt werden; auf der anderen Seite werden die Fortschritte in der Wissenschaft der Psychologie uns vielleicht dabei helfen, ihren Einsatz zu verhindern.«

Nach dem Mittagessen bat Lorentz mich in seine Bibliothek. Er setzte sich hinter seinen schweren Schreibtisch, ich nahm auf der anderen Seite Platz. Er bot mir eine Zigarre an.

»Nun, Einstein? Haben Sie es geschafft?«

»Ich habe Ihnen den Aufsatz mitgebracht…«

Ich legte meine schriftlichen Ausführungen vor ihm auf den Tisch. Dann hielt ich einen kleinen Vortrag, in dem ich wiederholte, was ich bereits Tatjana erklärt hatte. Aber natürlich in einer weniger bildhaften Sprache und gespickt mit mathematischen Formeln. Lorentz machte sich dabei Notizen mit einer Schreibfeder, die er immer wieder in ein vergoldetes Tintenfass tauchte. Von Zeit zu Zeit murmelte er: »Ja« oder »Sehr gut«, wie ein Lehrer, der einen Schüler anspornt. Als ich am Ende meiner Rede angelangt war, schwieg ich. Ich rauchte meine Zigarre vor mich hin, während Lorentz die Gleichungen überprüfte.

Ich hatte mein Ziel erreicht, davon war ich überzeugt, aber damit fing die Arbeit erst an. Die Struktur des Universums musste im Lichte meiner Theorie neu überdacht werden. Auch die Sternverteilung am Himmel. Warum geraten die einzelnen Sterne einander nie in die Quere? Woher kommen die Sterne? Die Materie bewirkt die Krümmung des Raums und damit auch die Entstehung der Zeit. Wenn die Sterne nicht existierten, dann gäbe es weder Raum noch Zeit. Eines Tages würden die Menschen durch das Weltall reisen. Die seltsamen Dinge, die ich entdeckt hatte, würden zu ihrem Alltag gehören, und sie würden für sie ganz selbstverständlich sein. Ich wickelte eine Haarsträhne um meinen Finger, wie ich es immer mache, wenn ich nachdenke. Meine Schwester Maja verspottete mich früher wegen dieser Angewohnheit. Sie meinte, das sei wahrscheinlich ein Erbe meiner jüdischen Vorfahren, die sich an den Schläfen lange Locken hatten wachsen lassen. Als ich mit Mileva zusammenlebte, hatte sie mir immer die Haare geschnitten. Die Vorstellung, meine Zeit bei einem Friseur zu verplempern, war mir unerträglich. Meine Cousine Elsa konnte mir bestimmt auch die Haare schneiden. Frauen können so etwas…

Wie viel Zeit wohl verstrichen war, während ich so meinen Gedanken nachhing? Meine Zigarre war erloschen. Ich hob den Kopf und blickte Lorentz an. Seine Augen waren mit Tränen gefüllt. Ich musste an Hermann Minkowski denken. Er hatte auf dem Sterbebett bedauert, nicht mehr zu erfahren, wie die Relativitätstheorie in ihrer endgültigen Form aussehen würde. Die Theorie war jetzt vollständig, aber das Universum blieb weiterhin ein großes Rätsel…

*

In Leiden stellte mich mein Freund Paul seinem Kollegen Willem de Sitter vor, der dort Professor für Astronomie war. Wie alle Astronomen war er fasziniert von der Idee der Ablenkung eines Lichtstrahls durch die Sonne, die meine Theorie vorhersagte.

»Unglückseligerweise, sehr geehrter Herr Einstein, besitzt die Universität Leiden nicht die finanziellen Mittel, um eine solche Expedition bei der nächsten Sonnenfinsternis zu finanzieren. Vom Krieg ganz zu schweigen.«

»Wann wird die nächste Sonnenfinsternis stattfinden?«

»Im Mai 1919 wird sich eine prächtige totale Sonnenfinsternis ereignen, die in verschiedenen bewohnten Ländern sichtbar sein wird: in Afrika und im Norden Brasiliens. Ich werde Ihren Aufsatz an die Royal Astronomical Society in London schicken. Dort wird man sicherlich in der Lage sein, eine Expedition auszurüsten.«

»Ich bin Ihnen sehr dankbar. Die englischen Physiker erhalten die *Annalen der Physik* sicherlich nicht mehr. Ich selbst kann keine Briefe mehr nach Frankreich oder England schicken.«

So kam es, dass mein Aufsatz auf dem Schreibtisch von Sir Arthur Eddington landete, Professor für Astronomie in Cambridge und Sekretär der Royal Astronomical Society. Zufälligerweise gehörte er der Sekte der Quäker an, die Pazifismus und Freundschaft zwischen den Völkern der Erde predigt, sodass er meine Arbeit nicht gleich in den Papierkorb geworfen hat, bloß weil ich Mitglied der Preußischen Akademie der Wissenschaften war. Ich weiß nicht, ob die englischen Wissenschaftler in so großer Zahl wie ihre deutschen Kollegen ihre Unterschriften unter Kriegspamphlete gesetzt haben. Doch einige Dummköpfe beschuldigten Eddington, er würde »die deutsche Wissenschaft« begünstigen. Als Beweis dafür wurde angeführt, dass er meinen Aufsatz übersetzt hatte!

Eddingtons Begeisterung für meine Theorie ging sogar so weit, dass er eine empirische Überprüfung gar nicht für notwendig hielt. Sein Vorgesetzter, der Leiter der Royal Astronomical Society, war jedoch der Meinung, dass sich eine Expedition auf alle Fälle lohnen würde, und beauftragte Eddington mit den Vorbereitungen. So konnte Eddington dem Ruhm des englischen Königreichs dienen und entging seiner drohenden Verhaftung, denn aufgrund seiner pazifistischen Einstellung hatten ihn die Behörden ins Gefängnis stecken wollen. Wie Sie wissen, Miss Peggy, dreht sich die Erde um die Sonne. Das bedeutet, dass die Sterne, die sich hinter der Sonne befinden, mit den Jahreszeiten ihre Positionen ändern. Das Datum der nächsten Sonnenfinsternis, der 29. Mai 1919, war ideal. Zu diesem Zeitpunkt würde die Sonne vor dem Sternbild des Stiers vorbeiziehen, dessen Sterne besonders zahlreich und bestens bekannt sind. Wenn die Engländer einmal etwas beschlossen haben, dann führen sie es auch aus. Mitten im Krieg, während die deutschen Unterseeboote den Atlantik unsicher machten, bereiteten sie zwei Expeditionen in den Golf von Guinea und nach Brasilien vor.

In der Zwischenzeit war ich schon lange wieder nach Berlin zurückgekehrt. Mein Magen bereitete mir erneut Probleme. Ich fühlte mich sehr erschöpft. Doktor Rosenheim schickte mich zu einem seiner Kollegen, der bei mir Gallensteine fand. Ich weiß nicht, was damals ohne Elsas tägliche Unterstützung und Hilfe aus mir geworden wäre. Sie war eine sehr fürsorgliche und aufmerksame Frau. Nicht nur dass sie überhaupt keine Ähnlichkeit mit Mileva hatte, sie war auch völlig anders als ich selbst. Ich bekam von ihr, was mir fehlte. Damit meine ich natürlich nicht nur frische Bettwäsche und selbst gebackene Kuchen. Sie besaß Eigenschaften, die meine Fehler und Mängel ausglichen.

Als es mir wieder besser ging, reiste ich zu einem Erholungsaufenthalt in die Schweiz. Ich erinnerte mich daran, dass ich eine Mutter und eine Schwester in Luzern hatte, und es war an der Zeit, sie wieder einmal zu besuchen. Ich verbrachte auch eine Woche mit meinen beiden Söhnen in Arosa in den Schweizer Bergen. Hans Albert war damals vierzehn Jahre alt, Eduard sieben Jahre. Für ihren Unterhalt, ihre Erziehung und für die Lebenshaltungskosten von Mileva schickte ich jährlich 7000 Mark an Michele Besso, außerdem erhielt meine Mutter von mir noch 600 Mark. Das machte bedeutend mehr als die Hälfte meines Einkommens aus, das infolge des Kriegs aus verschiedenen Gründen außerdem an Wert verloren hatte. Kurzum, ich stellte fest, dass ich unbedingt sparsamer mit meinem Geld umgehen musste. Kaum war ich nach Berlin zurückgekehrt, zog ich in eine kleine Wohnung in der Haberlandstraße 5, die meine Cousine Elsa für mich angemietet hatte. Sie selbst wohnte gleich nebenan. Die Miete war sehr niedrig, und eine Haushälterin, die für mich kochte, brauchte ich auch nicht mehr, denn ich war ständiger Gast an Elsas Mittagstafel. Damit beschränkten sich meine Ausgaben auf ein Mindestmaß.

Elsa war sehr froh über meine Anwesenheit. Ich erinnere mich, wie sie mich einmal in höchsten Tönen lobte, als Philipp Frank, mein Nachfolger an der Universität in Prag, mich besuchen kam:

»Ein so bedeutender Physiker wie mein Albert hat mir in meinem Haushalt gefehlt. Mit diesem Krieg ist es schwierig geworden, Lebensmittel herbeizuschaffen. Ich kaufe auch alle möglichen Konserven, verdrückte und verrostete Dosen, die häufig aus dem Ausland kommen. Aber ich versichere Ihnen, es hat noch keine einzige gegeben, die mein Albert nicht aufgebracht hätte.«

Der einzige Fehler von Elsa war, dass sie andauernd die Möbel, Gegenstände und Bücher in meiner Wohnung umräumen wollte, um putzen und Staub wischen zu können. Das führte jedes Mal zu einem heftigen Streit:

»Wozu soll man Staub wischen, wenn er immer wiederkommt?«

»Ich mische mich nicht in deine Physik ein, also schreib du mir nicht vor, wie ich den Haushalt zu führen habe.«

»Das ist lustig, was du da sagst…«

»Ich finde das gar nicht lustig. Wie kommst du darauf?«

»Es gab da einen Witz, den mein Vater häufig erzählt hat… Daran musste ich plötzlich denken, als ich dich so reden hörte. Ein

Bettler kommt zu Baron Rothschild. Er verlangt den Hausherrn zu sprechen, schreit, stampft mit den Füßen auf und macht einen solchen Lärm, dass Rothschild selbst die Treppe herunterkommt, um zu erfahren, was los ist. Der Bankier gibt dem Bettler etwas Geld, um ihn loszuwerden. ›Mein Freund‹, sagt er zu ihm, ›Ihre Methode missfällt mir sehr. Ich hätte Ihnen viel mehr Geld gegeben, wenn Sie mich höflich darum gebeten hätten.‹ Daraufhin lächelt der Bettler. ›Monsieur‹, antwortet er, ›ich gebe Ihnen keine Ratschläge, wie Sie Ihr Geld an der Börse anlegen sollen, also versuchen Sie auch nicht, mich über die Ausübung meines Berufs zu belehren.‹«

Schließlich habe ich mich mit einer klaren Anweisung durchgesetzt: Elsa durfte mein Arbeitszimmer in meiner Abwesenheit nicht betreten – und keinesfalls dort putzen.

Im Jahr 1917 veröffentlichte ich zwei weitere Aufsätze.

In dem ersten Artikel beschäftigte ich mich erneut mit der Quantennatur des Lichts. Ich führte aus, dass es unter ganz bestimmten Umständen möglich sein müsste, ein Atom zur Aussendung eines schwingenden Lichtstrahls in einer einzigen Richtung zu bewegen.* Beim gegenwärtigen Stand unseres Wissens, darauf wies ich hin, müssten wir Forscher zugeben, dass ein Atom die Richtung seiner Schwingung rein willkürlich zu wählen scheint.

In dem zweiten Aufsatz widmete ich mich der Kosmologie oder anders gesagt der Wissenschaft vom Universum als Ganzem. Diese Wissenschaft war seit Jahrhunderten in eine Art Dornröschenschlaf versunken. Wir wussten vom Universum fast überhaupt nichts. Wir schauten zu den Sternen hoch, aber keiner konnte sagen, ob ihre Anzahl begrenzt oder unbegrenzt war. Manche Astronomen glaubten, dass die Sterne in ihrer Anzahl

---

* Einstein hat damit den Laser beschrieben, der erst nach seinem Tod entwickelt wurde.

zwar begrenzt seien, aber eine Art Insel in der Mitte eines unendlichen Raumes bildeten... Mit der Allgemeinen Relativitätstheorie wurde die Kosmologie aus ihrem Schlummer geweckt. So war es danach zum Beispiel unmöglich, dass ein unendlicher Weltraum eine begrenzte Anzahl von Sternen enthalten konnte, denn Raum und Materie waren eng miteinander verknüpft. Auch eine unendliche Anzahl von Sternen war laut meiner Theorie nicht mehr möglich, denn ihre unendlich große Masse hätte auch eine unendlich große Gravitationskraft nach sich gezogen. So blieb nur eine einzige Möglichkeit übrig: Der Weltraum ist begrenzt und enthält eine begrenzte Anzahl von Sternen. In der Umgebung der Sterne ist er mehr oder weniger gekrümmt, abhängig von deren jeweiliger Masse, und weist auch insgesamt eine Krümmung auf. Der Weltraum besitzt Ähnlichkeit mit der Erde (allerdings um eine vierte Dimension erweitert), er hat Einbuchtungen und Wölbungen, die mit Bergen und Tälern vergleichbar sind. Und so wie die Oberfläche der Erde zu einem Globus gekrümmt ist, bildet auch der Weltraum eine in sich geschlossene Form. Wie die Oberfläche der Erde ist er begrenzt, aber ohne dass es einen Rand oder einen Mittelpunkt gibt. Miss Peggy, ich weiß, dass es schwierig ist, sich einen solchen Raum bildlich vorzustellen. Doch für mich liegen darin eine solche Einfachheit, Schönheit und Harmonie, dass mich eine unaussprechliche Freude erfüllt. Was meinen Sie dazu?

Ausgehend von den Gleichungen der Allgemeinen Relativitätstheorie, führte ich verschiedene Berechnungen durch. Die neue Kosmologie sollte eine richtige Wissenschaft werden und es blieb noch viel Forschungsarbeit zu tun. Rückblickend gestehe ich, dass mein Aufsatz mehrere Fehler enthielt. So schätzte ich beispielsweise die Größe des Universums auf 100 Millionen Lichtjahre, was vermutlich um ein Hundertfaches niedriger ist als die tatsächliche Größe. Außerdem glaubte ich, dass die Sterne mehr oder weniger gleichmäßig im gesamten Universum verteilt seien und dass ihre Anordnung keinerlei Veränderungen unterworfen sei. Ich führte in meinen Berechnungen eine »kosmologische Konstante« ein, die vollkommen unnütz war. Kurz nach Erscheinen meines Aufsatzes gelang es dem Astronomen Willem de Sitter, den ich in Leiden kennen gelernt hatte, das Universum ohne diese kosmologische Konstante zu erklären. Und bald darauf fand der russische Mathematiker Alexander Friedmann eine sehr elegante Lösung für die Gleichungen der Allgemeinen Relativitätstheorie. Seiner Meinung nach nahm die Krümmung des Raums im Lauf der Zeit ab, was bedeutete, dass das Universum sich ausdehnte. Um noch einmal den Vergleich mit der Erde heranzuziehen, Miss Peggy: Stellen Sie sich vor, dass die Erde wie ein Luftballon aufgeblasen wird! Dann rücken die Städte auf der Landkarte immer weiter auseinander…

*

Mithilfe eines Röntgenapparates stellte Doktor Ehrmann, ein Magenspezialist, fest, dass die Schmerzen, die mich erneut plagten, nicht von Gallensteinen verursacht wurden, sondern von einem Geschwür am Zwölffingerdarm. Die ersten Monate des Jahres 1918 war ich bettlägerig. Ehrmann war ein ausgezeichneter Arzt, der bald auch mein Freund wurde, doch ich glaubte nicht so recht daran, dass die Röntgenstrahlen tatsächlich Gallensteine oder Geschwüre ausfindig machen konnten. Meiner Meinung nach war die Medizin keine exakte Wissenschaft, und das teilte ich Doktor Ehrmann auch mit:

»Die einzige ärztliche Diagnose, an deren Stichhaltigkeit ich glaube, ist jene, die *post mortem* durchgeführt wird.«

Ich war noch keine vierzig Jahre alt, aber meine Krankheit hatte mich frühzeitig altern lassen. Meine Haare waren ganz grau geworden.

Ich hatte die Scheidung von Mileva beantragt. Zwischen Berlin und Zürich wurden alle möglichen Papiere hin und her geschickt. Michele Besso spielte die Rolle des Vermittlers. Mileva sagte, sie habe mir in den Anfangsjahren meiner Karriere beigestanden und beanspruche deshalb, auch die Früchte meines Ruhms mit mir zu teilen. Diese Früchte waren noch recht bescheiden, aber wohl informierte Kreise ließen mich wissen, dass mir sicherlich bald der Nobelpreis verliehen werden würde. Ich versprach deshalb, Mileva das Preisgeld zu überlassen, dessen Summe ziemlich hoch war.

Durch meine Freunde in Holland erfuhr ich, dass die Engländer zwei Expeditionen vorbereiteten, um im Mai 1919 die Sonnenfinsternis beobachten zu können. Zwischen dem 4. und 9. November 1918 fand in Deutschland eine Revolution statt. Die deutsche Bevölkerung wollte eine neue Regierung und endlich Frieden. Der deutsche Kaiser floh nach Holland. Es wurde die Republik ausgerufen. Der Waffenstillstand am 11. November bedeutete das Ende des Kriegs. Damit war das einzige Hindernis beseitigt, das einer erfolgreichen Durchführung der englischen Expeditionen noch hätte im Weg stehen können. Ich war mir ganz sicher, dass man eine Ablenkung der Lichtstrahlen durch die Sonne messen würde. Es konnte überhaupt nicht anders sein.

Meine große Hoffnung war, dass die Völker sich nach der fürchterlichen Abschlachterei des Ersten Weltkriegs dauerhaft versöhnen würden und dass in Europa eine Epoche des Friedens anbrechen würde. Während des Kriegs hatte ich mich nicht viel um die Politik gekümmert, denn von meinen pazifistischen Ideen wollte damals niemand etwas hören. Außerdem war ich so mit meinen Formeln und Berechnungen beschäftigt gewesen, dass ich für andere Gedanken den Kopf nicht frei hatte. Da das Ende des Kriegs mit dem Ende der Arbeit an meiner Allgemeinen Relativitätstheorie zusammenfiel, war nun der richtige Zeitpunkt gekommen, um meinen Elfenbeinturm zu verlassen. Ich war sehr froh, den Niedergang des deutschen Militarismus miterleben zu dürfen, den ich seit meiner Kindheit verachtet hatte. Auch die Versammlungen des »Bundes Neues Vaterland«, der trotz des offiziellen Verbots fortbestanden hatte, besuchte ich wieder. An die Regierungschefs, die sich in Versailles versammelten, um einen Friedensvertrag auszuhandeln, richtete ich den dringenden Appell: »Schließen Sie keinen Frieden, der den Keim zu einem künftigen Krieg in sich trägt!« Es hat leider keiner auf mich gehört. Dem besiegten Deutschland wurden so strenge Sanktionen auferlegt, dass durch den Hunger und die Not bei weiten Teilen der Bevölkerung Ressentiments entstanden, die zu fürchterlichen Folgen führten.

Im Februar 1919 hielt ich am Polytechnikum in Zürich mehrere Vorträge. Ich freute mich, wieder einmal zu Studenten sprechen zu können. Man hatte mir angeboten, dort erneut eine Professur zu übernehmen, doch ich lehnte ab. Ich konnte Berlin nicht verlassen. Zwar führte ich meine Forschung einsam und zurückgezogen an meinem Schreibtisch durch, aber Max Planck, Max Born und die anderen Kollegen boten mir die wissenschaftliche Unterstützung, die ich brauchte. Sie waren in der Lage, meine Arbeit zu verstehen und mich auf mögliche Fehler hinzuweisen. Doch erklärte ich mich gerne bereit, zweimal im Jahr in Zürich eine Vorlesung zu halten. Ich kündigte an, über die Prinzipien der Speziellen und der Allgemeinen Relativitätstheorie sprechen zu wollen. Die Studenten, Professoren und neugierige Laien meldeten sich in so großer Zahl zu meinem ersten Vortrag an, dass die Universität beschloss, dafür Eintritt zu verlangen. Man hätte mich fast nicht in den Hörsaal hineingelassen, weil ich keine Eintrittskarte vorweisen konnte!

Am Ende meines Vortrags baten mich die Studenten noch um ein paar Erläuterungen zur Quantentheorie. Ich erklärte ihnen, dass ich mir nicht sicher war, ob ich diese Theorie wirklich verstand, und dass sie sich besser an Spezialisten auf diesem Gebiet wenden sollten. Zweifellos hatte ich in den Anfängen der Quantenphysik eine wichtige Rolle gespielt. Doch die Schlussfolgerungen, die sich aus dieser Theorie ergaben, konnte ich nur schwer akzeptieren. Alle Physiker, die sich damit beschäftigten, mussten – so wie ich – irgendwann erkennen, dass sich die atomaren Teilchen manchmal willkürlich zu verhalten schienen. Meine jüngeren Kollegen waren bereit, den Zufall als normalen Aspekt im Verhalten der Atome zu akzeptieren. Das war für mich unmöglich. Meiner Meinung nach war eine naturwissenschaftliche Theorie, in der es Raum für den Zufall gab, noch unvollständig.

Am 14. Februar wurde meine Ehe mit Mileva in Zürich geschieden und ich fuhr wieder nach Berlin zurück. Am 2. Juni heiratete ich Elsa. Zu diesem Zeitpunkt lebte ich bereits seit mehreren Monaten in ihrer großen Wohnung. Mein Arbeitszimmer hatte ich mir in einer Art Mansarde eingerichtet, direkt über den Wohnräumen.

Elsa war drei Jahre älter als ich. Seit 1913 standen wir uns sehr nahe. Da sie sich in meine beruflichen Angelegenheiten überhaupt nicht einmischte, war ich bereit, ihr in den Dingen des Alltagslebens gewisse Zugeständnisse zu machen. Sie nähte meine Knöpfe an und sorgte dafür, dass meine Hosenbeine nicht mehr ausgerissen waren. Sie schaute auch darauf, dass meine Hemden viel häufiger gewaschen wurden, als ich das für notwendig hielt. Um ihr eine Freude zu machen, begann ich sogar, eine Zahnbürste zu benutzen, obwohl mir der Nutzen eines solchen Geräts nicht ganz einleuchtete.

Die kleine Welt der Physik befand sich damals in einem Zustand fieberhafter Erregung. Ich fühlte mich an unruhige, überhitzte Gasmoleküle erinnert. Man erzählte sich, dass die Siegermächte die Auslieferung von Walther Nernst und Fritz Haber verlangten, um sie als Kriegsverbrecher vor Gericht zu stellen. Gleichzeitig erhielt Fritz Haber vom Nobelpreiskomitee den Preis für Chemie für das Jahr 1918 verliehen, was als klare Provokation gedeutet wurde. In Brüssel fanden die Vorbereitungen zum ersten großen Solvay-Kongress nach dem Krieg statt, der im April 1921 tagen sollte. Hendrik Lorentz berichtete mir darüber in einem Brief:

»Die Deutschen sind nicht eingeladen, denn ihre Anwesenheit in Brüssel würde nur Schwierigkeiten mit sich bringen. Doch wurden sie auch nicht offiziell von dem Kongress ausgeschlossen. Die Tür steht Ihnen offen. In Zukunft werden hoffentlich auch die anderen Kollegen wieder kommen können. Aber das wird sicherlich noch ein paar Jahre dauern.«

Ich hatte weder den berüchtigten »Aufruf an die Kulturwelt« vom September 1914 unterzeichnet noch war ich an der Entwicklung von tödlichen Kampfgasen beteiligt gewesen. Die Veranstalter des Kongresses erklärten, dass man mich einladen wolle, da meine Staatsangehörigkeit »unklar« sei. Laut Rutherford wussten natürlich alle, dass ich ein gebürtiger Deutscher war, aber man hatte beschlossen, mich als »Weltbürger« zu betrachten. Aus Solidarität mit meinen deutschen Kollegen lehnte ich es dennoch ab, an dem Kongress teilzunehmen.

Doch wurde ich auch zum Ziel von Angriffen. So gab es einen französischen Professor, der empört nachfragte, ob tatsächlich Staatsangehörige neutraler Länder, die freiwillig die Kriegsjahre in Deutschland verbracht hatten, zu dem Kongress eingeladen werden sollten. Außerdem gab es unter meinen deutschen Kollegen weiterhin solche, die der Überzeugung waren, dass nur Deutschland in der Lage sei, die »Vermischung der Rassen« zu verhindern. Für sie war ich ein Verräter, weil ich als Jugendlicher meine deutsche Staatsangehörigkeit aufgegeben hatte und später den Feind unterstützte. Diese Vertreter der »deutschen« Physik wurden von Philipp Lenard angeführt, einem ausgezeichneten Wissenschaftler, der 1905 für seine Arbeiten zu den Kathodenstrahlen den Physik-Nobelpreis erhalten hatte, aber extrem deutschnational eingestellt war. In seinem Labor an der Universität Heidelberg war es verboten, die Bezeichnung »Ampere« als Einheit der elektrischen Stromstärke zu verwenden, weil das der Name eines französischen Physikers war. Stattdessen musste von »Weber« gesprochen werden.

149

Die Wissenschaft wurde von Lenard und seinen Mitstreitern in vier Bereiche aufgeteilt: in eine »deutsche« Wissenschaft, die von einem tiefen »Wahrheitswillen« beseelt sei; eine rein vom Verstand geleitete und deshalb oberflächliche »französische« Wissenschaft; eine »amerikanische« Wissenschaft, die sich ausschließlich durch ein Interesse am praktischen Nutzen und am materiellen Gewinn auszeichne, und schließlich eine »jüdische« Wissenschaft, die besonders heimtückisch und für das deutsche Volk gefährlich sei. Darin werden sogar die Krümmung des Raums und die Ausdehnung der Zeit behauptet – was Lenard für die Ausgeburt eines kranken Gehirns hielt.

Diese Anfeindungen beunruhigten mich. Ich wusste, dass der Antisemitismus in Russland stark zugenommen hatte. Mein Freund Paul Ehrenfest hatte darunter zu leiden gehabt. Aber ich war nicht darauf gefasst gewesen, dass in Deutschland solche wie aus dem Mittelalter stammenden Vorwürfe gegen mich erhoben werden würden. Doch hatte ich bereits bemerkt, dass die Deutschen die osteuropäischen Juden, die aus ihren Heimatländern geflohen waren, keineswegs mit offenen Armen empfingen.

Sie studieren wahrscheinlich nicht Physik, Miss Peggy. Denn sonst wüssten Sie, dass ich die Atombombe nicht erfunden habe. Vielleicht studieren Sie ja Geschichte… Dann werden Sie sicher schon gehört haben, dass in Deutschland nach dem Ende des Ersten Weltkriegs eine Zeit des politischen Aufruhrs herrschte. Die Anhänger extrem linker und extrem rechter Gruppierungen lieferten sich regelrechte Straßenschlachten. Rosa Luxemburg, eine polnische Jüdin, die in Berlin für die Revolution gekämpft hatte*, wurde festgenommen und von Freikorpsoffizieren ermordet. Die rechten Parteien beschuldigten die Juden, als treibende Kraft nicht nur hinter der russischen

* Zusammen mit Karl Liebknecht. Es handelte sich um den so genannten Spartakus-Aufstand.

Revolution, sondern auch hinter den Unruhen in Deutschland und anderen Ländern zu stecken. Das Ziel der Juden sei die Weltherrschaft.

Kurt Blumenfeld, einer der Führer der zionistischen Bewegung, bat mich um Unterstützung:

»Die Juden werden nur in einem eigenen Staat in Sicherheit leben können.«

»Bei den Juden handelt es sich um ein Volk von Intellektuellen. Sie wollen daraus ein Volk von Bauern machen! Außerdem werden die Türken nicht zulassen, dass dort ein solcher Staat gegründet wird«, war meine Antwort.

»Die Engländer haben den Türken das Gebiet während des Kriegs abgenommen. Lord Balfour, der englische Außenminister, hat sich bereit erklärt, die Gründung eines jüdischen Staates in Palästina zu unterstützen.«

Allmählich gelangte ich zu der Überzeugung, dass die Zionisten vielleicht doch nicht so Unrecht hatten. Bevor Philipp Lenard mich mit seinen Schmähreden überhäufte, hatte ich mich überhaupt nicht als Jude gefühlt. Ich ging nicht regelmäßig in die Synagoge. Mileva war bei unserer Heirat eine orthodox getaufte Christin. Später konvertierte sie zum Katholizismus und ließ auch die Kinder katholisch taufen. Ich selbst kannte mich besser im katholischen Glauben aus, in dem ich während meiner Schulzeit in München unterrichtet worden war, als in meiner eigenen jüdischen Religion. Deshalb musste ich den Antisemiten in gewisser Weise sogar dankbar sein. Denn erst durch ihre Angriffe habe ich begriffen, dass ich ein Jude bin, was seither für mich eine wichtige Rolle gespielt hat. Ich verstand plötzlich, dass mein Freund Michele Besso Recht hatte. Er war ebenfalls Jude und hatte mir stets gesagt, dass es ein Irrtum von mir sei, zu glauben, dass ich mein Judentum einfach ignorieren könne.

Ich fühlte mich nicht bedroht, Miss Peggy. Noch nicht. Die rückhaltlose Unterstützung durch Max Planck, den führenden deutschen Naturwissenschaftler seiner Zeit, ein Mann von großer moralischer Integrität und Rechtschaffenheit, war mir sicher (auch wenn er 1914 den »Aufruf an die Kulturwelt« unterzeichnet hatte). Er erklärte mir, dass die wahre deutsche Wissenschaft mich dringend benötigte.

Am 2. September 1919 bot Paul Ehrenfest mir eine Professur an der Universität Leiden an. Das Gehalt war sehr großzügig bemessen und es waren daran kaum Verpflichtungen geknüpft. Ich musste auch nicht ständig dort anwesend sein. Ich konnte beispielsweise auch in der Schweiz wohnen. Die Universität bestand lediglich darauf, dass ich als »Albert Einstein, Professor an der Universität Leiden« auftreten sollte. Nachdem ich zwei Wochen hin und her überlegt hatte, lehnte ich dieses großartige Angebot ab. Ich fühlte mich Max Planck gegenüber verpflichtet. Außerdem wollte ich meine deutschen Kollegen nicht im Stich lassen, die gerade in einer besonders schwierigen Situation steckten und international geächtet wurden. Ein weiterer Grund war, dass ich Philipp Lenard und seinen Kumpanen nicht die Befriedigung verschaffen wollte, zu glauben, sie hätten mich aus Deutschland verjagt.

Am 27. September 1919 erhielt ich ein Telegramm von Hendrik Lorentz: »eddington fand sternverschiebung am sonnenrand vorlaeufige groesse zwischen neun zehntel sekunde und doppeltem.«

Als mir die Nachricht überreicht wurde, sprach ich gerade mit einer meiner Studentinnen. Ich zeigte ihr das Telegramm:

»Lesen Sie, das dürfte Sie interessieren.«

»Aber, Herr Professor Einstein, das ist ja großartig! Ihre Theorie ist bestätigt! Sie müssen der glücklichste Mensch der Welt sein! Das ist sicher der schönste Tag Ihres Lebens!«

»Ach was, ich weiß doch, dass meine Theorie stimmt!«

»Ja, aber wenn das Telegramm gemeldet hätte, dass bei der Sonnenfinsternis keinerlei Lichtablenkung festgestellt werden konnte…«

»Da könnt mir halt der liebe Gott Leid tun. Die Theorie stimmt doch!«

Ich reiste nach Holland, um genauere Auskünfte zu erhalten. Die Sonnenfinsternis hatte am 29. Mai stattgefunden. Arthur Eddington war mit einer Expedition nach Principe, einer portugiesischen Insel im Golf von Guinea aufgebrochen, sein Kollege Davidson nach Brasilien. Auf Principe war an jenem Tag der Himmel bewölkt, doch wie durch ein Wunder riss die Wolkendecke während der Sonnenfinsternis kurz auf. Ein Mitarbeiter wechselte schnell die hochempfindlichen Platten aus, ein anderer entfernte die Verschlussklappe vor dem Teleskop und maß mithilfe eines Metronoms die Belichtungszeit. Wegen der Wolken am Himmel waren nur sechs von sechzehn Fotografien einigermaßen gelungen. Nur auf einer einzigen Fotografie konnte man klar und deutlich fünf Sterne erkennen.

Die Brasilianer hatten zwar mitbekommen, dass der Krieg in Europa vorbei war, doch wunderten sie sich trotzdem, dass eine riesige englische Expedition anrückte, um die Theorie eines deutschen Wissenschaftlers zu überprüfen. Die Einwohner der Urwaldgegend, in der die Beobachtung der Sonnenfinsternis stattfinden sollte, hielten die Astronomen für Regenzauberer und baten sie, mit ihren zum Himmel gerichteten Instrumenten die Dürreperiode zu beenden. Ich weiß nicht, was meine Kollegen anstellten, jedenfalls regnete es danach eine Woche lang. Während der Sonnenfinsternis gelang es ihnen, sieben brauchbare Aufnahmen zu machen. Anschließend blieben sie noch zwei Monate in Brasilien, um bei Nacht das Sternbild des Stiers zu fotografieren.

Das Studium der fotografischen Abzüge, besser gesagt der genaue Vergleich mit entsprechenden Aufnahmen des Nachthimmels, beschäftigte die Astronomen in Greenwich und Cambridge mehrere Monate lang. Schließlich stellte sich heraus, dass die Lichtablenkung auf den fotografischen Platten als eine Abweichung um einen sechzigstel Millimeter nachweisbar war.

Die Messung mit dem Mikrometer bestätigte meine Vorhersage.

Am 25. Oktober hat mich die Königliche Akademie in Amsterdam feierlich empfangen. Lorentz verkündete dort, dass zwei englische Expeditionen meine Allgemeine Relativitätstheorie bestätigt hätten. Es handelte sich allerdings um eine inoffizielle Mitteilung, weshalb sie im Sitzungsprotokoll der Akademie nicht vermerkt wurde.

Am 6. November vernahmen dann die Mitglieder der Royal Society in London aus dem Mund von Arthur Eddington selbst, dass die gemessene Lichtablenkung durch die Sonne dem von meiner Theorie vorhergesagten Wert von 1,75 Bogensekunden fast genau entsprach. Man erzählte mir, dass die Spannung im Saal so groß gewesen sei wie bei der Aufführung eines Shakespeare-Dramas. Jeder, der in der englischen Wissenschaft Rang und Namen hatte, war anwesend. Joseph John Thomson, der Präsident der Royal Society und Nachfolger Newtons, hielt eine bewegende Rede, in der er die Entdeckung als das größte wissenschaftliche Ereignis seit Newton pries und meine Theorie »eine der höchsten Errungenschaften des menschlichen Denkens« nannte.

Am nächsten Tag hatte sich die Neuigkeit bereits wie ein Lauffeuer durch die ganze Welt verbreitet. Überall berichteten die Zeitungen davon. Plötzlich war ich nicht mehr Professor Einstein aus Berlin, sondern »eine neue Größe der Weltgeschichte: Albert Einstein, dessen Forschungen eine völlige Umwälzung unserer Naturbetrachtung bedeuten«. Eine kleine Sonnenfinsternis hatte genügt, um meiner Theorie zu mehr Anschaulichkeit zu verhelfen, sodass sie nicht mehr als eine bloße mathematische Abstraktion betrachtet wurde. Man stellte mich nicht nur in eine Reihe mit Newton, wie dies J. J. Thomson getan hatte, sondern auch mit Euklid, Aristoteles, Kopernikus, Kepler und Darwin. Die Journalisten und Fotografen drängelten sich vor meiner Haustür. Nach dem schrecklichen Blutvergießen des Ersten Weltkriegs hatten die Menschen allem Anschein nach das Bedürfnis, sich fernen Welten zuzuwenden. Die erbärmlichen Konflikte, die unseren kleinen Planeten erschütterten, verloren an Bedeutung, wenn man zu den Sternen hochblickte.

Mit einem Mal stand ich im Licht der Öffentlichkeit. Mir wurde ein Ruhm zuteil, wie ihn sich die meisten Menschen nur erträumen können. An meine Mutter schrieb ich:»Heute eine freudige Nachricht. H. A. Lorentz hat mir telegrafiert, dass die englischen Expeditionen die Lichtablenkung an der Sonne wirklich bewiesen haben.« Wahrscheinlich freute sie sich über meinen Erfolg mehr als ich selbst. Sollte ich jemals geglaubt haben, dass Ruhm glücklich macht, dann wäre ich wahrscheinlich sehr enttäuscht gewesen. Ich fühlte mich nicht anders als einen Tag zuvor. Ich hatte immer noch heftige Bauchschmerzen.

Max Planck gratulierte mir:

»Damit ist es Ihnen geglückt, ein neues Band zwischen Schönheit, Wahrheit und Wirklichkeit zu stiften. Sie haben mir oft gesagt, dass Sie an dem Ergebnis keine Zweifel hätten, aber dennoch ist es sehr befriedigend, dass diese Expedition den Tatsachenbeweis erbringen konnte.«

Von überall auf der Welt erhielt ich Einladungen. Meine Post war so umfangreich, dass ich fast alle Briefe unbeantwortet in den Papierkorb werfen musste. Die Zeitungen brachten Sensationsmeldungen, die nichts mehr mit Physik zu tun hatten, sondern aus Science-Fiction-Romanen zu stammen schienen. Man stellte mir dumme Fragen wie zum Beispiel:»Wenn der Raum endlich ist, Herr Professor Einstein, können Sie uns dann mitteilen, was sich hinter dem Ende des Universums befindet?« Zahlreiche Bücher über die Relativitätstheorie wurden angekündigt, deren Verfasser Max Born, Erwin Freundlich, Arthur Eddington, aber auch mehr oder weniger fachkundige Physiklaien waren. Da man mit sich selbst immer am besten fährt, habe ich mich bereit erklärt, in der Londoner *Times* meine Theorie höchstpersönlich zu erläutern.

Zunächst bedankte ich mich bei den Engländern, dass sie den Mut gehabt hatten, mitten im Krieg zwei Expeditionen vorzubereiten, die die Theorie eines deutschen Wissenschaftlers empirisch überprüfen sollten. Für mich war dies der Beweis dafür, dass die Brücken zwischen den Wissenschaftlern in den beiden Ländern nicht abgebrochen waren. Eine Versöhnung zwischen den Völkern sei möglich. Hoffentlich war auch der Teil des Artikels, in dem ich die Relativitätstheorie erläuterte, für die Leser der *Times* verständlich. Ich gab dort einen kurzen Überblick der Geschichte der Physik – von Galilei bis Newton, von Maxwell bis Lorentz. Die Konstanz der Lichtgeschwindigkeit anzuerkennen, ohne die Begriffe von Raum und Zeit zu verändern, sei unmöglich. Danach beschrieb ich den nicht-euklidischen Raum der Allgemeinen Relativitätstheorie. An den Schluss meines Artikels stellte ich folgende, halb ernst, halb scherzhaft gemeinte Bemerkung, in der ich »noch eine Art Anwendung des Relativitätsprinzips« gab: »Heute werde ich in Deutschland als ›deutscher Gelehrter‹ und in England als ›Schweizer Jude‹ bezeichnet. Sollte ich aber eines Tages als *bête noire* gelten, dann wäre ich umgekehrt für die Deutschen ein ›Schweizer Jude‹ und für die Engländer ein ›deutscher Gelehrter‹.« Ich ahnte nicht, wie sehr sich dieser Scherz als düstere Vorahnung erweisen sollte.

Nicht nur ich selbst, auch meine Kollegen machten Scherze mit meiner Theorie. Die seltsamen Gesetzmäßigkeiten, die sich daraus ableiten ließen, bereiteten den Physikern viel Spaß. So erklärte zum Beispiel Arthur Eddington vor den Studenten in Cambridge, dass seine Körpergröße von sechs Fuß auf drei Fuß schrumpfen würde, wenn er mit 250 000 Kilometern pro Sekunde reisen würde. Joseph John Thomson riet allen Mathematiklehrern, ihren Unterricht lieber im fünften Stock als im Erdgeschoss abzuhalten, da der Raum mit größerem Abstand vom Erdmittelpunkt immer stärker den Gesetzen der euklidischen Geometrie gehorche. Ein englischer Verleger veröffentlichte eine Parodie von *Alice im Wunderland*, in der Raum und Zeit ihr alle möglichen Streiche spielten. Die Zeitungen und Zeitschriften waren voller Nonsens-Gedichte über Einstein und seine Theorien. Hier mein Lieblingsgedicht:

»There was a young lady called Bright
Whose speed was much faster than light.
She went out one day
In a relative way
And came back the previous night.«*

Paul Ehrenfest, bei dem ich 1920 ein paar Wochen auf Besuch war, sagte mir, dass ich zu einer Figur in jüdischen Witzen geworden war, ähnlich wie Rothschild. Da wusste ich, dass ich wirkliche Berühmtheit erlangt hatte. Er erzählte mir folgenden Witz:

»Ein alter Jude fragt eines Tages seinen Enkel, einen sehr pfiffigen Studenten: ›Sag mal, wer ist denn dieser Einstein, über den alle Zeitungen berichten? Und was hat es mit dieser Relativität auf sich?‹ — ›Einstein ist der größte Wissenschaftler unserer Zeit. Und die Relativitätstheorie, ähm... das ist nicht ganz einfach. Ich will es versuchen... Eine Stunde mit einem hübschen Mädchen vergeht wie eine Minute, aber eine Minute auf einem heißen Ofen erscheint wie eine Stunde. Daran sieht man: ›Alles ist relativ!‹ Der Großvater ist erstaunt. Er denkt nach und murmelt in seinen langen weißen Bart. Schließlich wendet er sich wieder an seinen Enkel: ›Sag mal... kann dieser Einstein davon wirklich leben?‹«

Elsa schnitt mir zwar regelmäßig die Haare, aber ich kämmte mich nur selten. Den Karikaturisten der Boulevardzeitungen bereitete es den allergrößten Spaß, mich als zerstreuten Gelehrten mit zerzausten Haaren und einem riesigen Schnauzer abzubil-

---

* Das Gedicht erzählt von einer jungen Frau, die schneller als der Blitz war. Eines Tages hatte sie etwas über die Relativitätstheorie gelesen, sie ging aus – und kam in der Nacht davor zurück.

den. Auf einer der Witzzeichnungen fragte eine Frau diesen Einstein bei Tisch, was er denn so treibe:

»Ich widme mich dem Studium der Physik.«

»Tatsächlich? In Ihrem Alter? Ich hatte meinen Physikunterricht schon mit achtzehn Jahren hinter mir.«

*

Ich reiste in verschiedene Länder Europas, um dort Vorträge zu halten. Auf diese Weise kam ich auch nach Dänemark, wo ich den Physiker Niels Bohr kennen lernte, der die Quantentheorie in Regionen führte, in die ich ihm und seinen Kollegen nicht mehr zu folgen bereit war. Als ich ihn das erste Mal sah, wirkte er auf mich wie eine Mischung aus einem großen Jungen und einem skandinavischen Bauern.

»Sie scheinen mir doch ein recht vernünftiger Mann zu sein, Bohr. Deshalb kann ich nicht verstehen, wie Sie zulassen können, dass diese Atome machen, was sie wollen. Wie können Sie es einfach hinnehmen, dass diese Wirklichkeit sich unserem Wissen entzieht?«

»Sie sind ein Theoretiker, Einstein. Sie erarbeiten eine Theorie, die möglichst einfach und elegant sein soll, und dann überprüfen Sie, ob diese Theorie mit der Wirklichkeit übereinstimmt. Mein Weg ist gerade umgekehrt. Ich beginne mit dem Experiment und der Beobachtung. Wenn meine Ergebnisse dann zu keiner Theorie passen wollen, was kümmert mich das?«

Unsere unterschiedlichen Vorstellungen von der Wissenschaft hinderten uns jedoch nicht daran, die besten Freunde der Welt zu werden…

Um ehrlich zu sein, Miss Peggy, unternahm ich diese Vortragsreisen hauptsächlich zu meinem Vergnügen. Nachdem ich jahrelang Tag und Nacht gearbeitet hatte, war ich der Meinung, mir solche Ferien redlich verdient zu haben. Aber ich hoffte auch, zur Völkerverständigung beitragen zu können.

Meine Feinde in Deutschland kritisierten meinen »Internationalismus«. In Zeitungsartikeln warfen sie mir meine vielen Auslandsreisen vor. Wie konnte ich nur denjenigen die Hand reichen, die das besiegte Deutschland in die Hungersnot trieben?

Ich behaupte, ein Vertreter der deutschen Wissenschaft zu sein, aber in Wirklichkeit hätte ich vor vielen Jahren meine deutsche Staatsbürgerschaft aufgegeben und Deutschland während des Kriegs nicht unterstützt. Bei den Massen suchte ich jetzt nach einer Bestätigung, die mir von den klugen Köpfen meiner Zunft verweigert würde.

Eine »Arbeitsgemeinschaft deutscher Naturforscher zur Erhaltung reiner Wissenschaften e.V.«, die von Philipp Lenard unterstützt wurde, veranstaltete Versammlungen, bei denen die Relativitätstheorie als »wissenschaftlicher Dadaismus« und »Massensuggestion« verunglimpft wurde. Eine Theorie, welche die traditionelle Wissenschaft infrage stellte, konnte in den Augen dieser Schmähredner nicht anders als dekadent, jüdisch und bolschewistisch sein.

Diese dummen Angriffe ärgerten mich. Doch anstatt diese Antisemiten mit Verachtung zu strafen, bemühte ich mich, ihre Vorwürfe zu entschärfen. Ich verfasste einen Artikel für das »Berliner Tageblatt«, in dem ich die Anschuldigungen in entschiedenem Ton zurückwies. Meine Freunde warfen mir danach vor, es sei unter meiner Würde gewesen, solchen Dummköpfen überhaupt zu antworten. Ich besuchte sogar eine »antirelativistische« Veranstaltung dieser Leute. Man hätte sie gleich eine antisemitische Veranstaltung nennen sollen! Ich bin von meinem Sitz aufgestanden und wollte mich zu Wort melden, doch meine Rede ging in einem unbeschreiblichen Radau und Krawall unter. Ich wurde von einer fürchterlichen Wut gepackt. Elsa machte sich Sorgen um meine Gesundheit:

»Du bist viel zu angespannt, Albert. Das ist nicht gut für deinen Magen. Du hast schon wieder Ringe um die Augen.«

»Von einem Tag auf den anderen bin ich zu dem berühmtesten Juden Deutschlands geworden. Wie ein Blitzableiter ziehe ich den ganzen Hass der Antisemiten auf mich. Ich wollte nicht berühmt werden! Jetzt muss ich den Preis dafür bezahlen. Zu teuer bezahlen…«

»Die ganze Aufregung wird sich bald wieder legen. Du darfst diese Angriffe nicht zu ernst nehmen!«

»Wenn du nur Recht hättest, Elsa. Ich befürchte aber, dass es noch schlimmer werden wird. Vielleicht sollte ich doch den Vorschlag von Paul annehmen und nach Leiden gehen. Auch die Universität von Cambridge hat mir eine Professur angeboten. Ich könnte dort mit Rutherford arbeiten. Er mag mich persönlich nicht besonders, aber er ist ein sehr fähiger Wissenschaftler.«

»Du vergisst, dass du kein Englisch kannst.«

»Dann werde ich es lernen. Auch du wirst es lernen. England soll ein schönes Land sein.«

Arnold Sommerfeld, inzwischen Präsident der Deutschen Physikalischen Gesellschaft, bat mich, nicht zu »desertieren«. Er versicherte mir, dass ich mit der Unterstützung aller bedeutenden Physiker Deutschlands rechnen könne. Philipp Lenard sei ein Einzelfall. Max Planck schrieb mir, dass ich nicht die Gesamtheit der deutschen Physiker für die Irrmeinungen einiger weniger bestrafen dürfe. Der Schriftsteller Stefan Zweig und der Theaterregisseur Max Reinhardt ergriffen zu meiner Verteidigung das Wort.

Ein Journalist fragte mich, ob ich Deutschland tatsächlich verlassen wolle.

»Keiner sollte sich wundern, wenn ich es wirklich täte«, antwortete ich. »Ich komme mir vor wie ein Mann, der sich in ein prächtiges Bett gelegt hat und von Wanzen gepiesackt wird. Wohlgemerkt, ich habe mich noch nicht entschieden. Lassen Sie uns abwarten, wie sich die Dinge weiterentwickeln…«

Schließlich bin ich in Berlin geblieben. Die Demokratie der Weimarer Republik war ein junges, anfälliges Gebilde. Sie brauchte so viel Unterstützung wie nur möglich. Ich durfte sie nicht im Stich lassen. Mein Ruhm ermöglichte es mir, mich mit großem öffentlichen Widerhall für die Demokratie und den Frieden einzusetzen. Ich durfte mich dieser Verantwortung nicht entziehen.

Meine Nachmittage verbrachte ich meistens beim Segeln auf einem See am Stadtrand von Berlin. Ich hoffte, dadurch mein seelisches Gleichgewicht wiederfinden zu können. Am Abend musizierte ich mit Freunden. Wenn ich auf meiner Geige die Musikstücke von Bach oder Beethoven spielte, konnte ich nicht mehr alle Deutschen verdammen.

Auch nach Prag war ich zu einem Vortrag eingeladen. Ich traf dort Philipp Frank wieder, meinen Nachfolger an der Deutschen Universität. Er hatte gerade geheiratet, aber noch keine Wohnung für sich und seine Ehefrau gefunden. Deshalb hausten sie vorübergehend in seinem Büro an der Universität, das früher mein Büro gewesen war. Sie überließen mir das Zimmer und übernachteten im Chemielabor auf der anderen Seite des Gangs. Vor dem Krieg hatte Prag zur österreichisch-ungarischen k. u. k. Monarchie gehört und die deutsche Minderheit hatte an den Schalthebeln der Macht gesessen. Inzwischen war die Tschechoslowakei gegründet worden und die Deutschen waren zu einer Randgruppe geworden. Die deutschen Prager Zeitungen nutzten meinen Besuch, um in ihren Artikeln »die Überlegenheit des deutschen Geistes« zu feiern. Doch ich wollte nicht als angeblicher Beweis für die Überlegenheit der Deutschen missbraucht werden. Ich wollte auch nicht als Angehöriger einer angeblichen »jüdischen Rasse« vorgestellt werden. Ich wollte Albert Einstein sein, das war alles.

Philipp Franks Ehefrau war erstaunt darüber, dass ich nur eine kleine Reisetasche dabeihatte. Darin befanden sich eine Hose und ein Hemd zum Wechseln, sonst nichts.

»Ist Ihnen vielleicht ein Gepäckstück verloren gegangen, Herr Einstein?«

»Ähm, nein, ich glaube nicht.«

»Aber wo sind Ihre Socken?«

»Ich trage keine Socken.«

»Und Ihre Hausschuhe?«

»Ach was. Ich brauche keine Hausschuhe. Ich werde hier im Zimmer barfuß gehen.«

»Und Ihr Toilettenbeutel?«

»Tatsächlich? Da haben Sie Recht… Ich muss ganz vergessen haben, ihn einzupacken.«

Normalerweise packte Elsa meinen Koffer, doch wenn ich dann zu viel dabeihatte, ließ ich die Hälfte unterwegs liegen. Bei meiner Rückkehr machte sich Elsa immer über mich lustig:

»Zum Glück sitzt dein Kopf fest auf deinen Schultern. Sonst hättest du ihn auch noch irgendwo vergessen.«

Für den Vortrag hat Philipp Franks Ehefrau dann extra meine zweite Hose gebügelt. Doch leider vergaß ich, sie anzuziehen, und so stand ich im Hörsaal vor den Studenten in einer völlig zerknitterten Hose. Danach wurde mir zu Ehren ein Empfang gegeben, zu dem viele wichtige Persönlichkeiten eingeladen waren. Man bat mich, eine kleine Rede zu halten, aber ich war der Meinung, dass ich an diesem Tag schon genug gesprochen hatte:

»Ich bin mir sicher, dass Sie mich viel besser verstehen werden, wenn ich Ihnen jetzt auf meiner Geige vorspiele, anstatt ein weiteres Mal die Relativitätstheorie zu erläutern…«

Am nächsten Tag kamen verschiedene Studenten zu mir in die Sprechstunde. Einer von ihnen erzählte mir, dass er schon sehr lange darauf gewartet habe, mich persönlich kennen zu lernen.

»Professor Einstein, ich habe Ihre Gleichung $E=mc^2$ eingehend studiert. Werfen Sie bitte einen Blick auf diese Berechnungen und meine Skizze… Ich glaube, ich habe einen Weg gefunden, wie eine riesige Explosion erzeugt werden kann. Der Ausgangspunkt ist die Energie in den Atomen…«

»Das ist kompletter Unsinn. Ihre Skizze und Ihre Berechnungen sind einfach nur dumm. Ich habe keine Lust, mit Ihnen darüber zu diskutieren.«

Dass in den Atomen eine solche ungeheuerliche Energie steckt, Miss Peggy, ist durch meine Formel nicht erst erfunden worden. Wenn ich es nicht entdeckt hätte, dann hätte ein anderer Wissenschaftler es getan. Irgendwann hätten die Menschen, die seit Anbeginn ihr Gesicht der Sonne zuwenden, sich gefragt, wie sie seit so langer Zeit so viel Wärme verstrahlen kann.

Auch Philipp Lenard schien bereits auf den Gedanken gekommen zu sein, dass meine Formel $E=mc^2$, der Satz von der Umwandlung von Masse in Energie, eines Tages von großem Nutzen sein könnte. Wahrscheinlich hatte auch er eine außerordentliche Sprengstoffwirkung im Sinn. Deshalb schrieb er ein Buch, in dem er nachzuweisen versuchte, dass diese Gleichung bereits vor ihrer Vereinnahmung durch die »falsche jüdische Wissenschaft« der Relativitätstheorie von einem österreichischen Physiker namens Hasenöhrl aufgestellt worden sei. Ich hatte Friedrich Hasenöhrl, der zu meinen größten Bewunderern zählte, vor vielen Jahren kennen gelernt. Gegen die Vereinnahmung durch Lenard konnte Hasenöhrl nicht mehr protestieren, denn er war während des Ersten Weltkriegs gefallen.

Von Prag reiste ich nach Wien weiter. Der Grund war mein alter Freund Friedrich Adler, mein ehemaliger Wohnungsnachbar in Zürich. Er hatte sich schließlich doch der Politik und nicht der Physik zugewandt und war schon vor dem Krieg nach Österreich zurückgekehrt. Ich habe Ihnen schon erzählt, Miss Peggy, dass er ein sehr aufbrausendes Temperament hatte. 1916 erschoss er den österreichischen Ministerpräsidenten Graf Stürgkh, weil er ihn für einen Kriegstreiber hielt. Er hoffte, dass Österreich ohne diesen Mann eher zu Friedensverhandlungen bereit sein würde. Adler wurde zum Tod verurteilt, danach jedoch vom Kaiser begnadigt. Die junge österreichische Republik wusste nun nicht so recht, was sie mit dem Häftling anfangen sollte. Man hatte mich gebeten, eine lange physikalische Abhandlung zu beurteilen, die Adler in seiner Gefängniszelle verfasst hatte und in der er beweisen wollte, dass die Relativitätstheorie falsch war. Der Gefängnisdirektor hatte den Eindruck, dass es sich bei dem Schriftstück um das Werk eines Wahnsinnigen handelte. Möglicherweise hatte Friedrich Adler den österreichischen Ministerpräsidenten im Zustand geistiger Verwirrtheit erschossen. Wenn das der Fall war, dann konnte Adler aus dem Gefängnis entlassen und zur Behandlung in eine Irrenanstalt überwiesen werden.

Ich war in großer Verlegenheit: Die Abhandlung wies an mehreren Stellen mathematische Ungenauigkeiten auf und die Argumentation war letztlich falsch – aber sie war nicht der Ausdruck eines kranken Geistes. Ich erklärte, dass Friedrich Adler ein selbstloser, ruhiger, arbeitsamer, gutherziger und gewissenhafter Mensch sei, aber ich vermied es, irgendwelche Aussagen über seinen Geisteszustand zu machen … Friedrich wäre sicherlich sehr wütend gewesen, wenn ich ihn für verrückt erklärt hätte. Im Verlauf des Prozesses hatte er seine Tat mit großem Scharfsinn gerechtfertigt. Viele fortschrittliche Österreicher und vor allem junge Leute bewunderten ihn. Letztlich glaube ich, dass er aus Rücksicht auf seinen Vater Viktor Adler, einem der Gründerväter der jungen Republik Österreich, aus dem Gefängnis entlassen worden ist. Später wurde Friedrich Adler selbst ein bedeutender Sozialistenführer.

Meine Mutter war schwer an Krebs erkrankt. Ich ließ sie zu mir nach Berlin kommen, wo sie von den besten Ärzten versorgt werden konnte. Meine Schwester Maja begleitete sie. Leider starb meine Mutter bereits drei Monate später. Ihre schrecklichen Qualen berührten mich tief. Ich sprach darüber mit meiner Schwester Maja:

»Ich fühle mich ganz erschöpft … Man spürt bis in die Knochen, was die Bande des Blutes bedeuten … Ihr hoffnungsloser

Zustand und ihr unsägliches Leiden, sie in Todesqual zu sehen, ohne helfen zu können… Trost gibt es nicht. Wir müssen diese schrecklichen Schicksalsschläge ertragen, denn sie sind ein Teil des Lebens.«

*

Es kam zu einer erneuten Begegnung zwischen mir und Kurt Blumenfeld, dem führenden Kopf der zionistischen Bewegung in Berlin. Ich legte ihm dar, dass ich zwar nach wie vor gegen jede Art von Nationalismus eingestellt sei, dass ich aber allmählich die politische Notwendigkeit des Zionismus begreife. Ich erklärte mich bereit, mein Ansehen in den Dienst dieses Anliegens zu stellen.

Die Mehrheit der deutschen Juden stand damals dem Zionismus ablehnend bis feindlich gegenüber. Sie betrachteten sich zuallererst als Deutsche – als treue »deutsche Staatsbürger jüdischen Glaubens«. Den wachsenden Antisemitismus wollten sie entweder nicht wahrhaben, oder sie deuteten ihn als nachvollziehbare Reaktion auf die verstärkte Einwanderung osteuropäischer Juden (die im Gegensatz zu ihnen selbst, den deutschen Juden, ungebildet und ungehobelt waren – wie konnten sie da erwarten, dass die »Arier« ihnen Respekt entgegenbrachten?).

Ich erinnere mich noch daran, dass ich damals zu Blumenfeld sagte:

»Ein deutscher Jude, der sich für die Sache des jüdischen Volkes und eine jüdische Heimat in Palästina einsetzt, hört genauso wenig auf, ein Deutscher zu sein, wie ein deutscher Jude, der sich christlich taufen lässt und seinen Namen ändert, deshalb aufhört, ein Jude zu sein.«

Doch gleichzeitig war ich einigermaßen ratlos, was mit diesen Begriffen »Jude« oder »jüdisch« überhaupt gemeint war. Man konnte sich als Jude fühlen, ohne die Rituale des jüdischen Glaubens auszuüben, so wie ich. Wir waren weder eine Rasse noch eine Nation, am ehesten vielleicht eine Gemeinschaft, die bestimmte Traditionen teilte. Verblüffend war nur, dass die anderen, die Nicht-Juden, immer ganz genau zu wissen glaubten, wer wir waren.

Chaim Weizmann, der Führer der Zionistischen Weltorganisation, war russischer Herkunft, Chemiker und englischer Staatsbürger. Während des Kriegs hatte er für England an der Entwicklung neuer Sprengstoffe mitgewirkt, so wie Fritz Haber dies für Deutschland getan hatte. Lord Balfours berühmte Erklärung geschah in Anerkennung von Weizmanns Verdiensten. Blumenfeld erzählte mir, dass Weizmann eine große Reise nach Amerika plane und angefragt habe, ob wir beide ihn begleiten könnten. Es handle sich darum, die amerikanischen Juden von der Notwendigkeit einer Staatsgründung in Palästina zu überzeugen und sie zur finanziellen Mithilfe aufzurufen.

Ich zögerte, das Angebot anzunehmen:

»Ich bin weder ein begabter Redner noch ein Politiker. Wofür sollte ich ihm nützlich sein? Er will sich nur mit meinem Namen schmücken, damit er den reichen Juden dort besser das Geld aus der Tasche ziehen kann.«

»Professor Weizmann hat nicht die Absicht, aus Ihnen einen Politiker zu machen. Er will Sie lediglich bitten, mit Ihrer Autorität als Wissenschaftler in Amerika auf die Bedeutung der Gründung einer hebräischen Universität in Jerusalem hinzuweisen.«

Blumenfeld hat mich dennoch nicht ganz überzeugen können. Ich hatte meine endgültige Entscheidung noch nicht getroffen, da stürmte Fritz Haber in mein Büro an der Preußischen Akademie der Wissenschaften:

»Sie werden doch nicht diesem Weizmann Ihre Unterstützung anbieten! Dem Schlimmsten unter allen Zionisten! Sie sind inzwischen so berühmt, dass Sie zum Repräsentanten aller deutschen Juden geworden sind. Wenn Sie sich jetzt auf die Seite der Engländer und Amerikaner schlagen, dann leisten Sie jenen Vorschub, die die Juden als Verräter am deutschen Volk brandmarken. Dabei haben die deutschen Juden aus Vaterlandsliebe im Krieg ihr Blut vergossen! Sie werden nicht nur sich selbst schaden, sondern das Vorankommen aller Juden an der Universität behindern …«

»Bei dieser Reise geht es um viel mehr als um meine persönliche Karriere«, gab ich zurück. »Es geht um die Zukunft des jüdischen Volkes. Die Gründung einer eigenen hebräischen Universität ist mir ein Herzensanliegen, und dies umso mehr, als ich doch immer wieder sehe, wie die jüdischen Studenten an den deutschen Universitäten behandelt werden.«

Ich war wütend. Ausgerechnet Fritz Haber, der das schreckliche Senfgas entwickelt hatte … Nach seinem kurzen Besuch in meinem Büro stand meine Entscheidung fest. Ich teilte Blumenfeld mit, dass ich zu der Amerikareise bereit sei.

Mit Maurice Solovine, meinem früheren Privatschüler und Mitglied der Akademie Olympia, stand ich immer noch in brieflichem Kontakt. Er lebte inzwischen in Paris. Kurz vor meiner ersten großen Seereise schrieb ich ihm:

»Ich gehe gar nicht gern nach Amerika, sondern tue es nur im Interesse der Zionisten, die für die Bildungsanstalten in Jerusalem Dollars erbetteln müssen, wobei ich als Renommierbonze und Lockvogel dienen muss … Ich tue, was ich nur kann, für meine Stammesbrüder, die überall so gemein behandelt werden.«

Am 21. März 1921 schiffte ich mich zusammen mit Elsa und Kurt Blumenfeld auf der *Rotterdam* ein. In London stieg Chaim Weizmann zu. Er hatte das Gesicht eines gutmütigen russischen Bauern, mit Schnurrbart und Leninbärtchen. Ich wollte ursprünglich eine Schiffsfahrkarte III. Klasse, um den Aufbaufonds für die Hebräische Universität in Jerusalem so wenig wie möglich zu belasten, doch Weizmann besorgte für die ganze Reisegesellschaft Kabinen in der I. Klasse. Er war der Meinung, dies gehöre sich so für eine offizielle Delegation der Zionistischen Weltorganisation.

Als das Schiff in den Hafen von New York einlief, legte ein Schnellboot an unserem Ozeandampfer an. Dutzende von Journalisten und Kameramännern stiegen an Bord und stürzten sich auf mich. Ehrlich gesagt habe ich gar nicht sofort begriffen, dass sie tatsächlich mich meinten. Warum? Ich war auf einen solchen Empfang überhaupt nicht vorbereitet. Sie fragten mich sofort nach meiner Relativitätstheorie und baten mich, sie in drei kurzen Sätzen für die amerikanische Leserschaft zu erklären. Allmählich hatte ich schon etwas Routine, was die Beantwortung dieser Frage betraf. Die amerikanischen Journalisten waren nur noch direkter und hatten es noch eiliger als ihre europäischen Kollegen. Meine Antwort lautete wie folgt:

»Erlauben Sie mir, meine Theorie auf ungewöhnliche und, wie ich hoffe, für Sie amüsante Weise zusammenzufassen… Früher hat man geglaubt, wenn alle materiellen Dinge aus dem Weltall verschwänden, so blieben nur noch Raum und Zeit übrig. Nach der Relativitätstheorie aber verschwinden Zeit und Raum mit den Dingen.«

Die Journalisten waren hocherfreut über diese Erklärung. Als sie Elsa fragten, ob sie denn meine Theorie verstehen würde, antwortete sie:

»Nein, meine Herren, aber ich bin trotzdem glücklich.«

Dann richteten die Journalisten die gleiche Frage an Chaim Weizmann, der sich sehr geistreich aus der Affäre zog:

»Auf der Überfahrt hat mir Einstein täglich seine Theorie erklärt, und bei der Ankunft war ich überzeugt, dass er sie verstanden hat.«

Auf dem Kai erwartete uns eine ziemlich große Menschenmenge. Der Bürgermeister von New York höchstpersönlich war gekommen, um uns zu begrüßen. Ich trug meinen alten Mantel und ganz normale Kleidung, wie alle Tage. In der einen Hand hatte ich meine Pfeife und in der anderen meinen Geigenkasten. In den Zeitungsartikeln stand zu lesen, ich habe wie ein Künstler gewirkt. Dieser Vergleich gefällt mir immer noch. Wenn ich eine Formel erfinde, um neue Sachverhalte zu erklären oder bereits bestehende Theorien zu vereinfachen, dann werde ich nicht nur von der leidenschaftlichen Suche nach Wahrheit angetrieben, sondern ich befinde mich in einem Zustand, der mit meinen Empfindungen während des Musizierens vergleichbar ist. Künstler und Wissenschaftler versuchen beide, die Grenzen der menschlichen Existenz zu überschreiten.

Als das Schiff am Kai anlegte, war Elsa viel aufgeregter als ich: »Schau bloß, Albert, alle diese Menschen sind wegen dir gekommen!«

»Na und? Einen siegreichen Boxer feiern sie genauso…«

Ich nahm mit Weizmann an großen zionistischen Versammlungen teil. Er führte meistens das Wort und ich saß schweigend neben ihm. Doch wurde immer wieder betont, dass meine Anwesenheit auf die Zuhörer einen großen Eindruck gemacht habe. Ich glaube, dass sie in mir den Inbegriff des jüdischen Intellektuellen sahen, den zerstreuten Professor, der nur in seinen Büchern lebt und mit der Wirklichkeit nicht zurechtkommt. Die Veranstaltungssäle waren immer ganz voll, das Publikum klatschte heftig Beifall, aber unsere gemeinsame Rundreise brachte nicht so viel Geld ein, wie Weizmann sich dies erhofft hatte.

Ich hielt auch mehrere Vorträge über die Relativitätstheorie an amerikanischen Universitäten und anderswo. Selbstverständlich sprach ich Deutsch und eine Dolmetscherin übersetzte alles, was ich sagte, ins Englische. Die Studierenden wirkten viel weniger ernst als in Europa. Sie lachten laut, wenn ich die schwarze Tafel nicht richtig abwischte oder nach meiner Brille suchte. An der Universität von Princeton berichtete man mir von einem Professor, dem es angeblich gelungen sei, mithilfe eines sehr komplizierten Apparates die Existenz des Äthers zu beweisen, womit meine Relativitätstheorie widerlegt gewesen wäre. Diese Nachricht, die sich bald als falsch erweisen sollte, beunruhigte mich wenig. Alle Zeitungen druckten meine Antwort ab:

»Raffiniert ist der Herrgott, aber boshaft ist er nicht.«

Wir verbrachten fast drei Monate in Amerika. Ich wurde sogar vom damaligen Präsidenten der Vereinigten Staaten, Warren G.

Harding, im Weißen Haus empfangen. Er behandelte mich, als ob ich der offizielle Repräsentant des jüdischen Volkes sei. Eine solche Ehre stand mir meiner Meinung nach nicht zu. Ich wurde sogar als »neuer Kolumbus der Naturwissenschaften, der einsam durch die fremden Meere des Denkens fährt« gefeiert. Ihre Landsleute, Miss Peggy, können manchmal ganz schön übertreiben, aber sie wirkten auf mich frischer und energiegeladener als die Europäer. Schon auf dieser ersten Reise bemerkte ich außerdem, dass die Frauen in Amerika emanzipierter und interessanter sind.

Als ich mit den amerikanischen Juden zusammentraf, die aus allen möglichen osteuropäischen Ländern in die Vereinigten Staaten eingewandert waren und dort die Bräuche ihrer Vorfahren beibehalten hatten, hatte ich das erste Mal in meinem Leben den Eindruck, das wirkliche jüdische Leben und das wirkliche jüdische Volk kennen zu lernen.

Die Zeitungen berichteten damals nicht nur über mich, sondern auch über Thomas Edison, den großen Erfinder. Seine lautstarke Kritik am amerikanischen Bildungssystem sorgte für große Diskussionen in der Öffentlichkeit. Seiner Meinung nach taugten die Universitäten nichts, weil dort keine nützlichen Kenntnisse unterrichtet wurden. Er hatte einen Fragebogen zu allen wichtigen Tatsachen verfasst, über die man Bescheid wissen musste. Die Journalisten legten mir diesen Fragebogen vor:

»Hier die erste Frage, Mr Einstein… Wie groß ist die Schallgeschwindigkeit?«

»Das kann ich Ihnen nicht sagen, meine Herren. Ich will mein Gedächtnis nicht mit Fakten belasten, die ich in jedem Lehrbuch nachschlagen kann!«

Die Reise wäre für mich sehr anstrengend gewesen, wenn ich Elsa nicht dabeigehabt hätte. Sie war meine Managerin. Sie hielt mir die Journalisten vom Leib, wenn ich genug von ihnen hatte. Sie sagte dann einfach, ich sei zu müde. Wegen meines emp-

findlichen Magens achtete sie darauf, dass ich mich richtig ernährte. Vor Empfängen und Vorträgen ließ sie nicht locker, bis ich meine Kleidung gewechselt hatte. Weizmann war voller Bewunderung (vielleicht war er auch ein wenig neidisch):
»Ihre Elsa kümmert sich wirklich vorbildlich um Sie.«
»Meinen Sie? Wenn die Frauen bei sich zu Hause sind, dann sind sie andauernd mit ihren Möbeln beschäftigt. Ununterbrochen muss umgeräumt und abgestaubt werden. Auf Reisen bin ich das einzige Möbelstück – und deshalb kann meine Frau gar nicht anders, als sich den ganzen Tag mit mir zu beschäftigen. In Ermangelung anderer Gegenstände versucht sie dann, mich aufzupolieren.«

*

Auf dem Rückweg haben wir England besucht. Auch der Astronom Erwin Freundlich hielt sich dort auf. Da seine Mutter Engländerin war, beherrschte er die Sprache perfekt und konnte mein persönlicher Dolmetscher sein. Ich lernte nicht nur englische Zionisten kennen, sondern auch Lords, Studenten aus Oxford und Cambridge, außerdem J. J. Thompson und zahlreiche andere Wissenschaftler. Bei einem Diner war der Erzbischof von Canterbury mein Tischnachbar, und er stellte mir eine unerwartete Frage:
»Ich habe mehrere Bücher über Ihre Theorie zu lesen versucht, Mr Einstein. Ich muss Ihnen leider mitteilen, dass ich davon überhaupt nichts verstanden habe. Was ich aber gerne wissen würde, und deshalb frage ich Sie jetzt persönlich, ist, ob die Relativitätstheorie Auswirkungen auf die Religion hat.«
»Aber nein. Es handelt sich um eine rein wissenschaftliche Theorie, die nichts mit Religion zu tun hat. Die Physik erlaubt uns, das Universum zu verstehen, aber sie hilft uns nicht dabei, zu entscheiden, welches Ziel wir in unserem Leben verfolgen sollen. Das ist die Aufgabe der Religion. Sie gibt dem Leben einen Sinn und ein Ziel. Angeblich will sie davon durch göttliche

Offenbarung erfahren haben, aber mir scheint, dass wir dieses Wissen eher den starken Persönlichkeiten verdanken, die den verschiedenen Religionen ihre Richtung gegeben haben.«

In der Westminster Abbey habe ich auf dem Grab von Newton einen Blumenstrauß niedergelegt. Ich machte auch die Bekanntschaft des Mannes, dem ich meine weltweite Berühmtheit verdankte: des Astronomen Sir Arthur Eddington. Aber auch John Rayleigh traf ich wieder, den ich auf dem ersten Solvay-Kongress kennen gelernt hatte. Sogar bei Baron Rothschild war ich eingeladen, wo ich mit meinem Witz über den Bettler großen Erfolg hatte... Alle Zeitungen hoben hervor, wie wichtig mein Besuch für die notwendige Versöhnung zwischen England und Deutschland gewesen sei.

1922 lud mich Paul Langevin, ebenfalls einer meiner alten Bekannten vom ersten Solvay-Kongress, zu einem Vortrag an das Collège de France nach Paris ein. Er war ein genauso überzeugter Pazifist wie ich und hatte sich für dieses Vorhaben der Unterstützung des Mathematikers Paul Painlevé versichert, der früher französischer Kriegsminister und sogar Regierungschef gewesen war. Dennoch wusste ich zunächst nicht, ob ich die Einladung annehmen sollte. Frankreich und Deutschland waren damals Erzfeinde. Das Wort ›Versöhnung‹, das in England und in den Vereinigten Staaten offen ausgesprochen werden konnte, war in Frankreich immer noch tabu. Möglicherweise würde mir dort ein unangenehmer Empfang bereitet werden, von wenigen fortschrittlich gesinnten Kreisen einmal abgesehen. Auch in Deutschland würde ein solcher Besuch mit Sicherheit einen Skandal hervorrufen. Ich fragte deshalb den Außenminister Walther Rathenau, den ich durch gemeinsame Freunde kannte, persönlich um Rat. Er war ein sehr bedeutender Mann, der während des Kriegs die deutsche Wirtschaft reformiert hatte (was, um ehrlich zu sein, den Krieg wahrscheinlich noch verlängert hatte). Im Übrigen war er in der Weimarer Republik der Jude mit der höchsten Position im Staat. Nachdem er sich mit den anderen Regierungsmitgliedern beraten hatte, teilte er mir mit, dass ich nach Frankreich reisen solle.

Paul Langevin, der sich um meine Sicherheit sorgte, stellte mir für die Dauer meines Aufenthalts einen »geheimen Unterschlupf« zur Verfügung. Ich teilte die Adresse Maurice Solovine mit und bat ihn, sie niemandem zu verraten. Der Zug von Berlin nach Paris fuhr über Köln und dann durch Belgien. Paul Langevin und Charles Nordman, ein Astronom, der über mich ein Buch mit dem Titel *Einstein und das Universum* verfasst hatte, erwarteten mich an der belgisch-französischen Grenze. Sie waren sehr erstaunt, mich in einem Abteil II. Klasse anzutreffen. Charles Nordman schrieb später einen langen Artikel für die französische Zeitschrift *La Revue des deux mondes*:

»Einstein ist groß, hat breite Schultern und eine leicht gebeugte Haltung. Sein Kopf, dem wir ein ganz neues Weltbild verdanken, fällt sofort auf: Er ist ganz rund und die Stirn ist außergewöhnlich breit und hoch. Sein Mund groß, rot, sinnlich. Seine Nase ist leicht gebogen. Er hat dunkle Augen; ihr ernster, melancholischer Ausdruck steht in deutlichem Gegensatz zu seinem lachenden heidnischen Mund. Sein Blick wirkt abwesend, als sei er aufs Unendliche gerichtet, und leicht verschleiert. Schwarze Haare, die an den Schläfen schon grau meliert sind, fallen lockig in seinen Nacken und über die Ohren. Er ist schlecht frisiert. Insgesamt erweckt er den Eindruck eines jungen Mannes mit romantischer Veranlagung. Man fühlt sich unweigerlich an den jungen Beethoven erinnert. Plötzlich lässt er ein ansteckendes Lachen ertönen und wird dann wieder zum Studenten. Dies war das Bild, das wir von dem Mann erhielten, dessen Geist in die tiefsten Geheimnisse des Universums eingedrungen ist.«

Eine große Menge von Journalisten und Fotografen erwartete uns auf dem Bahnsteig am Gare du Nord, wo wir gegen Mitternacht ankamen. Ich verspürte keinerlei Bedürfnis, mit ihnen zu reden. Langevin befürchtete, dass auch nationalistische Provokateure darunter sein könnten. Deshalb sind wir auf der Seite der Gleise ausgestiegen und haben dann die Metro genommen, so einfach war das.

Am 31. März hielt ich meinen Vortrag am Collège de France. Henri Bergson, Paul Painlevé, Marie Curie und zahlreiche weitere bedeutende Persönlichkeiten waren anwesend. Ich sprach auf Französisch. Wenige Tage später hielt ich eine Gastvorlesung an der Sorbonne.

Was die Aussöhnung zwischen den Franzosen und den Deutschen betraf, so war mein Besuch nur ein halber Erfolg. Die Französische Physikalische Gesellschaft weigerte sich schlichtweg, mich zu empfangen. Die Akademie der Wissenschaften zögerte. Schließlich erklärten dreißig Mitglieder der Akademie, dass sie bei meinem Eintritt den Saal verlassen würden. Sie begründeten dies damit, dass Deutschland noch nicht Mitglied des Völkerbundes sei. Meine Rede an der Akademie wurde deshalb aus dem Programm gestrichen. Mehrere Zeitungen ergriffen für mich Partei: »Wenn Herr Einstein ein Heilmittel gegen Tuberkulose oder gegen Krebs erfunden hätte, würden die dreißig Akademiemitglieder dann auch abwarten, bis Deutschland dem Völkerbund beigetreten ist, bevor sie die Medikamente selber nehmen würden?«

Im Vorfeld meines Besuchs in Paris hatte ein in Frankreich lebender Amerikaner einen Preis von 5000 Dollar ausgesetzt. Es sollte ihn derjenige erhalten, der meine Theorie am besten erklären konnte – und dafür nicht mehr als 3000 Wörter benötigte. Paul Langevin amüsierte sich köstlich darüber:

»Er wird keine Jury für seinen Wettbewerb finden, da alle Physiker Europas daran teilnehmen werden!«

»Ja, ich habe in Berlin schon davon gehört. Alle meine Kollegen wittern ihre große Chance… außer mir. Ich wäre zu einer solchen Heldentat nicht fähig!«

Ein sechzigjähriger Ire, ein Physikamateur, hat schließlich den Preis gewonnen.

Bevor ich Frankreich verließ, besuchte ich noch die Schlachtfelder des Ersten Weltkriegs. Die Landschaft war dort völlig verbrannt, die Dörfer dem Erdboden gleichgemacht. Über dem ganzen Landstrich lag noch der Schatten des Todes. Ich war sehr ergriffen. Ich fröstelte. Kälte kroch in mir hoch. Ich wandte mich zu Paul Langevin:

»Das übersteigt alle Vorstellungskraft. Es ist grässlich, unerträglich. Alle Schüler, alle Studenten aus Deutschland und Frankreich sollten hierher kommen, um am eigenen Körper den Schrecken des Krieges zu spüren.«

In einem Restaurant, das inmitten der Ruinen von Reims eröffnet worden war, erkannten mich zwei französische Offiziere, die an einem Nebentisch saßen, und grüßten mich freundlich. Das hat mir Hoffnung gemacht.

Bei meiner Rückkehr nach Berlin fand ich eine Einladung von Studenten aus Zürich vor. Aber ich wollte mich von den Strapazen der Reise ausruhen und mich außerdem endlich wieder der Physik widmen. Deshalb habe ich einen ablehnenden Brief verfasst, in dem ich erklärte, dass ich ihnen über die Relativitätstheorie nichts Neues zu sagen hätte. Was ich herausgefunden hätte, würden inzwischen schon die Spatzen von den Dächern pfeifen! Außerdem brauchte ich nicht in die Schweiz zu fahren, um dort für den Frieden und die Versöhnung zwischen den Völkern zu werben. Die Schweizer kannten sich damit besser aus als ich.

Am 11. Juni hielt ich eine Rede vor der wichtigsten pazifistischen Gesellschaft Deutschlands. Ich rief dazu auf, alles für die Einheit Europas zu tun. Vor allem hob ich hervor, dass unsere Kinder in den Schulen die Sprachen der Nachbarvölker lernen sollten, um sich besser mit ihnen verständigen zu können. Ich erklärte mich bereit, in einem Komitee des Völkerbundes* mitzu-

---

* Dieses Komitee kann als ein Vorläufer der UNESCO bezeichnet werden.

wirken, das die geistige Zusammenarbeit zwischen den Völkern verbessern sollte.

Am 24. Juni 1922 wurde Walther Rathenau auf offener Straße von zwei antisemitischen Rechtsradikalen erschossen, die ihm vorwarfen, einen Vertrag mit der Sowjetunion unterzeichnet zu haben. Es war ihnen ein Dorn im Auge, dass Rathenau so offen die Versöhnung mit den ehemaligen Kriegsfeinden Deutschlands anstrebte, was als »jüdische Unterwürfigkeit« diffamiert wurde. Der ehemalige Ministerpräsident Philipp Scheidemann, ebenfalls ein Jude, entkam nur knapp einem weiteren Attentat. Es gab Gerüchte, dass auch ich ermordet werden sollte.

Anlässlich des Todes von Rathenau wurde Staatstrauer angeordnet. Die Schulen und Universitäten blieben am Tag seiner Beisetzung geschlossen. Philipp Lenard hielt an der Heidelberger Universität trotzdem seine Vorlesung.

Ich verstand nicht, wie es zu einem solchen Klima der Gewalt gekommen war. Das alles widerte mich an. Ich war nahe dran, alle meine öffentlichen Ämter, sei es in Deutschland, sei es in internationalen Organisationen, niederzulegen, Berlin sofort zu verlassen, mich in der Schweiz oder in Holland ganz auf meine Physik zu konzentrieren und ansonsten ein zurückgezogenes Leben zu führen. Marie Curie, die ich für die Mitarbeit in der Völkerbundkommission für geistige Zusammenarbeit hatte gewinnen können, erklärte mir, dass diese neue Einrichtung meine Unterstützung dringend benötigte. Sie bat mich inständig, nicht aus dem Komitee auszuscheiden. Der Sekretär des Völkerbundes schrieb mir, dass man Deutschland nicht den Barbaren überlassen dürfe.

Ich wusste nicht, was ich tun sollte. Meine innere Unentschiedenheit erhöhte noch meine Angst. Ich weiß nicht, worauf ich damals wartete. Ich war wie gelähmt. In meinem Leben war ich schon häufig umgezogen, nie hatte ich zu irgendeinem Ort eine besondere Bindung entwickelt. Doch jetzt hatte ich den Eindruck, dass ich zögerlich geworden war. Hatte das mit meinem Alter zu tun? Ich wartete auf einen Wink des Schicksals.

Miss Peggy, ich hätte zehn Jahre für meine Forschung gewinnen können, wenn ich bereits 1922 Deutschland verlassen hätte. Doch das Schicksal sandte mir ein anderes Zeichen… Man teilte mir mit, dass die Schwedische Akademie der Wissenschaften mir den Nobelpreis für Physik verleihen würde. Dieses Ereignis verscheuchte die trübsinnigen Gedanken aus meinem Kopf. Meine Kollegen drängelten sich vor meiner Tür, um mir ihre Glückwünsche auszusprechen. Es war nicht der richtige Augenblick, um sie im Stich zu lassen.

Alle glaubten, dass ich jetzt mit einem Schlag sehr reich sein würde, aber ich hatte das Geld bei meiner Scheidung Mileva versprochen. Ich wusste auch nicht so recht, ob ich mich wirklich freuen sollte. Denn ich sollte nicht für meine eigentliche wissenschaftliche Leistung ausgezeichnet werden. Die Mitglieder der schwedischen Akademie hatten ihre Entscheidung lange hinausgezögert. Sie hatten mich bereits 1921 als Preisträger vorgesehen, die Verleihung dann jedoch ausgesetzt. Angeblich konnten sie keinen schwedischen Physiker auftreiben, der in der Lage war, ihnen die Relativitätstheorie zu erklären. Vielleicht wollten sie auch nicht in die Auseinandersetzungen einbezogen werden, die durch die Polemiken von Philipp Lenard heraufbeschworen worden waren. Schließlich machte ein Akademiemitglied den Vorschlag, mir den Preis für meine Entdeckung des fotoelektrischen Effekts zu verleihen – das heißt für einen Nebenaspekt meiner Schrift von 1905, in der ich die Lichtquanten-Hypothese entwickelte. Der Preis wurde mir dann 1922 für das Jahr 1921 verliehen. Philipp Lenard ließ eine Verlautbarung veröffentlichen, in der er triumphierte: Das Nobelpreiskomitee sei wie er der Auffassung, dass meine Relativitätstheorie wissenschaftlich unhaltbar sei, deshalb würdige sie mich nicht dafür, sondern für eine andere Arbeit!

Zwischen Deutschland und der Schweiz kam es wegen des

Nobelpreises zu einem dümmlichen Streit, da jedes der beiden Länder sich damit brüsten wollte. Die deutschen Juristen erklärten, dass ich durch die Aufnahme in die Preußische Akademie der Wissenschaften automatisch die deutsche Staatsbürgerschaft erworben habe, woraufhin ihre Schweizer Kollegen nachwiesen, dass ich meine Schweizer Staatsbürgerschaft niemals aufgegeben hatte.

Einerseits wurde ein Student, der mir Morddrohungen ins Haus geschickt hatte, zu einer lächerlich niedrigen Geldstrafe verurteilt, einer Summe von ungefähr fünfzehn Dollar. Andererseits stritten die Deutschen und die Schweizer sich um meine Person wie um ein nationales Kulturgut – ohne dass sie mich selbst um meine Meinung dazu befragt hätten. Zur Emigration aus Deutschland konnte ich mich zu diesem Zeitpunkt nicht entschließen. Aber ich konnte trotzdem diesen absurden Streitereien entfliehen und mich zugleich vor der Gefahr eines Attentats schützen: Ein japanischer Verlag lud mich zu einer Vortragsreise durch Japan ein. Die Schweden baten mich inständig, in Europa zu bleiben, um im Dezember 1922 den Nobelpreis entgegenzunehmen. Ich zog die Einladung nach Japan vor.

Elsa und ich reisten nach Zürich und dann nach Marseille, wo wir im Oktober an Bord des Ozeandampfers *Kitano Maru* gingen. Die Überfahrt dauerte sechs Wochen, mit Zwischenstopps in Port Said, Colombo, Singapur, Hongkong und Shanghai. Ich hatte mich in Berlin gegenüber meinen zahlreichen Feinden tapfer geschlagen. Doch verdankte ich dies allein einer unglaublichen Willensanstrengung, denn meine körperlichen Kräfte waren erschöpft. Als das ständige Gefühl des Bedrohtseins auf dem Schiff von mir wich, verlangte der Körper nach seinem Recht – und ich wurde krank. Das beunruhigte mich nicht besonders, denn es handelte sich nur um meine altvertrauten Magenschmerzen. Der Bordarzt der *Kitano Maru*, Dr. Hayasi Miyake, hat mich sehr gut medizinisch versorgt. Er konnte sogar etwas Deutsch: »Wir studieren die Medizin aus deutschen Lehrbüchern«, erklärte er mir. Ich musste jedoch etliche Tage in meiner Kabine verbringen und konnte nicht wie vorgesehen an dem Landausflug in Port Said teilnehmen. Elsa hat die Pyramiden ohne mich besichtigt:

»Du hast mir doch darüber etwas erzählt, Albert. Ich kann mich aber nicht mehr genau erinnern. Sind sie auf die große Pyramide gestiegen, um den Umfang der Erde zu messen?«

»Aber nein, Elsa. Es war Eratosthenes, der den Erdumfang gemessen hat, indem er in Alexandria einen Stab in den Boden steckte. Aber sein Vorgänger Thales hat auch einen Stab benutzt und mit ihm die Höhe der großen Pyramide errechnet.«

Das Nichtstun und die Bemühungen des Doktor Miyake taten mir sehr gut. Ich hatte jede Menge Zeitungen und Bücher zum Lesen mitgenommen, wozu ich in Berlin nicht gekommen war. Da ich an die Strenge naturwissenschaftlicher Aufsätze gewöhnt war und selbst Jahre damit verbracht hatte, den verworrenen Stil unzähliger Patentanträge in lesbare Prosa zu übertragen, war ich einigermaßen erstaunt, wie die Journalisten ihre Artikel schreiben konnten, ohne sich im Geringsten um die Bedeutung ihrer Aussagen zu bemühen. Da sie keine Ahnung von Physik hatten und nicht in der Lage waren, meine Theorien und Entdeckungen zu erläutern, hatten sie sich einen Trick ausgedacht, um ihre eigene Unfähigkeit zu bemänteln: Sie behaupteten, dass nur zwölf Personen auf der Welt fähig seien, die Relativitätstheorie wirklich zu verstehen! Als ich diesen Unsinn las, musste ich laut lachen. Ich kannte ziemlich viele Physiker und Studenten, die zu diesem kleinen Kreis von zwölf Personen hinzugezählt werden mussten...

Ein Journalist, der allem Anschein nach fand, dass zwölf Personen immer noch zu viel waren, berichtete von folgendem Wortwechsel, der sich angeblich zwischen ihm und Arthur Eddington abgespielt hat:

»Mr Eddington, man sagt, dass nur drei Personen auf der Welt die Theorie von Albert Einstein verstehen. Was halten Sie davon?«

»Was ich von Einsteins Theorie halte… Aber sagen Sie mir, wer ist die dritte Person?«

Als das Schiff im Hafen von Colombo anlegte, war ich gesundheitlich einigermaßen wiederhergestellt. Wir besichtigten die Stadt in leichten Kutschen, die von kleinen, drahtigen Männern mit Bärenkräften gezogen wurden. Sie trabten mit uns durch die Straßen. Ich schämte mich dafür, an einer so abscheulichen Menschenbehandlung mit schuldig zu sein, konnte aber nichts ändern.

Colombo ist die Hauptstadt der Insel Ceylon, die damals eine englische Kolonie war. Ich fand, dass die Engländer, die sich selbst so gerne als zivilisierte Nation betrachteten, solche Gebräuche aus einem anderen Zeitalter hätten abschaffen müssen.

In Hongkong, einer anderen Kolonie der englischen Krone, lud mich die dortige jüdische Gemeinde zu einem *five o'clock tea* ein. Fast alle diese Familien stammten aus Ägypten oder aus Syrien. Diese unerwartete Begegnung mit Glaubensgenossen am anderen Ende der Welt hat mich tief bewegt. Ich empfand ein Gefühl der Zusammengehörigkeit, als ob diese fremden Juden und ich tatsächlich durch unsere Abkunft vom Stamme Israels besonders miteinander verbunden gewesen seien.

Zwischen Hongkong und Shanghai erhielt ich die offizielle Benachrichtigung, dass mir der Nobelpreis für das Jahr 1921 verliehen worden war. Gleichzeitig wurde Niels Bohr, mein dänischer Kollege, Rivale und Freund, mit dem Physik-Nobelpreis für 1922 ausgezeichnet. Er schrieb übrigens einen ganz reizenden Brief, den ich in Japan erhielt. Darin stand, dass er froh und erleichtert sei, den Preis nicht vor mir bekommen zu haben.

Als unser Ozeandampfer im Hafen von Shanghai einlief, erwartete uns auf dem Kai der Chor der deutschen Kolonie und stimmte uns zu Ehren *Deutschland, Deutschland über alles* an. Dieser Empfang missfiel mir über alle Maßen. Plötzlich wollte ich nur noch ein Schweizer sein.

Japan hat mir sehr gut gefallen. Die Schönheit der Landschaft und die verfeinerten Sitten dieser alten Kultur beeindruckten mich sehr. Auch die große Höflichkeit und Freundlichkeit der Japaner gefielen mir. Ich fühlte mich wohl. Aber leider, wie Sie wissen, liebe Miss Peggy, hat auch dieses Volk später einen Krieg begonnen.

Ich hielt meine Vorträge vor einem großen und sehr aufmerksamen Publikum; zu meinem ersten Vortrag in Tokio kamen mehr als zweitausend Menschen. Der Kaizosha-Verlag, der diese Vortragsreihe veranstaltete, hatte mit mir ein sehr hohes Honorar vereinbart. Bereits bei der ersten Veranstaltung begriff ich, dass der Verleger an mir trotzdem sehr gut verdienen würde: Die Eintrittskarten waren genauso teuer wie für ein Konzert mit dem weltberühmten Tenor Caruso! Dafür bekamen die Zuhörer für ihr Geld auch etwas geboten, denn die Abende dauerten sehr lange. Ich redete ungefähr eine Stunde, aber der Dolmetscher benötigte mehr als drei Stunden, um meinen Vortrag zu übersetzen und mit den Zuhörern zu diskutieren, die viele Fragen stellten. Mir wurde dabei nie ganz klar, ob diese Fragen der Richtigkeit der Übersetzung oder meiner Theorie galten. Jun Ishikawa, der als Dolmetscher auftrat, war ein fähiger Physiker, den ich vor dem Krieg in Zürich kennen gelernt hatte. Wahrscheinlich wollte er mir aus Höflichkeit die Mühe ersparen, selbst auf die Fragen zu antworten. Wenn er jedoch einige davon an mich weiterleitete, dann war ich immer sehr erstaunt darüber, von welcher Sachkenntnis sie zeugten. Ich hatte in der Schweiz und in Deutschland auch mehrere japanische Studenten unterrichtet. Mir schien jetzt, dass ich ihre Fähigkeiten unterschätzt hatte, weil sie nicht imstande gewesen waren, ein halbwegs verständliches Deutsch zu sprechen.

Jun Ishikawa berichtete mir, dass alle Zeitungen Gedichte abdruckten, die mir zu Ehren verfasst worden waren. Zum Chrysanthemenfest, das während meines Aufenthalts gefeiert wurde, erhielt ich sogar eine Einladung in den Kaiserpalast. In Kimonos gewandete Musiker spielten dort klassische japanische Musik, die für meine Ohren sehr seltsam klang. Bach und Mozart sind mir lieber! Man hat mich dem Kaiser, der Kaiserin und dem kleinen Kronprinzen vorgestellt. Alle anwesenden Hofleute und Gäste wollten mir die Hand schütteln. Ich stand so sehr im Mittelpunkt der allgemeinen Aufmerksamkeit, dass ich einen Augenblick lang sogar den Kaiser in den Schatten stellte, der angeblich in direkter Linie von der Sonnengöttin abstammte.

Doktor Hayasi Miyake, der Schiffsarzt der *Kitano Maru*, lud mich zu sich nach Hause ein. Das Fehlen von Möbeln, die Schiebewände aus Papier, die Art und Weise, wie die gesamte Einrichtung perfekt auf die menschlichen Bedürfnisse abgestimmt war – all das faszinierte mich sehr. Die Japaner ziehen an der Haustür die Schuhe aus, damit sie nicht die Reisstroh-Matten beschmutzen, die auf dem Boden ausgelegt sind. Ich hatte eigens Strümpfe mitgebracht, denn man hatte mir gesagt, dass mein Gastgeber es als Beleidigung auffassen würde, wenn ich in seinen Zimmern barfuß ginge.

Während ich einer japanischen Teezeremonie beiwohnte, fand in Stockholm eine Zeremonie ganz anderer Art statt: Der Nobelpreis für Physik wurde in meiner Abwesenheit an den deutschen Botschafter in Schweden überreicht. Als Trost durfte der Schweizer Botschafter auch anwesend sein.

Nach einem sechswöchigen Aufenthalt verließen wir Japan Ende Dezember 1922. Am 1. Februar 1923 legte unser Schiff in Port Said an, und wir bestiegen dort den Zug nach Palästina, wo ich die Hebräische Universität in Jerusalem einweihen sollte, die mit dem Geld amerikanischer Juden erbaut worden war. Der britische Hochkommissar Sir Herbert Samuel war ein gebildeter Mann, der meine Arbeit sehr schätzte. Er bereitete mir einen Empfang wie einem Staatsoberhaupt. Sogar einen Salutschuss aus der Kanone ließ er abfeuern, was mir ziemlich lächerlich vorkam. Mehrere offizielle Diners folgten. Elsa beschwerte sich bei mir:

»Ich bin eine einfache Hausfrau, die es gerne gemütlich hat. Bei diesen steifen Empfängen fühle ich mich nicht wohl. Wenn du nach der falschen Gabel greifst oder irgendeinen anderen

Fauxpas begehst, dann wird das entschuldigt, weil du ein Genie bist. Bei mir heißt es dann: Ihr fehlt es an vornehmer Erziehung!« Glücklicherweise konnten wir aber auch ganz privat durch die Straßen spazieren. Die Geschäftigkeit der Händler, Handwerker und Bauern beruhigte mich: Das Volk von Intellektuellen schien sich schnell an sein neues Leben gewöhnt zu haben. Die Juden hatten in wenigen Jahren eine neue, großartige Stadt errichtet – Tel Aviv. Ich hatte den Eindruck, dass unter den Pionieren, die dieses neue Land aufbauten, ein fröhlicher, kameradschaftlicher Geist herrschte. Die Menschen waren einfach gekleidet (ungefähr so wie ich, erschien es mir), alle duzten sich und tanzten am Samstagabend auf den Straßen.

Auch Jerusalem hat als Stadt meine Erwartungen keineswegs enttäuscht. Ich hatte den Eindruck, dass die verwinkelten Gassen und alten Mauern noch den Geist einer glorreichen und bewegenden Vergangenheit atmeten. Die Anwesenheit zahlreicher tief religiöser Juden wirkte wie die selbstverständlichste Sache der Welt. Den ganzen Tag über zu Gott zu beten, schien mir dennoch eine fürchterliche Zeitvergeudung. Die beste Art und Weise, unserem Schöpfer für den Verstand zu danken, den er uns mitgegeben hat, besteht darin, ihn zu gebrauchen!

Ich habe die Hebräische Universität in Jerusalem feierlich eingeweiht. Nach einem hebräischen Satz, den ich auswendig gelernt hatte, hielt ich eine Rede auf Französisch. Ich bedauerte es, in meiner Jugend nicht Hebräisch gelernt zu haben. Man lud mich ein, in Palästina zu bleiben, um den Anfeindungen und Gefahren, die mir in Berlin drohten, zu entgehen. Mein Herz sagte Ja, aber mein Verstand sagte Nein. Bis heute, Miss Peggy, bin ich kein einziges Mal nach Jerusalem zurückgekehrt.

*

Wir waren beinahe sechs Monate aus Berlin fort gewesen. Ich hoffte, dass in Deutschland die Kriegswunden allmählich vernarben und die extremen politischen Spannungen sich allmählich beruhigen würden. Ich wollte mich endlich wieder an meine Arbeit als Physiker machen, ohne durch Polemiken zu öffentlichen Stellungnahmen gezwungen zu werden und ohne durch Morddrohungen aufgeschreckt zu werden. Aber offensichtlich verkauften sich die Zeitungen besser, wenn darin von mir die Rede war. Kaum war ich nach Berlin zurückgekehrt, wurden Artikel veröffentlicht, die berichteten, ich sei in Russland von den Bolschewiken empfangen worden. Diese falschen Informationen waren sicherlich von Lenard und seinen Kumpanen verbreitet worden.

Damals reiste ich mindestens einmal im Jahr nach Leiden, um Paul Ehrenfest zu besuchen und Vorlesungen an der Universität zu halten. Am 9. November 1923 war ich gerade mit dem Zug in Holland angekommen, als ich erfuhr, dass Adolf Hitler in München versucht hatte, durch einen Putsch an die Macht zu kommen. Sein Versuch war gescheitert, doch mich beunruhigte die ganze Angelegenheit sehr. Ich hatte lange Zeit geglaubt, dass vor allem Preußen für die Gewalttätigkeiten verantwortlich und die politische Situation im Süden Deutschlands entspannter war. Doch Hitler und seine Gesinnungsgenossen hatten sich in München zusammengefunden, der Stadt, in der ich meine Kindheit verbracht hatte. Lenard und die Mitstreiter seiner »antirelativitätstheoretischen GmbH«, wie ich sie zu nennen pflegte, näherten sich schon bald den Nationalsozialisten an. General Ludendorff, der an Hitlers Seite an dem gescheiterten Putsch teilgenommen hatte, war der Bruder von Friedrich Ludendorff, einem Astronomen, der in Berlin mit Erwin Freundlich zusammenarbeitete. Man erzählte mir, dass mein Leben erneut in Gefahr sei. Wieder überlegte ich ernsthaft, ob ich nicht in Leiden bleiben sollte. Wieder einmal schrieb Max Planck mir einen Brief, in dem er mich bat, nach Berlin zurückzukehren. Wieder einmal bin ich zurückgekehrt.

Schließlich blieb ich bis 1933 in Berlin. Hitlers Verhaftung verpasste den Antisemiten einen öffentlichen Dämpfer. Sie ließen mich eine Zeit lang in Ruhe. Ich konnte wieder arbeiten. Von 1905 bis 1915 hatte ich mich aus der Welt so gut wie zurückgezogen, um den Sprung von der Speziellen Relativitätstheorie zur Allgemeinen Relativitätstheorie zu schaffen. Jetzt wollte ich mich erneut in ein solches Abenteuer stürzen: Ich war bereit, zehn Jahre meines Lebens oder mehr auf den Entwurf einer allgemeinen Theorie des Universums zu verwenden, in der die Relativitätstheorie und die Quantentheorie verbunden sein sollten. Der Schlüssel dafür lag im Begriff des Feldes. Ich wollte versuchen, die elektromagnetischen Felder, die durch die Schwingung der Atomteilchen erzeugt wurden, und die Gravitationsfelder als Folge der gekrümmten Raumzeit theoretisch zu vereinen.

Wie Sie wissen, Miss Peggy, ist es mir nicht geglückt, eine solche einheitliche Feldtheorie zu entwerfen. Die Quantentheorie ließ sich nicht mit dem übrigen Lehrgebäude der Physik in Einklang bringen. Je mehr sich die Physiker mit den Atomen beschäftigten, desto seltsamer waren die Phänomene, die sie entdeckten. Louis de Broglie, ein junger Franzose, der zunächst Geschichte studiert hatte, bevor er sich der Physik zuwandte, entwickelte 1923 eine bemerkenswerte Hypothese. Während ich in meinem Aufsatz von 1905 vorgeschlagen hatte, von einer Doppelnatur des Lichts als Welle und als Teilchen auszugehen, erweiterte er diesen Dualismus auf alle Bestandteile des Atoms. Die Elektronen, die Protonen und alle anderen Teile des Atoms, die man im Lauf der Zeit entdeckte, befanden sich demnach in ständiger Schwingung, wie die Saiten einer Geige, und sandten entsprechende Wellen aus. Bevor Louis de Broglie diese große Entdeckung in einer Doktorarbeit veröffentlichte, fragte er Paul Langevin um Rat:

»Ich bin von Einsteins Idee ausgegangen... Was wir *Licht* nennen, ist reine Energie, Teilchen von reiner Energie. Ich dachte mir, dass die Teilchen der Atome sich möglicherweise wie Licht verhalten. Einstein hat dem Licht die Eigenschaften von Materie zugeschrieben – und ich schreibe der Materie die Eigenschaften zu, die für die Wellennatur des Lichts charakteristisch sind. Die statistisch bevorzugten Umlaufbahnen der Elektronen, die von Niels Bohr entdeckt wurden, sind vielleicht nur das Ergebnis der Interferenz ihrer Wellen.«

»Das ist einfach genial… Ich werde sofort an Einstein schreiben.«

Jedes Mal wenn einem jungen Physiker wie dem Franzosen Louis de Broglie oder dem Österreicher Wolfgang Pauli eine bahnbrechende Entdeckung gelang, fühlte ich mich ein Stück älter werden. Ich las Langevins Brief sehr aufmerksam durch und bat ihn, de Broglie meine Glückwünsche zu übermitteln:

»Ich glaube, dass er einen Zipfel des großen Schleiers gelüftet hat.«

Ich veröffentlichte einen Aufsatz, in dem ich mich auf die Hypothese von Louis de Broglie stützte sowie auf eine Methode der Quantenstatistik, die von dem indischen Physiker Satyendranath Bose vorgeschlagen worden war. Darin führte ich aus, dass in bestimmten Fällen die Photonen und die Atome nicht individuell untersucht werden können, sondern nur mithilfe statistischer Messungen bestimmbar sind. Nach der Lektüre meines Artikels entwickelte dann der österreichische Physiker Erwin Schrödinger eine vollständige Theorie des Welle-Teilchen-Dualismus, die so genannte Schrödinger'sche Wellenfunktion. Im 19. Jahrhundert hatte man Welle und Teilchen als begriffliche Gegensätze behandelt. Doch inzwischen war man zu der Auffassung gelangt, dass die elementaren Bestandteile der Materie zugleich Teilchen und Wellen waren. Niels Bohr nannte dies das *Komplementaritätsprinzip*. Die beiden Aspekte der Materie ergänzen sich. Auf welche Weise die Bestandteile der Materie sich uns zeigen, hängt vom Standpunkt des Beobachters ab.

Werner Heisenberg, ein brillanter junger deutscher Physiker, hat diese radikal neue Sichtweise auf die Welt einprägsam auf den Begriff gebracht; laut der Heisenberg'schen *Unschärferelation* ist es nicht möglich, die beiden einander ergänzenden As-

pekte der Materie gleichzeitig exakt zu erkennen. Dieses ver-
fluchte Prinzip stellt ein unüberwindliches Hindernis für unsere
Neugierde als Physiker dar. Es besagt, dass wir entweder den
Ort eines Teilchens, beispielsweise eines Elektrons, bestimmen
können oder seine Geschwindigkeit, aber nie beides gleichzeitig und ganz genau. Selbst der Versuch, ein solches Teilchen
zu beobachten, reicht schon aus, um seine Natur zu verändern.

Ich begriff natürlich, dass das von uns Physikern zur Beobachtung eines Teilchens benutzte Licht diesem Teilchen eine
Energie zuführt, durch die es verändert wird. Doch ich war damit nicht zufrieden. Die Wirklichkeit entzog sich unserer wissenschaftlichen Erkenntnis. Was mich ebenfalls verstörte, war die
Tatsache, dass die jungen Physiker ohne Probleme bereit waren,
auf die Vorstellung von *Kausalität* zu verzichten. Nach dieser
Vorstellung ruft dieselbe Ursache immer dieselbe Wirkung hervor. Bis zu jenem Zeitpunkt war es der Naturwissenschaft stets
gelungen, das Verhalten ihres Gegenstands vorherzusagen.
Man hatte dafür die entsprechenden Formeln herausgefunden.
Man konnte die Umlaufbahn eines Planeten berechnen, die Flugbahn einer Kanonenkugel, den Weg einer Billardkugel. Wenn
eine Billardkugel in einem ganz bestimmten Winkel und mit einer
ganz bestimmten Kraft angestoßen wird, dann ist die traditionelle
Physik in der Lage vorherzusagen, nach wie vielen Sekunden sich
die Kugel an welchem Ort auf dem Billardtisch befinden und mit
welcher Geschwindigkeit sie sich nach einem Aufprall in welche
Richtung fortbewegen wird. Die Quantenphysik dagegen erlaubt
nur die Aussage:»Das Teilchen wird sich mit einer Wahrscheinlichkeit von 60 Prozent in die eine Richtung bewegen und mit
einer Wahrscheinlichkeit von 40 Prozent in die andere.« Dieselbe
Ursache ruft also nicht immer dieselbe Wirkung hervor. Auf der
Ebene ihrer kleinsten Bestandteile war die Materie zu einem
nicht fassbaren Phantom geworden…

1924 war ich fünfundvierzig Jahre alt. Gehörte ich bereits
zum alten Eisen? War ich in meiner Wissenschaft zu einem Opa

geworden, der an überholten Traditionen festhielt? Auf den Tagungen der Physiker zählte ich mit Max Planck zu jenen, welche die neuen Ideen ablehnten. Es war nicht eine Frage des Alters, denn Max Born und Niels Bohr, die sich an die Spitze der neuen Forschungsrichtung gestellt hatten, waren nur drei Jahre bzw. sechs Jahre jünger als ich. Die Debatten, die wir führten, blieben nicht auf die kleine Welt der Physik begrenzt. Auch die Journalisten, Philosophen und Wissenschaftler anderer Fachrichtungen interessierten sich dafür. Miss Peggy, vielleicht studieren Sie Soziologie oder Anthropologie. Dann wissen Sie, dass die Anwesenheit eines Beobachters die Wirklichkeit verändert, die er untersucht. Man könnte also sagen, dass sich die Heisenberg'sche Unschärferelation auch auf die Verhältnisse der Menschen anwenden lässt.

Ich diskutierte häufig mit Max Born, mit dem mich eine enge Freundschaft verband:

»Dass die Natur nicht vernünftig sein soll, kann ich einfach nicht glauben!«

»Sie folgt den Gesetzen der Vernunft – aber es kommt darauf an, auf welcher Ebene du sie betrachtest. Auf der Ebene der Atome jedenfalls folgt sie keinen kausalen Gesetzen, dort herrschen andere Regeln. Stell dir eine große Versicherungsgesellschaft vor... Sie kann ihre Gewinne und Verluste für das kommende Jahr genau vorausberechnen. Doch die Versicherten, denen ein Unglück passiert, werden davon zufällig getroffen. Sie können ihr Schicksal nicht vorhersagen.«

»Wenn wir alle Umstände im Leben eines Versicherten genau kennen würden, dann könnten wir seine Zukunft vorhersagen. Wir können die Reaktion der atomaren Teilchen nur deshalb nicht angeben, weil wir die Gesetze, denen sie unterworfen sind, noch nicht entdeckt haben. Eines Tages wird das der Fall sein, da bin ich mir ganz sicher. Wenn wir die Wahrscheinlichkeit durch das Wissen ersetzt haben, wenn wir eine Erklärung gefunden haben, die so klar und einfach ist, dass sogar ein Kind sie verstehen kann, dann wird die Welt einen großen Seufzer der Erleichterung ausstoßen. Nach der Formel, die diese Erklärung liefert, will ich suchen.«

»Du glaubst immer noch, dass du die Naturgesetze auf objektive Weise untersuchen kannst. Aber das ist unmöglich, Albert. Die Wissenschaft ist subjektiv. Du bist kein Zuschauer bei einem Theaterstück, sondern du bist selbst ein Schauspieler auf der Bühne. Das Atom ist kein Ding, sondern ein Bestandteil einer Beobachtungssituation. Du kannst nicht die objektive Wirklichkeit beschreiben, sondern nur das, was sich zwischen dieser Wirklichkeit und deinen Messinstrumenten ereignet. Wir werden niemals von der Statistik und der Wahrscheinlichkeit befreit sein. Die Ungewissheit steckt in der Materie selbst.«

»Das ist keine Physik mehr, das ist Metaphysik! Ich glaube fest daran, dass die Welt als objektive Wirklichkeit vorhanden ist und dass wir sie erkennen können.«

»Aber du selbst hast das doch alles in deinem Aufsatz von 1905 vorweggenommen. Du hast doch selbst gesagt, dass das Licht als Welle oder als Teilchen betrachtet werden kann…«

»Eine Mutmaßung, nichts weiter… Ich dachte nicht, dass irgendjemand das ernst nehmen würde. Wenn du meine Meinung hören willst: Ich finde, die Quantentheorie verdient allen Respekt. Aber eine innere Stimme sagt mir, dass das noch nicht der wahre Jakob ist. Die Theorie liefert viel, aber dem Geheimnis des Alten bringt sie uns doch nicht näher. Jedenfalls bin ich überzeugt davon, dass *der* nicht würfelt.«

Max Born hat diesen Satz später vor allen möglichen Leuten wiederholt, sodass er als mein berühmtester Ausspruch um die ganze Welt ging. Er hat sich dabei etwas gewandelt. Die es besser wissen wollen als ich selbst, behaupten, ich hätte gesagt: »Der liebe Gott würfelt nicht mit der Welt.« Ich habe vorhin die Journalisten und Philosophen erwähnt. Auch die Theologen hätte ich nicht vergessen dürfen. Als sie mich von Gott sprechen hörten, spitzten sie die Ohren. Auch Max Born war der Meinung, dass die Hartnäckigkeit, mit der ich das Vorhandensein einer objektiven Welt verteidigte, einem Glaubensakt gleichkam. Ich weiß nicht, Miss Peggy, ob ich tatsächlich an einen Gott glaube, aber ich bin fest davon überzeugt, dass die Natur vernünftig und harmonisch aufgebaut ist. Jeder, der sich ernsthaft mit der Physik beschäftigt, muss irgendwann zu der Einsicht gelangen, dass sich in den Gesetzen des Universums ein Geist ausdrückt, der dem unsrigen unendlich weit überlegen ist. Doch ist es für mich genauso offensichtlich, dass dieser überlegene Geist sich nicht um unsere elenden kleinen Existenzen kümmert. Anders gesagt, der Bereich der Moral, der eine ganz wesentliche Rolle im menschlichen Miteinander spielt, steht in keinerlei Bezug zu Gott.

Jedenfalls haben die Theologen durch die moderne Physik einigen Stoff zum Nachdenken geliefert bekommen. Einerseits schuf Heisenberg im Bereich des unendlich Kleinen mit der Unschärferelation Unsicherheit darüber, wie weit unser Wissen reichen kann. Andererseits führten die neuen Erkenntnisse in der Astronomie zu einer grundlegenden Revision unseres Wissens vom unendlich Großen. Mit dem riesigen Weltraumteleskop auf dem Mount Wilson in Kalifornien gelang Edwin Hubble der Nachweis, dass die Milchstraße nicht das gesamte Universum ausmachte, wie man bisher geglaubt hatte, sondern lediglich eine beliebige Ansammlung von Sternen war. Er konnte durch das Teleskop die weißen Flecken, die bis zu diesem Zeitpunkt für eine Art Nebel gehalten worden waren, erstmals genauer betrachten. Dabei entdeckte er in allen Richtungen des Weltraums weitere Galaxien.* Manche befanden sich in sehr, sehr großer Entfernung. Ob ein Stern sich von der Erde fortbewegt oder sich ihr nähert, kann man an der Farbe seines Lichts

* Das griechische Wort »galaxias (kyklos)« heißt »Milchkreis«. Heute wird zwischen »Galaxis« (Milchstraße) und »Galaxie« (Sternensystem) unterschieden.

erkennen. Was glauben Sie nun, Miss Peggy, hat Edwin Hubble festgestellt? – Die Galaxien bewegen sich alle von unserer Milchstraße fort! Und je weiter sie entfernt sind, desto schneller tun sie es! Das bedeutet, dass Hubble durch seine Beobachtungen die Hypothese von der Ausdehnung des Universums bestätigte, die von dem russischen Mathematiker Alexander Friedmann aufgestellt worden war. Sie erinnern sich doch noch an den Vergleich, Miss Peggy, den ich gebraucht habe: Dass das Universum einem aufblasbaren Luftballon gleicht, auf den eine Weltkarte gemalt ist. Auf diesem Globus, der sich beim Aufblasen ausdehnt, rücken die Städte immer weiter auseinander, und je größer die Entfernungen sind, desto schneller geschieht es.

Georges Lemaître – ein junger belgischer Theologe und Mathematiker, der in Boston Astronomie studierte – führte genaue Berechnungen durch, um die beobachtbare Ausdehnung des Universums mit der Relativitätstheorie zu verbinden. Morgen wird das Universum größer sein als heute. Gestern war es kleiner. Vorgestern war es noch kleiner. Lemaître ging in die Vergangenheit zurück, weiter und noch weiter … bis er schließlich bei einem winzigen Universum angelangt war, möglicherweise nicht größer als ein Atom, das jedoch genügend Energie enthielt, um das riesige Weltall hervorzubringen, so wie wir es kennen. Welch seltsames Zusammentreffen, dass ausgerechnet ein Priester in dieser Angelegenheit eine so wichtige Rolle spielte … Lemaître ging tatsächlich bis zur Erschaffung der Welt zurück! Die Urknalltheorie war erfunden. Viel später dann taufte mein Kollege und Freund Fred Hoyle diesen Augenblick den *Big Bang*.

*

Meine Suche nach einer einheitlichen Feldtheorie sollte ergebnislos bleiben. Es gelang mir nicht, die Relativitätstheorie und die Quantentheorie zu verbinden. Ich spürte selbst, dass ich mich dieser Aufgabe nicht mehr mit der gleichen Konzentration und Energie widmete, die ich als Zwanzigjähriger für die Relativitätstheorie aufgebracht hatte. Andere Tätigkeiten beanspruchten einen Großteil meiner Zeit – vielleicht auch als willkommene Ablenkung und Entschuldigung für mein Scheitern.

Die Anzahl der Briefe, die ich erhielt, und der Besucher, die ich empfing, war so groß wie bei einem Fürsten oder einem hohen Minister. Meine Adresse war in aller Welt bekannt: Albert Einstein, Haberlandstraße 5, Berlin. Elsa half mir dabei, unwillkommene Gäste abzuwimmeln, und ihre Tochter Ilse, die vielen Briefe zu lesen und in den Papierkorb zu werfen. Mit dem Baron Rothschild hatte ich inzwischen zwei Dinge gemeinsam: Erstens tauchten wir beide als Figuren in jüdischen Witzen auf und zweitens klingelten viele Bettler an unseren Haustüren. Einer bat mich um die Finanzierung einer archäologischen Expedition ins Herz von Afrika, ein anderer wollte von mir Geld für eine sagenhafte Erfindung, die die ganze Welt verändern würde. Plötzlich saß ich wieder da und überprüfte vollkommen absurde Vorschläge, wie damals in Bern! Meine Post enthielt Baupläne für neue Flugmaschinen, unbekannte mathematische Formeln, ein Rezept zur Senkung des Kohlepreises, eine Methode der Zeitersparnis durch weniger Schlaf, jede Menge Heiratsanträge… Man bot mir ein Vermögen, wenn ich öffentlich erklärte, dass ich ein ganz bestimmtes Eau de Toilette benutzte! Ausgerechnet ich! Spiritistische Zirkel luden mich zum Tischerücken ein, weil sie glaubten, dass die Relativitätstheorie ihre seltsamen Hirngespinste bestätigte. Wenn die Welt nicht war, was sie zu sein schien, dann konnte es genauso gut Gespenster geben. Dann konnten auch Verstorbene als Geister zurückkehren…

Da ich nicht so reich wie Rothschild war, konnte ich den armen Erfindern bei der Verwirklichung ihrer Pläne nicht helfen. Aber ich war stets bereit, einen Blick auf die wissenschaftliche Arbeit eines Studenten zu werfen und ihm ein paar gute Ratschläge zu geben. Leopold Infeld, mit dem ich nach 1937 in Princeton ein populärwissenschaftliches Buch über die *Evolu-*

tion der Physik verfasste, erzählte mir damals, dass er mich bereits zwölf Jahre zuvor in der Haberlandstraße aufgesucht hatte: »Ihre Gattin hat mich damals sehr freundlich empfangen. Ich kam aus Krakau, wo ich studierte. Sie hat mich in ein mit Möbeln und Nippes voll gestopftes Zimmer geführt, wo ich auf Sie gewartet habe...«

»Das stimmt, es standen dort zu viel Möbel und Krimskrams herum. Ich habe das Elsa immer wieder gesagt, aber sie wollte nichts wegwerfen.«

»Sie haben gerade den Erziehungsminister von China empfangen.«

»Das ist gut möglich. Ich erhielt Besuche aus aller Welt. Aus China, Indien, Argentinien... Alle haben mich in ihre Heimatländer eingeladen. Nach Argentinien bin ich dann tatsächlich gereist.«

»Ich war tief bewegt. Sie haben den chinesischen Minister zur Tür begleitet und mich dann zu sich gerufen. Ich erinnere mich, dass Sie einen alten Hausrock trugen...«

»Ein weiterer Anlass zu ständigen Streitereien mit Elsa. Sie wollte immer, dass ich einen ordentlichen Anzug trage, wenn ich Gäste empfing. Frauen machen immer alles so kompliziert.«

»Ich erzählte Ihnen, wie schwierig es für mich sei, mein Physikstudium in Krakau fortzusetzen. Schuld daran sei der Antisemitismus in Polen. Sie sprachen davon, dass es auch in Berlin viele Antisemiten gebe. Dann verfassten Sie für mich ein Empfehlungsschreiben an Max Planck. Ich musste lachen, weil Sie kein Papier gefunden haben, auf das Sie den Brief hätten schreiben können. Wo doch Ihr Arbeitszimmer mit Papieren übersät war! Sie mussten auch lachen. Dieses laute, ansteckende Lachen, das mich so ermutigt hat, habe ich nie vergessen.«

Ich verbrachte keineswegs alle Tage bei mir zu Hause, um Besucher zu empfangen. Ich nahm regelmäßig an den Sitzungen der Preußischen Akademie der Wissenschaften teil und kümmerte mich um das Kaiser-Wilhelm-Institut für Physik, dessen

Leiter ich war. Den Donnerstagnachmittag verbrachte ich an der Universität, wo ein Seminar für sehr fortgeschrittene Studenten stattfand. Den Vorträgen, die sie über ihre wissenschaftlichen Arbeiten hielten, hörte ich gerne zu. Ich glaube, es freute sie sehr, wenn ich meinen Kommentar dazu abgab oder eine Bemerkung machte, die ihnen weiterhalf. Max von Laue hatte außerdem ein Seminar eingeführt, in dem die Professoren der Universität mit Physikern zusammentrafen, die in der Industrie arbeiteten. Sie sollten über unsere Forschungen unterrichtet werden, um sie möglicherweise für praktische Erfindungen nutzen zu können. Im Rahmen dieser Veranstaltung traf ich Max Planck, Walther Nernst, Fritz Haber und Lise Meitner.

Auf den Seen rings um Berlin verbrachte ich viele Stunden im Segelboot. Ich spielte weiterhin auf meiner Geige und besuchte Konzerte. Der Geiger Fritz Kreisler und der Pianist Arthur Schnabel waren meine Freunde. Jedes Jahr reiste ich zu Paul Ehrenfest und seiner Familie nach Holland. Auch Hendrik Lorentz besuchte ich dann bei diesen Gelegenheiten. Leider starb er 1928.

Bei Paul und Tatjana Ehrenfest fühlte ich mich immer sehr wohl. Tatjanas unkomplizierte Gastfreundschaft kam mir sehr entgegen. Ich konnte ausschlafen, so lange ich wollte; wenn ich Hunger hatte, schnitt ich mir einfach etwas Brot und Käse ab, und es hatte niemand etwas dagegen, wenn ich barfuß durch die Wohnung lief. Ich liebte es, mit Pauls Kindern am Strand zu spielen und im Meer schwimmen zu gehen. Paul und ich musizierten miteinander, wie wir es schon in Prag getan hatten. Wir führten viele Gespräche, am liebsten bei Sonnenuntergang, nachdem ich mir eine Pfeife angesteckt hatte. Eine Wand des Wohnzimmers diente als großes Gästebuch: Alle Besucher der Familie hatten dort ihre Unterschrift hinterlassen. Tatjana erklärte mir, dass es sich dabei um einen alten russischen Brauch handelte. Mein Name hatte auf dieser Wand einen Ehrenplatz!

Eines Tages weckte mich Paul mitten aus meinem Nachmittagsschläfchen auf:

»Albert, Albert, die Königin hat gerade angerufen!«

»Die Königin? Welche Königin?«

»Wilhelmine, die Königin der Niederlande. Sie hält sich mit ihrem Gatten und der Königinmutter in Leiden auf. Sie lädt uns heute Abend zu einem Empfang ein.«

»Zum Kuckuck mit dem Empfang! Ich will zuerst noch etwas schlafen.«

»Ähm... In deiner kleinen Reisetasche, hast du da Kleidung für solche Anlässe?«

»Was ich anhabe, taugt für jeden Anlass!«

»Ähm, ja... aber ein Empfang bei der Königin... Ich nehme an, dass du keinen Frack dabeihast?«

»Selbst in Berlin habe ich keinen Frack im Schrank hängen. Wenn es gar nicht anders geht, dann leihe ich mir einen aus.«

»Ich glaube nicht, dass es hier in Leiden einen Frackverleih gibt. Ich werde Tatjana fragen, was wir machen sollen.«

Tatjana telefonierte bei allen Professoren der Universität herum, ausgenommen die Zwerge und die Riesen. Schließlich hatte sie einen Frack in meiner Größe aufgetrieben, zumindest passte er mir so ungefähr. Als wir bei dem Empfang ankamen und sie mich noch einmal musterte, fing sie plötzlich an zu lachen.

»Warum müssen Sie lachen, Tatjana? Was ist denn los?«

»Albert, Sie haben ja keine Socken angezogen!«

»Sie wissen doch, dass ich nie Socken trage. Ich hoffe, die Königin wird es mir nachsehen...«

Die Königin begnügte sich damit, mir die Hand zu schütteln. Ich dachte schon, ich hätte mit dieser kurzen Begrüßung meine Pflicht getan und könnte jetzt in aller Ruhe mit Paul und Tatjana ein Glas Champagner trinken, da rief eine hohe energische Stimme hinter uns her:

»Ihr drei Wissenschaftler da, kommt sofort hierher! Wie wär's, wenn ihr auch einer alten Dame die Hand schütteln würdet? Versucht nicht, mir zu entkommen!«

Es war die Königinmutter. Sie war sehr freundlich und hat mich nicht darum gebeten, ihr die Relativitätstheorie zu erklären.

Da ich die Einladung nach Argentinien angenommen hatte, verbrachte ich die ersten Wochen des Jahres 1925 auf dem Ozean und in Südamerika. Ich hielt in zahlreichen Städten Vorträge über die Relativitätstheorie. Außerdem überzeugte ich eine große Anzahl reicher Juden davon, Geld für die Hebräische Universität in Jerusalem zu spenden. Während dieser Reise entdeckte ich einen großartigen Kontinent, ein wahres irdisches Paradies.

Ach, Miss Peggy, ich hätte trotzdem nicht zu dieser Reise aufbrechen sollen. Statt meine Zeit damit zu vergeuden, immer und immer wieder meine Relativitätstheorie zu erläutern und bei reichen südamerikanischen Juden betteln zu gehen, hätte ich mich besser meinen Forschungen widmen sollen. Nach meiner Rückkehr fühlte ich mich sehr erschöpft. Deshalb sagte ich eine andere Einladung ab, die mich Ende des Jahres erneut aus Berlin fortgeführt hätte. Wäre ich ihr gefolgt, hätte mein weiteres Leben wahrscheinlich eine andere Wendung genommen. Robert Millikan, ein amerikanischer Physiker, dem es auf sehr einfallsreiche Weise gelungen war, die Teilchennatur des Lichts nachzuweisen, und Edwin Hubble, der bedeutende Astronom, hatten im California Institute of Technology, das erst unlängst ins Leben gerufen worden war, eine hochkarätige Forschertruppe um sich versammelt. Sie boten mir an, mich ihnen anzuschließen.

Wenn ich 1925 nach Pasadena gereist wäre, dann hätte ich mich ganz sicher in Kalifornien niedergelassen. Sämtliche Wissenschaftler des Instituts führten Forschungsarbeiten durch, die auf die Relativitätstheorie bezogen waren. Erst 1930 kam es zu meinem Besuch, aber da war es für mich schon zu spät. Ich steckte schon zu tief in meiner Suche nach einer einheitlichen Feldtheorie und war nicht mehr fähig, die richtige Entscheidung zu treffen. Das Schicksal meinte es gut mit mir, als ich jung war, doch später machte es sich lustig über mich. In Deutschland stand ich inzwischen mit meinen Forschungen ganz allein da. Nur Erwin Freundlich interessierte sich noch für die Relativitätstheorie. Während einer deutlich sichtbaren Sonnenfinsternis im Südpazifik war es ihm ebenfalls gelungen, die Lichtablenkung der Sterne durch das Gravitationsfeld der Sonne nachzuweisen. Er hatte hunderte von Sternen fotografiert und mit seinen Aufnahmen die Berechnungen anhand des Bildmaterials von Arthur Eddington endgültig bestätigt. Danach hatte er beschlossen, die von mir vorhergesagte Verschiebung der Spektrallinien riesiger Sternkörper, wie beispielsweise der Sonne, im Bereich des rötlichen Lichts empirisch zu überprüfen und zu beweisen. Er ließ dafür in Potsdam mitten auf dem Universitätsgelände ein neues Observatorium erbauen. Es handelte sich um einen 20 Meter hohen Turm, der später von allen Leuten der »Einsteinturm« genannt wurde. Darin war das große Teleskop untergebracht. Der Architekt Erich Mendelsohn hatte dafür ein sehr modernes Gebäude entworfen. Die Studenten machten ihre Scherze darüber und behaupteten, dass die Formen mit ihren abgerundeten Ecken nicht-euklidisch seien. Zahlreiche Touristen kamen, um den Turm zu besichtigen.

Meine Feinde benutzten den Turm für neue Angriffe: Die »jüdische« Form dieser Architektur, so schrieben sie gehässig, verletze das gesunde deutsche Volksempfinden. Dies beweise einmal mehr, dass ich mit all meinem Tun nur ehrwürdige germanische Traditionen zerstören wolle. Das war vollkommen lächerlich! Ich hatte den Turm nicht entworfen! Ehrlich gesagt gefiel mir sein Aussehen selbst nicht besonders. In der Kunst und in der Architektur, Miss Peggy, habe ich einen ziemlich traditionellen, klassischen Geschmack. Doch Erwin Freundlich und Erich Mendelsohn hatten mich überhaupt nicht um meine Meinung gefragt.

Um mich von den Anstrengungen der theoretischen Physik etwas zu erholen, arbeitete ich auch an ein paar praktischen Erfindungen. So entwickelte ich für eine Firma in Kiel einen Kreiselkompass. Dieser Kompass benutzt nicht die Erdanziehungskraft, um die Himmelsrichtungen anzuzeigen, sondern einen sich sehr schnell drehenden Kreisel. Vielleicht sollte ich hinzufügen, Miss Peggy, dass Kiel an der Ostsee liegt und dass ich dort sehr gerne meine Ferien verbrachte. Ich konnte vormittags die Fertigung des Kompasses überwachen und nachmittags segeln gehen. Es waren damals viele Segelschiffe unterwegs, die man von den Trockendocks ins Wasser gelassen hatte, denn fast alle größeren Dampfschiffe waren während des Kriegs versenkt worden.

Für unseren Kreiselkompass reichten wir schließlich einen Patentantrag ein. Wir waren damit ziemlich erfolgreich, denn er wurde bald in deutsche Schiffe eingebaut. Danach erfand ich zusammen mit Leo Szilard, einem jungen ungarischen Physiker, einen elektromagnetischen Kühlschrank mit flüssigem Natrium. Ich fand, dass die normalen Kühlschränke viel zu viel Lärm machten. Die AEG hat unser Patent gekauft, doch es kam nie zu einer Serienfertigung, da das flüssige Natrium viel zu gefährlich war.

*

Ich hatte mich immer noch nicht von den Strapazen meiner Reise nach Argentinien erholt, da spürte ich plötzlich starke Schmerzen auf der linken Seite, als ich mit meinem Segelboot zum Ankerplatz zurückrudern musste, da eine völlige Flaute herrschte. Das war im Jahr 1927. Trotzdem bin ich nach Belgien gereist. Ich nahm dort das erste Mal nach dem Krieg am Solvay-Kongress teil. Es wurde über nichts anderes als die neuesten Entwicklungen in der Quantentheorie diskutiert. Wir wohnten alle im selben Hotel. Schon am Frühstückstisch traf ich mit Niels Bohr, Wolfgang Pauli und Werner Heisenberg zusammen. Heisenberg und Pauli waren sehr eng miteinander befreundet. Sie kannten sich schon sehr lange, da sie beide Assistenten bei Bohr in Kopenhagen und bei Arnold Sommerfeld in München gewesen waren. Heisenberg hatte zunächst Pianist werden wollen, sich dann aber für die Physik entschieden. Pauli kam immer zu spät zum Frühstück, denn er arbeitete bis tief in die Nacht. Er war ein seltsamer Mensch. Man konnte nie wissen, was er gerade dachte. Seine Augen waren wie zwei Seen, auf deren Grund man nicht blicken konnte.

Während wir vor unseren Kaffeetassen saßen, brachte ich meine Einwände gegen diesen oder jenen Aspekt der Quantentheorie vor. Auf dem Weg zum Konferenzgebäude begannen meine drei Kollegen, meine Argumente zu widerlegen. Wenn wir mit den anderen Tagungsteilnehmern zusammentrafen, hörten sie damit keineswegs auf, sondern schickten mir kleine Briefe voller Skizzen und Berechnungen. Beim Abendessen vollendeten sie dann ihr zerstörerisches Werk. Mir blieb nichts anderes übrig, als am nächsten Morgen wieder von vorne anzufangen.

Ich muss gestehen, dass die Richtigkeit der Quantenmechanik durch eine immer größere Anzahl von Experimenten bestätigt wurde. Zwar war ich nach wie vor der Ansicht, dass diese Theorie keine vollständige Beschreibung der Wirklichkeit lieferte, doch musste ich zugeben, dass sie ziemlich gut funktionierte. Häufig waren meine Einwände eher philosophischer als physikalischer Natur:

»Selbst wenn wir mathematische Werkzeuge von höchstem Abstraktionsgrad benutzen, wollen wir doch die objektive Wirklichkeit beschreiben. Eine gute Theorie muss das Verhalten dieser Wirklichkeit vorhersagen können.«

»Auf der Ebene der Atome gibt es keine objektive Wirklichkeit«, antwortete Werner Heisenberg. »Wir werden die Atome niemals mit unseren natürlichen Sinnen wahrnehmen können. Wir müssen uns eingestehen, dass die Mathematik nur das Mögliche und nicht das Wirkliche beschreiben kann.«

Als ich darauf hinwies, dass Gott nicht würfele, antwortete Niels Bohr lediglich:

»Aber es kann doch nicht unsere Aufgabe sein, Gott vorzuschreiben, wie er die Welt regieren soll.«

Paul Ehrenfest, der die Rolle des Schiedsrichters einnahm, war ganz verwirrt:

»Es wird hier alles auf den Kopf gestellt, Albert. Du bestreitest die Gültigkeit der Quantentheorie in derselben Weise, wie deine Gegner die Richtigkeit der Relativitätstheorie bestritten haben.«

Vielleicht hatte er damit sogar Recht. Heisenberg erzählte mir eines Tages von folgendem Erlebnis:

»Es war 1922 in Leipzig. Ich wollte dort einen Vortrag von Ihnen über die Relativitätstheorie hören. Als ich den Saal betrat, drückte mir ein Schüler von Lenard ein Flugblatt in die Hand, in dem es hieß, dass Ihre Theorie ein Sammelsurium wilder, unbegründeter Spekulationen sei. Alles sei von den jüdischen Zeitungen aufgebauscht worden, die damit dem deutschen Geist schaden wollten. Ich wusste nicht viel über Ihre Theorie, aber ich war sofort davon überzeugt, dass Sie Recht hatten. Denn sonst hätte Lenard Sie nicht mit solch irrationalen Aussagen angegriffen; er hätte Sie mit rein wissenschaftlichen Argumenten widerlegt.«

Obwohl mich ihre Theorien nicht restlos überzeugten, bewunderte ich diese jungen Wissenschaftler. Da ich als Preisträger das Recht hatte, Kandidaten für den Nobelpreis vorzuschlagen, empfahl ich dem Stockholmer Komitee zunächst Louis de Broglie*, später dann Werner Heisenberg und Erwin Schrödinger**.

Im März 1928 reiste ich nach Davos, um dort einen Vortrag zu halten und öffentlich ein Violinkonzert zu geben. Das Chalet, in

---

* Er erhielt 1929 den Nobelpreis für Physik.
** Der Preis wurde ihnen 1933 für ihre Arbeiten gemeinsam verliehen.

dem ich wohnen sollte, lag an einem steilen Hang, und der Weg, der dort hinführte, war voller Schnee. Ich trug meine Reisetasche, die durch die Bücher, die ich mitgenommen hatte, besonders schwer war. Plötzlich überkam mich ein heftiges Unwohlsein. Meine Beine versagten mir den Dienst. Ich glaube, es fehlte nicht viel und ich hätte unsere Welt vorzeitig verlassen. Ich spürte, wie das Leben aus meinem Körper wich. Am Strand hatte ich oft genug beobachtet, wie sich das Meer bei Ebbe zurückzog. Unter größten Vorsichtsmaßnahmen wurde ich nach Berlin zurücktransportiert. Dr. Janos Plesch, einer der renommiertesten Ärzte Berlins, den ich schon seit längerem kannte, diagnostizierte eine Herzbeutelentzündung. Er verordnete mir strenge Bettruhe sowie eine salzlose Diät. Ich begab mich mit Elsa an einen kleinen Badeort an der Ostsee. Dort merkte ich wieder einmal, dass ich auf den ganzen Großstadttrubel in Berlin, auf die wissenschaftlichen Veranstaltungen, auf die vielen Besucher, auf die Einladungen und gesellschaftlichen Verpflichtungen bestens verzichten konnte. Ich wollte der Natur nicht mehr ihr Geheimnis entreißen; ich war zufrieden damit, sie ruhig zu betrachten… Von meinem bequemen Liegestuhl aus verfolgte ich staunend den Flug der Vögel, den endlosen Tanz der Wellen, die vergeblichen Versuche der Wolken, die Sonne zu verdecken.

Elsa war die Ehrenvorsitzende einer Hilfsorganisation für jüdische Waisenkinder. Sie hatte Rosa Dukas, die Sekretärin dieses Verbandes, gefragt, ob sie nicht eine ihrer Kolleginnen wüsste, die sich während meiner Abwesenheit um meine Post kümmern könnte. Rosa hatte ihre Schwester Helene vorgeschlagen. Einige Tage vor unserer Abreise an die Ostsee stellte sich bei uns eine schüchterne junge Frau vor. Sie betrat mein Schlafzimmer, wo ich im Bett lag, um mich auszuruhen. Ich spürte, dass sie Angst vor mir hatte. Darum machte ich einen Scherz:

»Kommen Sie ruhig näher… Hier liegt nur eine alte Haut.«

Da musste sie lachen. Sie hat sich so gut um meine Angelegenheiten gekümmert, Miss Peggy, dass sie immer noch meine Sekretärin ist.

Wegen meiner Krankheit musste ich auch eine Reise nach Genf absagen, wo ich regelmäßig an den Sitzungen der Komitees für geistige Zusammenarbeit im Völkerbund teilnahm. Ich freute mich jedes Mal, wenn ich dort Marie Curie und andere Freunde wiedertraf, die ebenfalls der Kommission angehörten. Soweit es in unseren Möglichkeiten lag, versuchten wir, in den verschiedensten Ländern Wissenschaftlern zu helfen, die in ihrer Forschungsarbeit aus politischen oder wirtschaftlichen Gründen behindert wurden. Ich setzte mich besonders für die Einrichtung eines Internationalen Büros für Meteorologie ein. Außerdem vertrat ich im Komitee den früheren »Bund Neues Vaterland«, der sich in die »Deutsche Liga für Menschenrechte« umgewandelt hatte. Ich war nach wie vor ein überzeugter Pazifist und glaubte fest daran, dass die Kommission ein wichtiges Instrument zur Förderung des Weltfriedens darstellte: Meiner Meinung nach genügte es, das Erziehungswesen und die Bildung in den verschiedenen Ländern zu verbessern, um dem Frieden näher zu kommen. Ich war überzeugt davon, dass es gelingen würde, aus den Lehrplänen der Schulen unserer Länder alles nationalistische Gedankengut zu streichen. Ich war sehr naiv, Miss Peggy!

Irgendwo muss ich den Zeitungsausschnitt noch aufbewahrt haben, in dem folgende Äußerung von mir nachzulesen ist: »Wenn ein neuer Krieg ausbrechen sollte, aus welchem Grund auch immer, werde ich mich weigern, mich in den Dienst des Militärs zu stellen, und sei es auf noch so indirekte Weise. Ich werde auch meinen Freunden dringend raten, es mir gleichzutun.« Später sollte ich diese Meinung ändern…

Die Arbeit des Komitees sollte sich als nicht sehr wirkungsvoll erweisen. Der Völkerbund verweigerte Deutschland bis 1926 den Beitritt in seine Organisation. Aber auch Ihr großes, einflussreiches Land, Miss Peggy, hatte dort nie einen Sitz.

Damals verringerte ich auch mein Engagement in einem anderen gesellschaftspolitischen Bereich: Ich trat von meinem Posten im Kuratorium der Hebräischen Universität in Jerusalem zurück. An mehreren Sitzungen dieses Komitees in München, dessen Vorsitzender Chaim Weizmann war, hatte ich bereits teilgenommen. Der Rektor der Universität war Judah Magnes, ein amerikanischer Jude. Das Institut für Chemie und das Institut für Biologie waren unter seiner Leitung bereits eingerichtet worden. Magnes hatte keinerlei Erfahrung in diesem Bereich. Er war autoritär und traf unsinnige Entscheidungen. Doch wir hatten kaum Möglichkeiten, dagegen vorzugehen, denn Magnes hatte die Unterstützung der amerikanischen Juden, welche die Universität finanzierten.

Als ich mich 1929 wieder einigermaßen gesund fühlte, nahm ich an einem internationalen Zionistenkongress in Zürich teil. Bei dieser Gelegenheit habe ich auch Mileva und meine beiden Söhne wiedergesehen. Hans Albert war inzwischen Student am früheren Polytechnikum, Eduard hatte sich für ein Medizinstudium entschieden.

Mein Verhältnis zum Zionismus blieb zwiespältig. Ich fand, dass die Zionisten sehr nationalistisch eingestellt waren. Ich hatte den Verdacht, dass sie die Araber aus Palästina vertreiben wollten. Mit dem Geld der reichen amerikanischen Juden konnten sie große Ländereien kaufen. Sie beuteten die arabischen Bauern aus. Wenn die Araber sich dagegen auflehnten, dann wurden ihre Proteste mit Gewalt erstickt. Man war nicht bereit, ihre Anliegen zu verstehen und ihre Ansprüche ernst zu nehmen.

Aber in Deutschland wurde die Situation immer bedrohlicher. Adolf Hitler war schon lange wieder auf freiem Fuß und die Nationalsozialisten gewannen immer mehr an Einfluss. Der Zionismus war daher eine Notwendigkeit. Die Juden würden vielleicht sehr bald eine Zuflucht brauchen.

Während meines langen Aufenthalts an der Ostsee glaubte ich, den richtigen Weg zu einer einheitlichen Feldtheorie, in der die Relativitätstheorie und die Quantentheorie vereint sein würden, gefunden zu haben. Mein Vorschlag lautete, eine neue Geometrie zu entwickeln, die sozusagen auf halber Strecke zwischen Euklid und Riemann angesiedelt war.

Elsa schrieb darüber in einem Brief an einen Freund in Berlin: »Er hat herrlich gearbeitet in letzter Zeit, das Problem gelöst, das zu lösen der Traum seines Lebens war.«

Diese Neuigkeit gelangte sofort in die Zeitungen, die daraus riesige Schlagzeilen machten:

»Professor Einstein kurz vor der Bekanntgabe einer großen Entdeckung!«

Erst Ende 1928 kehrte ich von meiner Genesungskur nach Berlin zurück. Da ich mich noch zu erschöpft fühlte, um selbst vor der Preußischen Akademie der Wissenschaften zu sprechen, übernahm Max Planck diese Aufgabe für mich. Im Januar 1929 stellte er dort meine neue Theorie vor. Die Journalisten verstanden überhaupt nichts von meinen Formeln und Berechnungen, aber das hinderte sie nicht daran, in Jubelrufe auszubrechen: »Professor Einstein löst das Rätsel des Universums! Dieselbe Kraft, die das Elektron um den Atomkern kreisen lässt, bewirkt auch, dass die Erde sich um die Sonne dreht!«

Meine Kollegen waren weniger begeistert. Sie bezeichneten meinen Vorschlag als einen theoretischen Rückschritt. Wolfgang Pauli, der nicht nur ein sehr brillanter Physiker war, sondern auch zu bissiger Polemik neigte, schrieb mir einen Brief, in dem er mir vorwarf, selbst einen »weitgehenden Abbau der Allgemeinen Relativitätstheorie« zu betreiben und beteuerte: »Ich halte jedoch an dieser schönen Theorie fest, selbst wenn sie von Ihnen verraten wird.« Er sprach mir sein aufrichtiges Beileid aus und wettete mit mir, dass ich »spätestens in einem Jahr« meine neue Theorie wieder verworfen haben würde.

Pauli hatte Recht, aber seine Wette verlor er trotzdem: Ich hielt zwei Jahre lang an meinem Irrtum fest! Und danach drehte ich mich zwanzig Jahre lang im Kreis, ersetzte meine neue Geometrie durch eine andere, veränderte die Gleichungen, grübelte, ob ich eine fünfte Dimension einführen sollte. Doch es wollte mir nicht gelingen, eine einheitliche Feldtheorie zu entwickeln.

*

Selbst für mich, Albert Einstein, vergeht die Zeit wie für alle anderen Sterblichen auch. Am 14. März 1929 konnte ich meinen fünfzigsten Geburtstag feiern!

Ich erhielt Glückwunschtelegramme und Geschenke aus aller Welt. Die Pariser Sorbonne verlieh mir die Ehrendoktorwürde. Die Zionisten pflanzten in der Nähe von Jerusalem ein »Einsteinwäldchen«. Ein deutscher Bauer übersandte mir ein Päckchen Tabak:»Die Menge ist zwar relativ gering, doch er kommt von einem guten Feld!«

Um den Journalisten zu entkommen, flüchtete ich mich an diesem Tag in das Landhaus von Dr. Janos Plesch vor den Toren Berlins. Plesch war mein Arzt und Freund. Er war eine wichtige Figur im Berliner Gesellschaftsleben, denn er gab regelmäßig große Feste, Kostümbälle oder Soireen in der Oper. Sein Ansehen und sein Einfluss waren so groß, dass er den Berliner Magistrat dazu bewegen konnte, mir das allerschönste Geschenk zu machen: ein Haus am Ufer der Havel, genau an der Stelle, wo sie in den Wannsee mündet!

Die Zeitungen veröffentlichten bereits Fotos des »Einsteinhauses«, das von Kiefern und Obstbäumen umgeben war. Elsa fuhr an den Wannsee, um das Haus zu besichtigen. Sie wollte wissen, in welchem Zustand es sich befand. Wahrscheinlich würden wir die Handwerker bestellen müssen, bevor wir einziehen konnten. Als sie zurückkam, blitzte es in ihren Augen verdächtig. Den Ausdruck kannte ich bereits. Noch bevor sie etwas sagen konnte, fing sie an zu lachen.

»Hast du das Haus angeschaut? Was ist los? Was ist daran so lustig?«, fragte ich.

»Das Haus gehört der Stadt Berlin, Albert. Das stimmt. Aber sie hat es verpachtet! Die Mieter waren sehr erstaunt. Aus dem Vertrag, den sie mir gezeigt haben, geht einwandfrei hervor, dass sie zehn Jahre lang ein Wohnrecht haben!«

Der Magistrat der Stadt Berlin hat sich bei uns vielmals entschuldigt und ein anderes Grundstück am Wannsee für uns ausfindig gemacht. Es gab dort keine Mieter – denn es gab dort überhaupt kein Haus. Wahrscheinlich glaubte man, dass ich reich genug sei, um mir selbst eine Villa erbauen zu lassen. Eine Villa wollte ich gar nicht. Ein Mann, der aus Prinzip keine Socken trägt, ist auch mit einer Hütte zufrieden. Sagen wir, mit einer großen Hütte, denn Elsa wollte unbedingt eine Küche und ein Badezimmer… Doch dann gaben uns unsere Nachbarn zu verstehen, dass sie Grundstücke mit »garantiertem Seeblick« erworben hatten. Das hieß also, wir durften nicht einmal eine Hütte bauen! Wir hätten auf unserem Seegrundstück höchstens im Zelt übernachten dürfen!

Am Anfang nahmen wir das alles noch mit Humor, doch allmählich verging uns das Lachen. Denn danach fand die Stadt Berlin für uns noch ein anderes Grundstück. Es stellte sich heraus, dass es ihr gar nicht gehörte. Schließlich beschloss der Magistrat, eine Parzelle für mich zu kaufen, die ich mir selber aussuchen sollte. Elsa machte schließlich im Dorf Caputh, nahe bei Potsdam, ein sehr reizvolles Grundstück ausfindig, das zwischen einem kleinen Wald und einem See gelegen war. Alles schien geregelt zu sein, da protestierte ein nationalsozialistisches Mitglied der Berliner Stadtverordnetenversammlung. Seiner Meinung nach war der Jude Einstein eines solches Geschenkes nicht würdig. Die ganze Angelegenheit wurde bis zur nächsten Sitzung des Stadtrats vertagt.

Freunde, die sich in solchen Dingen auskannten, erzählten mir, dass der Magistrat zwar seine Anweisungen gab, aber für deren Ausführung auf die Mithilfe der Verwaltungsbeamten angewiesen war. Dort befänden sich Antisemiten, die ganz bewusst die Entscheidung des Magistrats sabotiert hätten.

Daraufhin schrieb ich einen Brief an den Oberbürgermeister der Stadt Berlin, in dem ich mich höflich bedankte, aber gleichzeitig darauf hinwies, dass das Leben viel zu kurz sei und die Angelegenheit dieses Ehrengeschenks mir schon viel zu lange gedauert habe, als dass ich es jetzt noch annehmen könne.

Doch das Grundstück in Caputh gefiel Elsa und mir sehr gut. Deshalb haben wir es schließlich selbst gekauft und unsere ganzen Ersparnisse hineingesteckt. Der junge Architekt Konrad Wachsmann baute uns darauf ein schlichtes und funktional gestaltetes Sommerhaus aus Holz, das ganz vom Bauhaus-Stil* beeinflusst war. Durch das große Fenster meines Arbeitszimmers hatte ich einen wunderbaren Blick auf den See und konnte beobachten, wie er sich im Wind kräuselte und je nach Tageszeit und Wetter seine Farbe wechselte. An einem Holzsteg, der vom Ufer in den See führte, hatte ich den *Tümmler* festgemacht, einen eleganten Jollenkreuzer, den mir reiche Berliner Freunde zu meinem fünfzigsten Geburtstag geschenkt hatten. Ein wirklich sehr großzügiges Geschenk! Wir waren in Caputh so glücklich, dass wir immer seltener in den Lärm und die hektische Betriebsamkeit der Großstadt zurückkehrten. So musste ich dem Magistrat der Stadt Berlin letztlich doch dankbar sein. Denn

---

* Das Bauhaus war eine 1919 in Weimar gegründete Kunstschule. Später wurde eine ganze Architekturrichtung danach benannt. Alle bedeutenden Architekten des 20. Jahrhunderts wurden von diesem Stil beeinflusst.

ohne ihn wäre ich nie auf die Idee gekommen, mir auf einem Seegrundstück ein Haus zu bauen.

Wir hatten in unserem Sommerhaus kein Telefon. Die Besucher waren weniger zahlreich als in der Stadt. Und so verbrachte ich weiterhin viele Stunden an meinem Schreibtisch, wo ich über meinen Formeln brütete. Aber ich konnte auch ganze Tage in meinem Segelboot über die Wellen schaukeln. Das Steuerruder in der einen Hand, die Segelleine in der anderen, saß ich auf der Rückbank des *Tümmlers* und dachte über die unergründlichen Geheimnisse des Universums nach. Zweifellos hatte ich das Alter der großen Entdeckungen bereits hinter mir und näherte mich dem Alter der philosophischen Weisheit.

Ein Rabbiner aus New York schrieb mir, dass ein Kardinal aus Boston die Relativitätstheorie heftig angegriffen habe, da sie zum Zweifel an Gott und seiner Schöpfung führe. Damit bereite sie dem schrecklichen Gespenst des Atheismus den Weg. Der Rabbi wollte von mir wissen:»Glauben Sie an Gott?«, und hatte ein Telegramm für die Rückantwort bezahlt. Ich schrieb ihm:

»Ich glaube an Spinozas Gott, der sich in der gesetzlichen Harmonie des Seienden offenbart, nicht an einen Gott, der sich mit dem Schicksal und den Handlungen der Menschen abgibt.«

Mit den Gästen, die zu mir nach Caputh kamen, führte ich häufig Gespräche über das Universum, die Religion und Gott. Eine besonders große Ehre bedeutete der Besuch des indischen Dichters und Philosophen Rabindranath Tagore, der in Europa weilte und den Wunsch geäußert hatte, mich kennen zu lernen. Ich erinnere mich an das Gespräch, das wir führten, als wir abends am Seeufer spazieren gingen. Ich betrachtete den Himmel, der aussah wie ein riesiger schwarzer Samtvorhang, über den die Sterne verstreut waren.

»Wir wissen überhaupt nichts, Mr Tagore. Die Menschheit steckt noch in den Kinderschuhen.«

»Glauben Sie, dass wir Menschen eines Tages mehr wissen werden? Werden wir das Geheimnis der Natur ergründen?«
»Vielleicht werden wir etwas mehr wissen. Aber das Wesen der Dinge werden wir nie ergründen können. Niemals.«
»Manchmal glaube ich, dass die Dinge, die wir nicht begreifen können, vielleicht gar nicht existieren. So etwas wie ›Schönheit‹ oder ›Wahrheit‹ zum Beispiel gibt es nur in unserem Bewusstsein…«
»Was die Schönheit betrifft, da stimme ich Ihnen gerne zu. Bei der Wahrheit bin ich anderer Meinung. So bin ich zum Beispiel überzeugt davon, dass der Satz des Pythagoras eine Wahrheit ausdrückt, die mehr oder weniger überall gültig ist – unabhängig davon, ob wir Menschen sie erkennen. Ich kann das nicht beweisen, aber ich glaube daran. Das ist meine Religion!«

Miss Peggy, ich habe versprochen, dass ich ganz ehrlich zu Ihnen sein werde. Elsa und ich waren nicht mehr so verliebt ineinander wie in den Anfangsjahren unserer Ehe. Wir waren kein Liebespaar mehr, sondern gute Freunde. Die Ehe ist der erfolglose Versuch, den Zufall zu etwas Dauerhaftem zu machen. Meine Leidenschaft für sie war erloschen. Wir hatten getrennte Schlafzimmer.

Da ich eine berühmte Persönlichkeit war, zog ich natürlich auch das Interesse vieler Frauen auf mich. Toni Mendel, eine sehr schöne und wohlhabende Witwe, setzte alles daran, mich zu verführen. Wie hätte ich ihr widerstehen können? Aus Abenteuerlust, vielleicht auch aus Schwäche, habe ich ihren Annäherungsversuchen nachgegeben. Ich besuchte sie gerne mit meinem Segelboot, denn ihr Landhaus lag ebenfalls an einem der miteinander verbundenen Seen im Süden Berlins. Später habe ich auch mit Estella Katzenellenbogen, der eleganten Inhaberin einer Blumenladenkette, und Margarete Lenbach, einer hübschen Österreicherin, Ausflüge auf meinem Segelboot gemacht. Mir kam das alles ganz natürlich vor und keineswegs besonders skandalös. Elsa nahm diese Seitensprünge hin, was blieb ihr auch anderes übrig. Nur manchmal machte sie mir eine heftige Eifersuchtsszene. Aber als sie mich heiratete, hatte sie wohl gewusst, dass sie mit mir keine normale Ehe führen würde.

Im Mai 1929 fuhr ich nach Leiden, um dort an der Universität als Gastprofessor meine alljährliche Vorlesung zu halten. Außerdem besuchte ich natürlich wieder Paul und Tatjana Ehrenfest. Auf dem Rückweg verbrachte ich einige Tage in Antwerpen bei meinem Onkel Cäsar Koch, einem Bruder meiner Mutter. Als die Königin von Belgien erfuhr, dass ich mich in ihrem Land aufhielt, lud sie mich auf ihr Schloss vor den Toren Brüssels ein. Am Bahnhof in Brüssel hat der königliche Chauffeur mich nicht erkannt. Wahrscheinlich entsprach ich so ganz und gar nicht dem Bild, das er sich von einem berühmten Professor gemacht hatte. Ich ging in ein Café und fragte, ob ich telefonieren könne. Dann bat ich das Fräulein vom Amt, mich mit dem Königspalast zu verbinden, da ich die Königin sprechen wolle. Die Gäste des Cafés schauten ziemlich verblüfft drein, als da ein Landstreicher mit einem Geigenkasten unterm Arm und einer kleinen Reisetasche hereinkam, der am Telefon ihre Königin verlangte!

Elisabeth von Belgien war eine bayerische Prinzessin. Sie war in München aufgewachsen, ungefähr zur gleichen Zeit wie ich, und sie spielte ebenfalls gerne Geige. Beide hatten wir unsere bayerische Herkunft schon lange hinter uns zurückgelassen. Ich hatte mit fünfzehn Jahren auf die deutsche Staatsbürgerschaft verzichtet, während die Königin sich während des Ersten Weltkriegs ganz entschieden auf die Seite Belgiens gestellt hatte, wodurch sie bei ihrem Volk sehr beliebt geworden war.

Wir spielten das Doppelkonzert von Johann Sebastian Bach, danach tranken wir gemeinsam Tee. Ich blieb auch noch zum Abendessen. Es gab Spinat mit Spiegeleiern und mit Kartoffeln. Die Königin war Vegetarierin und liebte einfache Speisen. Ihr Gatte, König Albert von Belgien, war auf Reisen. Von der Dienerschaft war kaum etwas zu bemerken. Bald nach meiner Rückkehr nach Berlin erhielt ich einen Brief mit Fotografien von jenem Tag. Der König übersandte sie mir mit vielen Grüßen und schrieb, dass er es sehr bedauere, mich nicht kennen gelernt zu haben. Darunter hatte Elisabeth hinzugefügt: »Ich werde es Ihnen niemals vergessen, dass Sie von den Gipfeln Ihres Wissens herabgestiegen sind, um mir einen Einblick in Ihre faszinierende Theorie zu gewähren.«

Solange ich noch in Europa lebte, das heißt noch vier Jahre lang, besuchte ich jedes Mal auf der Rückreise von Leiden das belgische Königspaar, um mit Königin Elisabeth zu musizieren. Später schrieben wir uns regelmäßig Briefe. Ich glaube, dass sie die meisten Briefe von mir besitzt. Aber ich habe ihr nie einen so langen Brief geschrieben wie diesen hier an Sie, Miss Peggy!

In Berlin erhielt ich Besuch von einem Vertreter des California Institute of Technology. Robert Millikan, Edwin Hubble und Richard Tolman (ein Professor für mathematische Physik, der sich vorgenommen hatte, die Größe des Universums zu errechnen) versuchten erneut, mich für ihr Forscherteam im kalifornischen Pasadena zu gewinnen. Ein Industrieller hatte sich bereit erklärt, mit einem beachtlichen finanziellen Zuschuss für meine Überfahrt, einen Forschungsaufenthalt von zwei Monaten und mein Honorar aufzukommen.

Ich nahm das Angebot sofort an. Die Forschungen, die in Pasadena und auf dem Mount Wilson betrieben wurden, schienen mir von immer größerer Bedeutung zu sein. Während ich in meinen theoretischen Überlegungen nicht von der Stelle kam, machten die Amerikaner Riesenschritte nach vorn. Wenn ich mir meine Situation etwas klarer vor Augen geführt hätte, dann hätte ich damals schon merken können, dass mein Leben in Berlin nicht mehr lange so fortdauern konnte wie bisher. Der Einfluss der Nationalsozialisten wurde immer größer, aber ich achtete nicht darauf. Noch nicht.

Die Ankündigung, dass ich erneut eine Reise nach Amerika machen würde, blieb jenseits des Atlantiks nicht ohne öffentliches Echo. Die *New York Times*, die sich für alles zu interessieren schien, was ich sagte oder tat, hatte nicht nur meine Antwort auf die Frage des Rabbiners, ob ich an Gott glaube, abgedruckt, sondern auch den vollen Wortlaut meines Gesprächs mit Rabindranath Tagore (das die beiden Sekretäre des Dichters, die dabei gewesen waren, sorgfältig mitgeschrieben hatten). Da man offensichtlich der Meinung war, meine Gedanken über das Universum und über Gott seien für die Leser leichter zu verstehen als meine Gleichungen, bat man mich, einen Artikel über das Thema »Wissenschaft und Religion« zu verfassen.

In diesem Artikel unterschied ich drei Arten von Religion: in den Anfängen, bei den primitiven Völkern, eine Religion der Furcht. Später dann, bei den Kulturvölkern, eine moralische Religion. Schließlich, in besonders hoch entwickelten Gemeinschaften, eine kosmische Religiosität, die keine Dogmen und keinen Gott kennt, der nach dem Bild des Menschen geschaffen ist. Der Naturforscher ist von der Kausalität allen Geschehens durchdrungen. Seine Religiosität liegt im verzückten Staunen über die Harmonie der Naturgesetzlichkeit, in der sich eine überlegene Vernunft offenbart. Deshalb sind die ernsthaften Forscher in unserer im Allgemeinen materialistisch eingestellten Zeit die einzigen tiefreligiösen Menschen. Wir streben nicht danach, ein Gespräch mit einem persönlichen Gott zu führen, von dem wir nichts wissen, sondern wir widmen unser Leben der Erforschung seiner Schöpfung, ergriffen vom wunderbaren Bau des Seienden.

Ich legte in dem Artikel aufrichtig dar, was ich dachte, nicht mehr und nicht weniger. Es gab mehrere fortschrittliche Rabbiner, die ihre Zustimmung zu meinen Gedankengängen äußerten. Doch empörten sich auch einige Leser der *New York Times* darüber, dass ihre Zeitung einen angeblich so religionskritischen und damit antiamerikanischen Text veröffentlicht hatte.

Am 2. Dezember 1930 schifften wir uns in Antwerpen auf dem Ozeandampfer *Belgenland* ein, der uns erst zur amerikanischen Ostküste und dann durch den Panamakanal bis nach Kalifornien bringen sollte. Von den Journalisten, die sich auf dem Kai drängelten, verabschiedete ich mich mit folgenden Worten:

»Ich wünsche, von Ihnen nicht länger behelligt zu werden. Statt sich mit dem Privatleben von Leuten wie mir zu beschäftigen, sollte die Presse sich lieber für wirklich wichtige Dinge interessieren. Kurzum, ich hoffe sehr, dass mich keiner von Ihnen mitten auf dem Ozean anruft, um mich zu fragen, ob ich gut geschlafen habe.«

Die Amerikaner, auf deren Einladung hin wir diese Reise unternahmen, hatten eine richtige Suite mit drei Zimmern in der I. Klasse für uns reserviert. Vor der Tür stand die ganze Zeit ein Steward! Ich hielt diesen Luxus für vollkommen übertrieben, ja sogar störend. Aber ich muss zugeben, dass die drei Zimmer sehr praktisch waren. Walther Mayer, mein Assistent, reiste mit uns, und wir nutzten die Tage der Überfahrt, um zu arbeiten. Ich ging nicht gerne an Deck, denn die anderen Reisenden stürzten sich dann sofort auf mich, um mich zu fotografieren und mich um ein Autogramm zu bitten.

Bei dem Zwischenaufenthalt in New York musste ich mich der Öffentlichkeit zeigen. Scharen von Journalisten und Fotografen kamen aufs Schiff und stürzten sich wie ausgehungerte Wölfe auf mich. Wieder einmal musste ich die Relativitätstheorie in zehn Wörtern zusammenfassen. Die Reporter stellten ausgesucht blöde Fragen, die ich mit billigen Scherzen beantwortete, die mit Begeisterung aufgenommen wurden. Man wollte von mir wissen, was ich von der Religion, von meiner Geige und von Adolf Hitler hielt. Ich antwortete, dass ich Mr Hitler nicht mochte. Ich erklärte, dass die Vereinigten Staaten mit ihrem Reichtum und ihrer Macht als einziger Staat erfolgreich den Militarismus und den Krieg bekämpfen konnten.

Der Aufenthalt dauerte fünf Tage. Jeden Morgen verließen wir das Schiff. Der Bürgermeister von New York überreichte mir den goldenen Schlüssel der Stadt. Nahe dem Hudson River zeigte man mir eine Kirche, in der eine Statue von mir errichtet worden war – neben Sokrates und anderen »großen Denkern, die die Welt verändert haben«. Ich betrachtete dieses Denkmal mit einer gewissen Gleichgültigkeit, aber nicht etwa aus Bescheidenheit, sondern weil ich den Eindruck hatte, dass es sich dabei nicht um mich handelte.

Im Madison Square Garden hielt ich eine Rede vor Zionisten und im Hotel Ritz-Carlton sprach ich auf einer pazifistischen Kundgebung:

»Allgemeine Militärpflicht bedeutet, dass jeder Bürger eines Landes gezwungen werden kann, in dessen Namen zu morden. Die Militärpflicht muss von uns mit aller Entschiedenheit bekämpft werden! Wenn nur *zwei Prozent* der jungen Leute sich ihrer Dienstpflicht verweigern und fordern, dass die Konflikte zwischen den Staaten auf friedlichem Weg geregelt werden, dann werden die Regierungen nichts mehr tun können.«

Die Zeitungen in der ganzen Welt haben meine Rede abgedruckt. Man erzählte mir, dass viele junge Amerikaner sich daraufhin einen Button mit der Aufschrift »Zwei Prozent« an die Jacke hefteten. Alle wussten, was gemeint war.

Nach einer weiteren Zwischenstation in Kuba durchquerten wir die Meerenge von Panama. Ich hatte noch den Suezkanal in Erinnerung, der auf gleicher Höhe liegt wie die Wüste, die ihn umgibt. Mit dem Panamakanal verhält es sich anders. Er erklimmt ein gebirgiges Gelände, das mit dichtem Dschungel bewachsen ist, was nur mithilfe von Schleusen und Wehren möglich ist. Dadurch wird die Dauer der Durchfahrt erheblich verlängert. Offensichtlich liegt der Pazifik nicht auf der gleichen Meereshöhe wie der Atlantik. Wir wissen über die Geologie der Erde, die Strömungen der Ozeane und die unterirdischen Vulkane genauso wenig wie über die Entstehung der Sterne. Genug Stoff für die

Wissenschaftler, um noch viele Jahrhunderte weiterforschen zu können!

Am 30. Dezember erreichten wir San Diego. Eine riesige Menschenmenge erwartete uns. Die Stadt hatte für mich eine so genannte Parade veranstaltet, wie sie die Amerikaner lieben: mit einer Blaskapelle, blumengeschmückten Wagen und in Phantasieuniformen gekleideten jungen Mädchen, die an der Tribüne vorbeimarschierten und dabei mit ihren Stöcken wirbelten. Diese komische Veranstaltung hat vier Stunden gedauert! Ihre Landsleute wirkten auf mich ziemlich oberflächlich, Miss Peggy, aber die Bewohner von New York kamen mir verglichen mit den Kaliforniern geradezu ernst und tiefsinnig vor.

Wir wohnten in einem kleinen Bungalow in der Nähe des Institute of Technology. Da Pasadena in der Nähe von Los Angeles liegt, haben wir auch einen Ausflug nach Hollywood gemacht. Wir hatten die große Ehre, zu einem Abendessen mit Charlie Chaplin eingeladen zu werden, der mich gerne kennen lernen wollte. Wir besuchten mit ihm die Premiere seines damals gerade fertig gestellten Films *Lichter der Großstadt*. Es handelte sich noch um einen Stummfilm, obwohl es seit einem Jahr den Tonfilm gab. Ich habe sagen hören, dass Komiker häufig traurige Menschen sind. Charlie Chaplin war witzig und charmant wie in seinen Filmen, doch zugleich war in seinem Wesen ein großer Ernst spürbar. Die Ablösung des Stummfilms, der seinem großen Talent als Pantomime so entgegenkam, durch den Tonfilm erfüllte ihn mit Unruhe und Verbitterung. Er war zehn Jahre jünger als ich, aber er hatte genauso wie ich den Eindruck, dass die produktive Phase seines Lebens vorüber war. Doch er täuschte sich, denn er sollte noch mehrere herausragende Filme drehen. Wir sprachen über den Artikel, den ich für die *New York Times* geschrieben hatte:

»Ohne es zu wissen, waren Sie sehr mutig«, sagte er zu mir. »Man hält Sie jetzt für einen gefährlichen Kommunisten. Wie mich auch, verehrter Einstein! Wenn Sie die Amerikaner erst ein-

mal so gut kennen wie ich, dann werden Sie merken, wie frömm-
lerisch und scheinheilig sie sind.«

Ich versuchte, bei diesem Treffen ohne einen Dolmetscher
auszukommen, was zur Folge hatte, dass ich ihm nur schwer folgen konnte. Außerdem hatte ich vergessen, dass er Engländer
war, und fragte mich deshalb andauernd, warum er von den
Amerikanern so sprach, als ob sie für ihn Fremde seien. Vor der
Tür erwartete uns eine jubelnde Menschenmenge.

»Mir spenden die Leute Beifall, weil mich alle verstehen«,
sagte Chaplin, »und Ihnen, weil niemand Sie versteht.«

Edwin Hubble und seine Kollegen zeigten mir die Ergebnisse
der Untersuchungen, die sie mithilfe des großen Teleskops
durchgeführt hatten. Daraus ging eindeutig hervor, dass Alexander Friedmann und Georges Lemaître mit ihren Berechnungen
Recht hatten! Das Universum dehnte sich aus! Der wissenschaftliche Aufschwung der Kosmologie zog viele begabte
junge Astronomen nach Pasadena, die alle betonten, dass die
Allgemeine Relativitätstheorie den theoretischen Kern ihrer
wissenschaftlichen Arbeiten bildete. Diese jungen Forscher versuchten, die Antworten auf einfach klingende, aber sehr schwierige Fragen zu finden, die äußerst komplexe Berechnungen er-
forderlich machten: Wie alt ist das Universum? Wird es sich
unendlich ausdehnen oder wird es irgendwann in einem *Big
Crunch* in sich zusammenstürzen?

Richard Tolman fuhr mit uns zum Mount Wilson, wo sich das
große Teleskop befindet. Ich schaute durch das Okular. Was dort
zu sehen ist? Sterne, unendlich viele Sterne… Milliarden und
Abermilliarden davon, die man mit bloßem Auge natürlich nie
entdecken kann. Da sie ihr Licht in sämtliche Richtungen des Universums ausstrahlen, ist kein Ort innerhalb des Universums vor-
stellbar, an dem sie nicht sichtbar wären. Es gibt sicherlich große
Abschnitte des Weltraums ohne jede Materie, aber keinen einzigen Zentimeter ohne Licht. Überall krümmen die Energie und
ihre Kraftfelder den Raum. Eine absolute Leere existiert nicht!

Ich erinnere mich noch an einen Wortwechsel, der damals zwischen Tolman und Elsa im Auto stattfand:

»Mithilfe des großen Teleskops können wir die Struktur des Universums ergründen.«

»Mein Ehemann braucht dafür kein großes Teleskop. Ihm reicht dafür die Rückseite eines Briefumschlags!«

Als mein Aufenthalt in Pasadena sich dem Ende näherte, veranstaltete die Universität einen großen Empfang zu Ehren des alten Michelson und des alten Einstein. Ich freute mich sehr, den von mir so verehrten Albert Abraham Michelson persönlich kennen lernen zu dürfen. Er war fast achtzig Jahre alt und um seine Gesundheit stand es nicht mehr zum Besten. Am Ende des Diners erhob ich mich von meinem Platz an der Festtafel, um auf ihn einen Toast auszusprechen:

»Sie haben einen Fehler in der Theorie des Äthers nachgewiesen. Weil sich Fitzgerald und Lorentz das Ergebnis Ihres Experiments nicht anders erklären konnten, haben sie Hypothesen entwickelt, die schließlich zur Entwicklung der Relativitätstheorie führten. Ohne Sie, verehrter Michelson, aber auch ohne Fitzgerald und Lorentz hätte meine Theorie nie das Licht der Welt erblickt…«

Michelson erzählte mir, dass er ein Jude war und aus Polen stammte. Um der damaligen Judenverfolgung zu entgehen, waren seine Eltern mit ihm nach Amerika ausgewandert, als er noch ein Kind war. Bevor er sich mit Vornamen Albert nannte, so wie ich, war er Abraham gerufen worden. Das war auch der Vorname meines Großvaters gewesen.

Vor den Studenten des Instituts hielt ich mehrere Vorträge. Ich rief sie dazu auf, für das Wohl der Menschheit zu arbeiten, Unheil von ihr abzuwenden und in allererster Linie an die Menschen zu denken, nicht an die Maschinen. Das California Institute of Technology bot mir eine regelmäßige wissenschaftliche Zusammenarbeit an, für jeweils zwei bis drei Monate im Jahr. Mit großer Freude erklärte ich mich dazu bereit.

217

Dann bestiegen wir einen Zug, um quer durch die Vereinigten Staaten bis an die Ostküste zu reisen. Ich habe den Grand Canyon besichtigt. Ein Indianerstamm schenkte mir einen prächtigen Federschmuck. In Chicago und New York hielt ich Reden, in denen ich zum Frieden aufrief. In New York setzte ich mich darüber hinaus vor Organisationen der amerikanischen Juden für die Gründung eines Staates Israel in Palästina ein. Chaim Weizmann hatte mich dringend darum gebeten. Die Menschen bejubelten mich noch enthusiastischer als sonst. Manche drängelten sich sogar nach vorn, um mich zu berühren. Die Presse bezeichnete mich als »Geistesfürsten« und »jüdischen Heiligen«.

Ein amerikanischer Verleger bat mich um ein schriftliches Selbstporträt und bot mir dafür ein sehr hohes Honorar. Ich stellte ihm einen Text zur Verfügung, den ich zehn Jahre zuvor verfasst hatte. Dort schrieb ich über mich: »Mein leidenschaftlicher Sinn für soziale Gerechtigkeit und soziale Verpflichtung stand stets in einem eigentümlichen Gegensatz zu einem ausgesprochenen Mangel an unmittelbarem Anschlussbedürfnis an Menschen und an menschliche Gemeinschaften. Ich bin ein richtiger ›Einspänner‹, der dem Staat, der Heimat, dem Freundeskreis, ja selbst der engeren Familie nie mit ganzem Herzen angehört hat, sondern all diesen Bindungen gegenüber ein nie sich legendes Gefühl der Fremdheit und des Bedürfnisses nach Einsamkeit empfunden hat.« In diesem Text findet sich auch der so häufig zitierte Satz: »Wenn einer mit Vergnügen in Reih und Glied zu einer Musik marschieren kann, dann verachte ich ihn schon; er hat sein großes Gehirn nur aus Irrtum bekommen, da für ihn das Rückenmark schon völlig genügen würde.«

Amerika ist ein erstaunliches Land. Mehrmals am Tag war ich zwischen Bewunderung und Skepsis hin und her gerissen. Ich war schließlich sehr froh, wieder in das gute alte Europa zurückkehren zu können, trotz seiner vielen Schwächen und Fehler. Auf der Rückreise gerieten wir mit unserem Ozeandampfer in einen fürchterlichen Sturm, der das Schiff gehörig durchschüttelte. Doch die unbeschreibliche Kraft von Wind und Meer begeisterte mich. Es erfüllte mich mit tiefer Befriedigung, zu spüren, dass die gänzlich unbedeutende Ansammlung von Molekülen, die den Namen Albert Einstein trug, ein Teil dieser großartigen, uns alle umfassenden Natur war. In mein Tagebuch schrieb ich einmal bei ähnlicher Gelegenheit: »Man ist wie aufgelöst in die Natur. Man fühlt die Belanglosigkeit des Einzelgeschöpfes noch mehr als sonst und ist froh dabei.«

Schon bald nach meiner Rückkehr packte ich in Berlin erneut den Koffer und reiste nach Oxford, wo ich die Ehrendoktorwürde verliehen bekam. Außerdem bot man mir an, Mitglied im Kollegium des berühmten Christ Church College zu werden, was ich gerne annahm. Dies bedeutete, dass ich jedes Jahr nicht nur einige Wochen in Pasadena, sondern auch in Oxford verbringen würde. Ich glaube, ich hatte damals schon so etwas wie eine dunkle Vorahnung, dass ich möglicherweise bald gezwungen sein würde, Deutschland zu verlassen... Ich nahm Unterricht, um richtig Englisch zu lernen. Das war ein schwieriges Unterfangen, denn die englischen Wörter wollten einfach nicht in meinem alten Hirnkasten haften.

Bereits Ende 1931 reiste ich wieder nach Pasadena. Auch der holländische Astronom Willem de Sitter befand sich damals dort und wir schrieben zusammen einen kleinen Aufsatz. Die Ausdehnung des Universums wurde durch immer genauere Berechnungen bestätigt. Doch ob es nun stabil war, sich ausdehnte oder sich zusammenzog – das Universum blieb für uns Menschen undurchschaubar. Es erschien mir sogar immer schwieriger, seine Struktur zu erfassen. Doch vielleicht lag das auch nur daran, dass ich nicht mehr den gleichen Erkenntnismut besaß wie in meinen jungen Jahren.

Abraham Flexner, ein renommierter amerikanischer Pädagoge und Wissenschaftsmanager, stattete Robert Millikan in Pasadena einen Besuch ab, um mit ihm ein wichtiges Projekt zu besprechen. Flexner hatte fünf Millionen Dollar zur Verfügung, die ein steinreicher Wohltäter gestiftet hatte, und er wollte damit eine Einrichtung gründen, in der sich Wissenschaftler ohne Geldsorgen ihren Forschungen widmen konnten. Millikan schlug Flexner vor, dass er sich in dieser Angelegenheit mit mir beraten solle. Ich war von der Idee begeistert. Besonders angetan war ich von dem Plan, die neu zu gründende Institution so unbürokratisch wie möglich zu gestalten. Was die Wissenschaftler an den Universitäten am meisten behindert, ist nicht so sehr der Geldmangel als vielmehr das Übermaß an Bürokratie.

Wenige Monate später begegnete ich Flexner in Oxford erneut. Ich glaube, dass er gespürt hat, wie sehr mir seine Idee gefiel. Er bot mir an, an seinem Forschungsinstitut zu arbeiten.

Im Frühjahr 1932 fanden in Deutschland mehrere wichtige Wahlen statt. Reichspräsident Paul von Hindenburg, ein fünfundachtzigjähriger Greis, wurde im Frühjahr mit deutlichem Abstand vor dem ebenfalls angetretenen Adolf Hitler wiedergewählt. Bei den Reichstagswahlen im Juli konnten die Nationalsozialisten mehr als ein Drittel der Stimmen gewinnen. Es folgten die letzten Monate der dahinsiechenden Weimarer Republik bis zu Hitlers Machtergreifung im Januar 1933. Die Zeitungen hetzten gegen die Juden ganz allgemein – und gegen Professor Einstein ganz besonders.

Meinen Glauben an den Pazifismus wollte ich noch nicht so schnell aufgeben. Das Institut für internationale geistige Zusammenarbeit in Paris, das sich vorgenommen hatte, mit der Macht des Wortes gegen die Gewalt anzukämpfen, wollte verschiedene Briefwechsel bedeutender Persönlichkeiten der damaligen Zeit zum Thema Frieden veröffentlichen. Ich schlug vor, mit meinem französischen Freund Paul Langevin über die Darstellung der Geschichte in den Schulbüchern unserer beiden Länder zu diskutieren. Wenn nämlich die deutsch-französische Geschichte auf beiden Seiten der Grenze gleich unterrichtet wurde, so meine feste Überzeugung, dann konnten Konflikte künftig besser vermieden werden. Ich traf mich in Berlin mit einem Herrn, den der Völkerbund mit der Durchführung des Projekts beauftragt hatte. Er stimmte der Wahl des Themas wie auch meines Briefpartners zu, doch als er in Paris bei Langevin anfragen wollte, bekam er mitgeteilt, dass dieser sich gerade im Auftrag desselben Instituts in China aufhielt.

Daraufhin regte ich an, Sigmund Freud die Frage zu stellen, ob die Erkenntnisse der Psychoanalyse sich für eine bessere Kindererziehung nutzen ließen. Ich hatte Freud bereits 1926 kennen gelernt. Er besuchte damals seinen Sohn in Berlin und unser Treffen war von gemeinsamen Freunden arrangiert worden. Wir unterhielten uns zwei Stunden lang. In den Aufzeichnungen, die nach Freuds Tod veröffentlicht wurden, schrieb er über unsere Zusammenkunft:»Er möchte mich anerkennen – für den Inhalt der Schriften fehlt ihm aber das Verständnis: Darum lobte er wenigstens den Stil.« Doch hatte Freud nicht ganz Recht, denn ich habe seine Schriften mit sehr großem Interesse gelesen. Ich bin wie er überzeugt davon, dass unsere Denkprozesse im Gehirn zum Teil unbewusst ablaufen. Der beste Beweis dafür ist, dass mir meine Ideen häufig im Traum kommen oder wenn ich Geige spiele. Doch ich selbst habe mich gegen eine Psychoanalyse stets gesträubt. Ich möchte gerne im Dunkel des Nicht-Analysiertseins verbleiben. Ich will nicht, dass der Legehenne mit den goldenen Eiern der Bauch aufgeschnitten wird!

Zu meinem fünfzigsten Geburtstag hatte mir auch Sigmund Freud mit ein paar Sätzen schriftlich gratuliert, in denen er mein besonderes Glück herausstrich. Daraufhin hatte ich mich bei ihm bedankt, aber auch nachgefragt, wie er sich so sicher sein könne, dass ich glücklich sei. Denn er sei zwar in die Haut so vieler Menschen, ja der Menschheit geschlüpft, habe aber doch bisher keine Gelegenheit gehabt, in meine zu schlüpfen. Es stellte sich heraus, dass das alles ein Missverständnis war. Freud wollte damit sagen, dass ich als Physiker Glück hatte, weil die

221

meisten Menschen von meinem Fachgebiet keine Ahnung hatten und deshalb die Richtigkeit meiner Theorien nicht anzweifeln konnten. Bei ihm war das ganz anders, denn auch Leute, die nichts von Psychologie verstanden, scheuten sich nicht, die Theorien der Psychoanalyse infrage zu stellen. Zu seinem 75. Geburtstag habe ich dann an Sigmund Freud meine herzlichsten Glückwünsche geschickt. Zwischen uns bestand eine ganz besondere Verbindung. Nicht etwa deswegen, weil wir beide nichtgläubige Juden waren, sondern weil immer wieder behauptet wurde, dass zwischen uns eine Art symbolischer Verwandtschaft bestand: Marx, Darwin, Freud und Einstein galten vielen als die »Väter der Moderne«.

In meinem offenen Brief an Sigmund Freud stellte ich vor allem eine Frage:»Gibt es einen Weg, die Menschen von dem Verhängnis des Kriegs zu befreien?« Ich bat ihn darum, mir zu erklären, was der Grund dafür war, dass die Menschen sich hassten und ganze Völker und Kulturen sich gegenseitig auszulöschen versuchten. Handelte es sich dabei um einen Trieb, gegen den auch die zivilisierte Menschheit machtlos war? Gab es einen Weg, um unsere Kinder so zu erziehen, dass sie in der Lage waren, diesen Gewaltimpuls zu beherrschen?

Sigmund Freud antwortete mir darauf, dass es seiner Meinung nach einen menschlichen Destruktionstrieb gebe, den er auch Aggressions- oder Todestrieb nannte. Diese dunkle Seite des Menschen gehöre ebenso zu seiner Natur wie der Lebenstrieb, zu dem er das Bedürfnis nach Sexualität, Liebe und Selbsterhaltung zählte:

»Der eine dieser Triebe ist ebenso unerlässlich wie der andere, aus dem Zusammen- und Gegeneinanderwirken der beiden gehen die Erscheinungen des Lebens hervor. [...] Aus dem Vorstehenden entnehmen wir für unsere nächsten Zwecke so viel, dass es keine Aussicht hat, die aggressiven Neigungen der Menschen abschaffen zu wollen. Es soll in glücklichen Gegenden der

Erde, wo die Natur alles, was der Mensch braucht, überreichlich zur Verfügung stellt, Völkerstämme geben, deren Leben in Sanftmut verläuft, bei denen Zwang und Aggression unbekannt sind. Ich kann es kaum glauben, möchte gern mehr über diese Glücklichen erfahren. [...] Seit unvordenklichen Zeiten zieht sich über die Menschheit der Prozess der Kulturentwicklung hin [...] Von den psychologischen Charakteren der Kultur scheinen zwei die wichtigsten: die Erstarkung des Intellekts, der das Triebleben zu beherrschen beginnt, und die Verinnerlichung der Aggressionsneigung mit all ihren vorteilhaften und gefährlichen Folgen. Den psychischen Einstellungen, die uns der Kulturprozess aufnötigt, widerspricht nun der Krieg in der grellsten Weise; darum müssen wir uns gegen ihn empören, wir vertragen ihn einfach nicht mehr. [...] Es ist nicht zu sagen, aber vielleicht ist es keine utopische Hoffnung, dass der Einfluss dieser beiden Momente, der kulturellen Einstellung und der berechtigten Angst vor den Wirkungen eines Zukunftskrieges, dem Kriegführen in absehbarer Zeit ein Ende setzen wird. [...] Alles, was die Kulturentwicklung fördert, arbeitet auch gegen den Krieg.«

Ich habe von Freuds Antwortbrief, der viele Seiten lang war, die wichtigsten Aussagen zusammengefasst. Insgesamt machte er auf mich einen düsteren, fast verzweifelten Eindruck. Auch mich selbst befiel eine unendliche Traurigkeit, da ich miterleben musste, wie Europa der Faszination der Diktatur erlag. Ich gab meine Mitarbeit in der Völkerbundkommission für internationale geistige Zusammenarbeit endgültig auf. Ich konnte nicht mehr daran glauben, dass mit Büchern gegen Waffenlärm viel auszurichten war. Was für eine naive Vorstellung! Der Völkerbund hätte 1918 eine tatsächliche allgemeine Abrüstung fordern sollen. Es wurde immer schwieriger, ein Pazifist zu sein.

Abraham Flexner kam mit einem fertig ausgearbeiteten Vertrag in der Tasche nach Berlin. Das geplante neue Forschungszentrum hatte inzwischen einen Namen: The Institute for Advanced Study. Die Universität von Princeton hatte sich dazu bereit erklärt, das Forschungszentrum zunächst auf ihrem Campus zu beherbergen.

Ich fragte Flexner nach den Lebenshaltungskosten in den Vereinigten Staaten:

»Meine Gehaltsvorstellungen liegen bei 3000 Dollar im Jahr. Könnte ich auch mit weniger auskommen? Was meinen Sie?«

»Mit dieser Summe werden Sie nicht auskommen. Lassen Sie mich das in aller Ruhe mit Ihrer Frau besprechen. Ich bin mir sicher, wir werden eine Lösung finden.«

Flexner hat mir schließlich 16 000 Dollar für sechs Monate im Jahr angeboten. Ich hatte vor, Mitglied der Preußischen Akademie der Wissenschaften zu bleiben, so viel Zeit wie möglich in meinem geliebten Sommerhaus in Caputh zu verbringen und meine alljährlichen Vorlesungen in Leiden und Oxford zu halten. Der einzige Unterschied zu bisher bestand darin, dass ich nicht mehr nach Pasadena reisen würde. Flexner bot mir nicht nur bessere Bedingungen als am California Institute of Technology, sondern hatte sich auch bereit erklärt, meinen Assistenten Walther Mayer zu bezahlen, was für mich sehr wichtig war.

Doch bevor das alles endgültig geregelt war, stand noch ein weiterer Aufenthalt in Pasadena bevor. Als wir bei unserer Abreise die Tür unseres Hauses in Caputh abgesperrt hatten und in das Taxi einstiegen, das uns zum Bahnhof bringen sollte, sagte ich zu Elsa:

»Schau dir das Haus gut an. Wir werden es vielleicht nie wiedersehen.«

»Hast du etwa eine Vorahnung, Albert? Das sieht dir gar nicht ähnlich.«

»Ich würde eher von Wahrscheinlichkeit als von Vorahnung sprechen. Wenn Hitler an die Macht kommt, dann wird er sicherlich die Besitztümer der Juden beschlagnahmen…«

Wir unterbrachen unsere Reise für einen Besuch bei der Königin von Belgien. Sie ließ einen Bratschisten und einen Cellisten kommen und wir spielten ein Streichquartett von Mozart. Ich bat die Königin, die Stimme der ersten Geige zu übernehmen: »Sie sind im Protokoll vor mir, Elisabeth.«

»Das meinen Sie nur im Scherz, Albert! Sie haben in aller Welt den Vortritt. Keine falsche Bescheidenheit!«

Ich spiele in einem Streichquartett lieber die Stimme der zweiten Geige. Man folgt der Melodie der ersten Geige und hat dabei noch genug Muße, um der Musik zuzuhören oder vor sich hin zu träumen. Ich glaube, dass die Königin aus den gleichen Gründen wie ich die zweite Geige bevorzugte. Aus Höflichkeit spielte ich darum die erste Geige. Danach haben wir zusammen zu Abend gegessen. Es gab überbackenen Schikoree. Elisabeth erklärte mir, dass es sich dabei um ein typisch belgisches Gericht handelte.

»Wir essen hier auch sehr gerne Pommes frites. Und was isst man in Amerika?«

»Auch sehr gerne Pommes frites. Sie nennen sie dort *french fries*.«

»Freuen Sie sich auf Ihren Aufenthalt?«

»Durchaus. Doch sehen es nicht alle Amerikaner gerne, dass ich mich in ihrem Land aufhalte. Es gibt dort eine ›Patriotische Liga‹, die gegen meine Einreise protestiert hat. Die Mitglieder sind der Meinung, ich sei ein deutscher Bolschewik. Meine Theorie sei vollkommen wertlos. Sie sei zwangsläufig unverständlich, weil es da überhaupt nichts zu verstehen gebe… Auch eine ›Organisation patriotischer Frauen‹ hat gefordert, dass mir das Einreisevisum verweigert werden soll, weil ich ein Kommunist sei.«

»Wie konnten diese Menschen denn auf die Idee kommen, dass Sie Kommunist sind?«

»Sie mögen meinen Pazifismus nicht. Außerdem habe ich in der *New York Times* ein paar Dinge über die Religion geschrieben, die ihnen nicht gefallen haben. In Deutschland verbreiteten die Antisemiten vor ein paar Jahren sogar das Gerücht, dass ich mich in der Sowjetunion bei den Bolschewiken aufhalten würde.«

»Sind Sie jemals dort gewesen?«

»Kein einziges Mal. Ich weiß nicht, ob die Verhältnisse in der Sowjetunion tatsächlich den Idealen des Kommunismus entsprechen, aber was ich davon erfahren habe, gefällt mir überhaupt nicht. Die Parteifunktionäre dort bekämpfen sich auf die hinterhältigste Weise, um an die Macht zu kommen. Die einfachen Bürger haben alle ihre Freiheiten verloren, zuallererst die Redefreiheit. Was ist ein Leben unter solchen Bedingungen denn noch wert? Außerdem haben sie dort für meine Theorie genauso wenig übrig wie die Nazis. Sie behaupten, es handle sich dabei um bürgerliche Wissenschaft, reine Spekulation und alles sei völlig unverständlich. Ohne jeden Nutzen für das Proletariat.«

Am 30. Januar 1933, während ich mit Tolman und Hubble am Mount Wilson die Evolution des Universums erforschte, wurde Adolf Hitler von Reichspräsident Hindenburg in Berlin zum Reichskanzler ernannt.

Knapp einen Monat später ließen die Nationalsozialisten den Reichstag in Brand setzen, machten dafür die Kommunisten verantwortlich, verhängten den Ausnahmezustand und errichteten in Deutschland eine totalitäre Diktatur. Die Zeitungen griffen nicht nur mich als »Vaterlandsfeind und Verräter« an, sondern auch die Schriftsteller Stefan Zweig, Thomas Mann sowie beinahe alle Künstler und Intellektuellen.

Bevor ich Pasadena verließ, gab ich am 10. März einer Journalistin ein Interview:

»Solange mir eine Möglichkeit offen steht, werde ich mich nur in einem Land aufhalten, in dem politische Freiheit, Toleranz und Gleichheit aller Bürger vor dem Gesetz herrschen. Zur politischen Freiheit gehört die Freiheit der mündlichen und schriftlichen Äußerung politischer Überzeugung, zur Toleranz die Achtung vor jeglicher Überzeugung eines Individuums. Diese Bedingungen sind gegenwärtig in Deutschland nicht erfüllt.«

»Werden Sie in den Vereinigten Staaten bleiben?«

»Ich werde zunächst einmal meine Vorlesungen in Leiden und in Oxford halten. Dann werde ich sechs Monate in Princeton verbringen. Ich weiß noch nicht, wohin ich meinen Hauptwohnsitz verlegen werde. Vielleicht in die Schweiz...«

Genau in dem Augenblick, als wir unser Gespräch beendeten, ereignete sich ein Erdbeben. Doch die politischen Erschütterungen im fernen Deutschland, die auf mein Leben und das Leben aller Deutschen so große Auswirkungen haben sollten, beschäftigten mich so, dass ich davon überhaupt nichts bemerkte. Später habe ich mir sagen lassen, dass es sich um das stärkste Erdbeben handelte, das sich in Los Angeles jemals ereignet hat.

Wir haben erneut die Vereinigten Staaten im Zug durchquert. Wie im Vorjahr hielt ich in Chicago und in New York mehrere Reden auf Veranstaltungen jüdischer Organisationen. Meine Aufrufe zum Pazifismus waren deutlich verhaltener als früher. Ich hoffte immer noch auf den Frieden, aber ich forderte die Studenten nicht mehr dazu auf, den Militärdienst zu verweigern.

In New York suchte mich der deutsche Konsul in meinem Hotel auf, den ich bereits bei meinen früheren Reisen kennen gelernt hatte.

»Offiziell darf ich Ihnen nur mitteilen, dass Sie Deutscher sind und natürlich nach Berlin zurückkehren können. Inoffiziell rate ich Ihnen dringend davon ab. Man wird Sie an den Haaren durch die Straßen schleifen...«

Die Berliner Zeitungen druckten in fetten Schlagzeilen:

»GUTE NACHRICHT VON EINSTEIN – ER KOMMT NICHT WIEDER!«

Als wir in Belgien ankamen, erfuhr ich, dass die Nazis bereits Anstalten machten, alle Juden (und »Halbjuden«) aus öffentlichen Ämtern sowie von den Lehrstühlen an den Universitäten zu entfernen. Der Dirigent Bruno Walter war nach Österreich geflohen. Andere berühmte Juden sollten seinem Beispiel bald folgen und Deutschland verlassen.

Doch viel zu viele Juden sind in ihrem Heimatland geblieben und starben später in den Konzentrationslagern. Man kann ihnen nicht vorwerfen, dass sie darauf vertrauten, das Gute würde über das Böse siegen. Ich selbst hatte überhaupt keine andere Wahl, deshalb war für mich die Entscheidung leicht zu treffen. Die Nazis hatten mich schon ganz früh persönlich bedroht. Ich wusste, dass sie mich verhaften lassen würden, wenn nicht Schlimmeres, sobald ich nach Berlin zurückkehrte.

Während wir uns noch auf hoher See befanden, drang ein uniformierter Schlägertrupp in unser Caputher Landhaus ein und verwüstete es. Angeblich suchten sie dort nach versteckten Waffen. Ich glaubte zuerst, dass es sich um so etwas wie einen Racheakt oder eine Art Strafmaßnahme handelte. Doch allmählich kam ich darauf, dass sie es tatsächlich ernst gemeint hatten, so unglaublich das auch klingen mag. Die Nationalsozialisten waren tatsächlich so dumm, ihre eigenen Hetzparolen für bare Münze zu nehmen. Da sie mich als Kopf der »jüdischen Weltverschwörung« und somit als Hauptfeind Deutschlands betrachteten, glaubten sie wohl wirklich, in meinem Haus versteckte Waffen finden zu können.

Die Vorstellung, dass ich vielleicht nie mehr mein Haus, den See mit seinen vom Wind gekräuselten Wellen und meinen *Tümmler* wiedersehen sollte, stimmte mich traurig. Wenn ich auf Reisen ging, dann ließ ich meine Lieblingsgeige zu Hause und nahm ein anderes Instrument mit, dem die salzige Meerluft und die Erschütterungen nicht allzu viel ausmachten. Sicherlich hatten die Plünderer auch meine Geige mitgenommen. Sie war selbstverständlich keine Stradivari, aber doch eine sehr gute Violine, die Anfang des 19. Jahrhunderts von einem bayerischen Geigenbauer gefertigt worden war. Für mich war sie wie ein vertrauter, guter Freund, mit dem ich mich bestens verstand.

Ohne ein Wort austauschen zu müssen, führten wir leidenschaftliche Gespräche miteinander. Sonst besaß ich keine anderen Gegenstände von besonders großem Wert, doch an meinen Büchern hing ich sehr, und wenn ich die Augen schloss, sah ich vor mir, wie SA-Männer das kleine Schränkchen verbrannten oder in den See warfen, in dem ich die unzähligen Briefe aufbewahrte, die ich von Hendrik Lorentz, Paul Ehrenfest, Max Planck, Marie Curie und anderen Freunden erhalten hatte.

Zu Beginn der Zwanzigerjahre hatte meine Geburtsstadt Ulm eine Straße nach mir benannt. Die Nationalsozialisten machten das rückgängig. Sie tauften die Einsteinstraße um; aus ihr wurde eine Fichtestraße.

*

Der Bürgermeister von Antwerpen stellte uns freundlicherweise ein Haus am Meer als vorübergehendes Domizil zur Verfügung. Danach zogen wir in einen kleinen Badeort in der Nähe von Ostende namens Le Coq-sur-Mer.

Ich begab mich zur deutschen Botschaft in Brüssel und habe dort unter großer öffentlicher Aufmerksamkeit die deutsche Staatsbürgerschaft abgelegt. Die Nazis waren darüber sehr erbost. Mit dieser Geste war ich ihnen zuvorgekommen, denn sie planten bereits seit längerem, mir aus Propagandazwecken mit großem Getöse die deutsche Staatsbürgerschaft abzuerkennen. Ich sollte nicht mehr die Ehre haben, ein Deutscher zu sein!

Auch aus der Preußischen Akademie der Wissenschaften bin ich damals freiwillig ausgetreten. Ich wollte Walther Nernst und Max Planck die unangenehme Situation ersparen, eines Tages auf einer Sitzung für oder gegen meinen Ausschluss stimmen zu müssen. Die Akademie veröffentlichte daraufhin eine Mitteilung, in der ich des Vaterlandsverrats bezichtigt und mein Ausscheiden ohne Bedauern zur Kenntnis genommen wurde. Lediglich Max von Laue hat mutig das Wort zu meiner Verteidigung ergriffen; Nernst, Planck und Haber waren da weitaus vorsichtiger.

Am 10. Mai 1933 verbrannten die Nationalsozialisten mehr als zweitausend Bücher auf dem Platz gegenüber der Berliner Universität. Meine bescheidenen Schriften befanden sich in bester Gesellschaft: Auch die Werke von Sigmund Freud, Thomas Mann, Stefan Zweig und selbst die Romane ausländischer Autoren wie Upton Sinclair wurden verbrannt.

Im Namen des Kaiser-Wilhelm-Instituts erklärte Max Planck, dass die deutsche Wissenschaft sich »freudig am Aufbau des neuen Staates« beteiligen wolle.

Dieser neue deutsche Staat beschlagnahmte alle meine Besitztümer: das Haus in Caputh, die Wohnung in der Haberlandstraße, mein Bankkonto. Ein Glück, dass ich so umsichtig gewesen war und meine gesamten ausländischen Einkünfte auf Bankkonten in Leiden und in New York überwiesen hatte.

Ilse und Margot, Elsas Töchter aus ihrer ersten Ehe, verließen Deutschland ebenfalls. Auch Walther Mayer, mein Assistent, und mein Arzt Dr. Janos Plesch entschlossen sich sehr früh dazu.

Ich schrieb an meinen Freund Maurice Solovine in Paris: »Wenn Sie aus Deutschland geflüchtete jüdische Akademiker sehen, dann veranlassen Sie sie, sich mit mir in Verbindung zu setzen. Ich möchte mit ein paar Freunden versuchen, eine jüdische Gastuniversität für jüdische Dozenten und Professoren im Ausland (England?) ins Leben zu rufen, um wenigstens den dringendsten Bedürfnissen zu entsprechen und eine Art geistiger Zuflucht zu schaffen.«

Der ungarische Physiker Leo Szilard, der in London lebte und sich sehr darum bemühte, emigrierten Juden zu helfen, besuchte mich in Belgien. Wir unterhielten uns über mein Vorhaben, und er überzeugte mich davon, dass eine solche Neugründung vielleicht doch nicht der beste Weg war. Es würde einfacher sein, den jüdischen Wissenschaftlern einzeln zu helfen. Die englischen Universitäten seien durchaus bereit, ihnen Stellen anzubieten –

vor allem da sie wussten, dass die Emigranten auch für eine geringe Bezahlung arbeiten würden.

Man sagte mir, es gebe durchaus Deutsche, die diesen Exodus der jüdischen Intellektuellen und Wissenschaftler bedauerten. Einer dieser Männer soll im privaten Kreis geäußert haben: »Wir verschleudern unsere Ware zu Spottpreisen. Es wird sicherlich schlaue Füchse geben, die diese Gelegenheit nutzen.«

Kurz bevor ich nach England abreiste, um dort meine Vorlesungen in Oxford zu halten, erhielt ich die Nachricht, dass Eduard, der jüngere meiner beiden Söhne, schwer erkrankt war. Sofort bestieg ich einen Zug nach Zürich. Unglückseligerweise litt er an Schizophrenie (was in Milevas Familie schon einige Male vorgekommen war). Die Ärzte der Nervenheilanstalt, in die er eingeliefert worden war, machten mir keine großen Hoffnungen. Wahrscheinlich würde er nie mehr gesund werden.

Als ich nach meinem Umweg über die Schweiz schließlich in Oxford eintraf, besuchte ich als Erstes eine Vorlesung von Ernest Rutherford. Meine Stimmung war sehr gedrückt. In Deutschland war die Lage mehr als düster, mein Sohn war in einer Irrenanstalt eingesperrt und auch meine eigene Zukunft war ungewiss. Am Ende seiner Vorlesung bat Rutherford mich, nach vorn ans Pult zu kommen. Der ganze Hörsaal hat mir so begeistert Beifall gespendet, dass ich unwillkürlich lächeln musste. Mein Lebensmut kehrte wieder zurück.

Ich erhielt auch eine gute Nachricht: Helene Dukas war es gelungen, meine Korrespondenz und weitere wichtige Papiere zu retten. Sie hatte alles zur französischen Botschaft in Berlin gebracht und von dort aus waren die Dokumente im Diplomatengepäck nach Paris gelangt.

Nach mehreren Vorträgen in Oxford sowie einem Vortrag im schottischen Glasgow, die ich das erste Mal auf Englisch gehalten hatte, kehrte ich nach Belgien zurück. In dieser Phase meines Lebens ereignete sich eine entscheidende Wende: Ich rückte vom Pazifismus ab und schlug einen neuen Weg ein, der mich schließlich auch den Bau der Atombombe befürworten ließ. Ich würde Ihnen dazu gern ausführliche Erklärungen mitliefern, Miss Peggy, denn wir nähern uns jetzt der Sache, die Sie mir vorwerfen. Aber keine Erklärung kann wirklich wiedergeben, was ich angesichts der Gewaltherrschaft der Nationalsozialisten empfand. Wir mussten uns zur Wehr setzen, das ging gar nicht anders. Unmittelbar nach dem Ersten Weltkrieg war der Pazifismus eine ernst zu nehmende politische Position. Wenn die Länder Europas sich damals tatsächlich zum Pazifismus bekannt hätten, wenn sie ernsthaft gemeinsam abgerüstet hätten, dann wäre uns allen die Katastrophe des Zweiten Weltkriegs erspart geblieben. Aber nach 1933 war es nicht mehr möglich, ein Pazifist zu sein. Dafür war es zu spät.

Der Anwalt von zwei jungen Belgiern, die festgenommen worden waren, weil sie den Militärdienst verweigert hatten, bat mich, als Fürsprecher der beiden Angeklagten aufzutreten. Als ich gerade an einem Antwortbrief schrieb, in dem ich meine neue Position so klar als möglich darzulegen versuchte, erhielt ich ein Telegramm:

»Der Gatte der zweiten Geigerin wünscht Sie in einer dringenden Angelegenheit zu sprechen.«

Das Telegramm kam von König Albert, da gab es keinen Zweifel. Ich fuhr sofort nach Brüssel. Der König hatte nicht ahnen können, dass ich meine Meinung über den Pazifismus geändert hatte. Und so konnte ich ihn beruhigen:

»Es stimmt, dass ich lange Zeit für eine Verweigerung der militärischen Dienstpflicht war. Doch die belgische Armee dient heutzutage der Verteidigung, nicht dem Angriff. Angesichts der gegenwärtigen Entwicklungen in Deutschland ist dies überaus notwendig. Meine pazifistische Überzeugung war richtig, solange keine der größeren Nationen eine andere ernstlich bedrohte. Im Übrigen habe ich überhaupt keine Veranlassung, mich in die Angelegenheiten eines Landes einzumischen, dessen Gastfreundschaft ich genieße.«

»Es gereicht uns zur Ehre, Sie bei uns aufnehmen zu dürfen, lieber Albert. Ein Mann von Ihrer geistigen Größe kann im Namen der gesamten Menschheit sprechen, nicht nur eines einzelnen Volkes. Selbstverständlich dürfen Sie Ihre Meinung zu diesem Fall äußern.«

»Nun, ich bin der Ansicht, dass junge Männer, die aus Gewissensgründen den Militärdienst verweigern, nicht wie Verbrecher behandelt werden sollten. Sie könnten vielleicht außerhalb der Armee ihren Dienst ableisten, im Bergbau oder in den Fabriken. Vielleicht sollte ich das in dem Brief an den Rechtsanwalt schreiben.«

»Erwähnen Sie auf keinen Fall unser Gespräch. Als Souverän dieses Landes darf ich mich in schwebende Verfahren nicht einmischen.«

Ich schrieb an den Rechtsanwalt einen offenen Brief, in dem ich darauf hinwies, dass Deutschland »offenkundig mit allen Mitteln auf einen Krieg hinarbeitet«. Deshalb befänden sich insbesondere Frankreich und Belgien »in einer schweren Gefahr und sind auf ihre Wehrmacht unbedingt angewiesen«. Meine Schlussfolgerung aber lautete: »Unter den heutigen Umständen würde ich als Belgier den Kriegsdienst nicht verweigern, sondern ihn in dem Gefühl, der Rettung der europäischen Zivilisation zu dienen, gerne auf mich nehmen.«

Die Veröffentlichung dieses Briefs hat in Pazifistenkreisen große Bestürzung ausgelöst. Ich – als ein in aller Welt bekannter Mann – war ein wichtiges Sprachrohr für den Pazifismus gewesen. Romain Rolland erklärte, dass ich die jungen Männer, die aus Gewissensgründen den Militärdienst verweigerten, jetzt verraten würde, nachdem ich sie zuvor zu einer solchen Haltung aufgerufen hätte. Andere bekannte Pazifisten bezeichneten meinen Gesinnungswandel als heimtückischen »Dolchstoß«. In Friedenszeiten, so führten sie aus, sei es leicht, ein Pazifist zu sein. Doch wer wirklich ein Pazifist sei, das stelle sich erst heraus, wenn ein Krieg unmittelbar drohe. Und dann gab es auch Stimmen, die darauf hinwiesen, dass jemand ein großer Gelehrter und zugleich ein erbärmlicher Politiker sein kann. Womit sie natürlich grundsätzlich Recht haben.

Alle diese Leute waren absolute Pazifisten, während ich nur ein relativer Pazifist war …

Von einem Tag auf den anderen war ich zu einem Symbol des Widerstands gegen Nazi-Deutschland geworden. Ein englischer Parlamentsabgeordneter, ein gewisser Mr Oliver Locker-Lampson, lud mich nach London ein, wo ich Winston Churchill, Lloyd George und andere bedeutende englische Politiker kennen lernte. Ich schrieb an Elsa:

»Winston Churchill hat auf mich großen Eindruck gemacht. Die Engländer haben gut vorgebaut und werden entschlossen und bald handeln.«

Bei Lloyd George, der während des Ersten Weltkriegs britischer Premierminister gewesen war (Winston Churchill war damals sein Kriegsminister), trug ich mich in das Gästebuch ein. In die Rubrik »Adresse« schrieb ich: »Keine«.

Am nächsten Tag hielt Locker-Lampson eine eindringliche Rede vor dem englischen Unterhaus:

»Einstein hat keinen Wohnsitz mehr. Die Hunnen haben ihm allen seinen Besitz genommen, bis hin zu seiner Geige. Es würde der Tradition unseres Landes zur Ehre gereichen, wenn wir die von den Nazis verfolgten Juden bei uns aufnähmen und ihnen die englische Staatsbürgerschaft gewährten.«

Dieser Vorschlag war sehr großzügig. Unglückseligerweise haben die Abgeordneten des Unterhauses diesem Antrag nicht zugestimmt und England hat die europäischen Juden nicht gerettet.

Ich kehrte nach Belgien zu Elsa zurück. In England hatte ich das Geleitwort zu einem Buch verfasst, das Hitlers Diktatur anprangerte. Das brachte die Nazis noch mehr gegen mich auf, ja sie gingen sogar so weit, dass sie ein Kopfgeld auf mich aussetzten. Wer mich umbrachte, sollte dafür eine Belohnung von 5000 Dollar erhalten. Einer der nationalsozialistischen Verbände hatte das laut verkündet. Vor Journalisten spottete ich darüber:

»Ich wusste gar nicht, dass mein Kopf so viel wert ist! Diese Drohung beunruhigt mich nicht besonders. Wenn ein Verbrecher eine Tat plant, dann schreit er das nicht von den Dächern.«

Die belgische Polizei hat mir zugesichert, dass sie sich sehr diskret um meinen Personenschutz kümmern würde. Sie schien die Sache ebenfalls nicht besonders ernst zu nehmen. Dennoch bin ich wieder nach England abgereist. Elsa, die lieber jedes Risiko vermeiden wollte, hatte Locker-Lampson angerufen und ihn gebeten, mich nochmals einzuladen. Sie selbst blieb in Belgien, um alles für unsere nächste große Reise vorzubereiten. Wir würden ein ganzes Semester in Princeton verbringen. Ich habe nie so recht verstanden, wie Elsa es schaffte, jedes Mal zwei große Überseekoffer voll zu packen und dann im allerletzten Moment immer noch Sachen übrig zu haben, um damit drei, vier weitere Gepäckstücke zu füllen.

In den englischen Boulevardzeitungen war zu lesen, Locker-Lampson habe mich in einem Unterseeboot durch den Ärmelkanal auf die Insel gebracht und Scotland Yard lasse mich rund um die Uhr bewachen. Das war natürlich alles reine Erfindung! Aber es stimmt, dass Locker-Lampson, der eine ziemlich theatralische Ader hatte, mich in einem Landhaus versteckte, das von zwei hübschen Sekretärinnen mit Gewehren bewacht wurde. Außerdem ließ er verkünden:

»Jeder, der sich ohne Erlaubnis nähert, erhält eine Kugel in den Kopf.«

Auch Fotografen wurden von ihm zu einem Termin bestellt. Daraufhin druckten die Zeitungen in aller Welt Bilder meiner zwei weiblichen Bodyguards ab, die sich um ein möglichst gefährliches Aussehen bemühten. Die Journalisten haben mich sehr schnell ausfindig gemacht. Ich beschrieb ihnen meine Lage:

»Ich würde sehr gerne britischer Staatsbürger werden. Doch ich habe noch nicht endgültig entschieden, ob ich in England meinen Wohnsitz haben werde. In vier Wochen werde ich nach Amerika abreisen, um in Princeton mehrere Vorträge zu halten. Professor Millikan hat mir das Angebot gemacht, nach Pasadena zu kommen, wo sich die beste Sternwarte der Welt befindet. Das ist sehr verlockend, aber ich glaube, ich fühle mich zu sehr als Europäer und werde deshalb nach England zurückkommen.«

Mein Assistent Walther Mayer kam mir nachgereist. Wir machten lange Spaziergänge durch die neblige Hügellandschaft und arbeiteten.

Der Bildhauer Jacob Epstein hatte mich gebeten, von mir eine Büste anfertigen zu dürfen. Ich saß ihm dafür stundenlang Modell. Das ist eine sehr interessante Erfahrung, Miss Peggy! Sie sollten das auch einmal ausprobieren. Der Bildhauer modellierte zunächst mein Ebenbild aus Lehm, aus demselben Stoff, aus dem Gott Adam erschaffen hat. Danach schuf er seine Steinbüste. Er stellte sein Werk in einer Londoner Galerie aus. Dort versuchten Unbekannte, die Büste zu beschädigen. Selbst in England hatte ich Feinde. Auch dort gab es Gruppen, die Hitler bewunderten. Sie verlangten, dass die Engländer sich mit ihm gegen die Sowjetunion verbünden sollten, und klagten die Juden einer Verschwörung gegen alle Nichtjuden an.

Während meines Aufenthalts in England starben zwei meiner Freunde.

Fritz Haber hatte geglaubt, vor Anfeindungen durch die Nationalsozialisten sicher zu sein. Er war blond, er war zum Protestantismus konvertiert, er hatte im Ersten Weltkrieg mehr als jeder andere deutsche Wissenschaftler zu einem Sieg der Deutschen beizutragen versucht. Trotzdem erging es ihm nicht anders als allen anderen Juden. Er durfte nicht länger Professor an der Berliner Universität bleiben und wurde aus der Preußischen Akademie der Wissenschaften ausgeschlossen. In seiner Not floh er nach England, doch war er dort nicht gerade willkommen. Max Born (ebenfalls ein emigrierter Jude) berichtete mir, dass Rutherford ihn nicht empfangen wollte:

»Ich weigere mich, dem Erfinder der chemischen Kriegsführung die Hand zu schütteln.«

Ich selbst habe mich gefreut, den guten alten Fritz Haber wiederzusehen. Er war so durch und durch ein Preuße, mit seinem Monokel und seinen Schmissen, dass er fern von Deutschland ganz unglücklich und verloren wirkte. Ich versuchte, ihn zu trösten:

»Sie sollten nicht allzu betrübt sein. Ehrliche Menschen haben in diesem Deutschland keinen Platz mehr. Welche Zukunft wollen Sie sich bei diesen Verbrechern noch erhoffen? Es freut mich zu hören, dass Ihre Bewunderung für die blonden Bestien nachgelassen hat… Was mich betrifft, so glaube ich nicht daran, dass ich meine Heimat noch einmal wiedersehen werde.«

Haber reiste schließlich in die Schweiz. Chaim Weizmann hatte ihn eingeladen und ihm einen Posten an der Hebräischen Universität in Jerusalem angeboten. Haber nahm das Angebot an. Doch er starb in Basel, bevor er das Gelobte Land betreten konnte. Er war fünfundsechzig Jahre alt. Fritz Haber und ich waren keine sehr engen Freunde gewesen, doch ich kannte ihn gut. Wir waren beide Mitglieder in der Preußischen Akademie der Wissenschaften und Kollegen am Kaiser-Wilhelm-Institut gewesen. Mit Elsa war ich bei ihm häufig zum Abendessen eingeladen.

Paul Ehrenfest beging Selbstmord. Er versuchte auch, seinen geistig behinderten jüngsten Sohn umzubringen, doch das Kind überlebte. Die politischen Entwicklungen in Deutschland hatten Paul zutiefst erschüttert. Doch ich glaube, er war auch deprimiert, weil er in seiner wissenschaftlichen Arbeit seit einiger Zeit nicht mehr vorankam. Vergeblich hatte ich ihm gesagt, dass wir in unserem Alter, mit über fünfzig Jahren, nicht mehr darauf hoffen durften, noch große wissenschaftliche Entdeckungen zu machen. Wir sollten das besser den Jüngeren überlassen. Ich musste an Tatjana denken, die wahrscheinlich sehr traurig war.

*

Elsa schiffte sich in Antwerpen auf der *Westernland* ein und ich selbst betrat den Ozeandampfer in Southampton. Walther Mayer und Helene Dukas reisten mit uns.

Im Hafen von New York stiegen wir in ein Schnellboot um, sodass wir der Schar von Reportern und Schaulustigen, die uns am Kai erwarteten, entkommen konnten. Den Bürgermeister von New York muss dies sehr enttäuscht haben, denn er hatte eine große Parade geplant. Man erklärte mir, dass er sich erhofft hatte, die New Yorker Juden für seine Wiederwahl gewinnen zu können, wenn er mich wie einen großen Helden empfing.

Abraham Flexner fuhr uns im Automobil nach Princeton, wo wir zunächst eine möblierte Wohnung bezogen. Als ich die Hauptstraße von Princeton entlangspazierte, sah ich einen Studenten in einem Café ein riesengroßes Eis essen. Ich betrat das Café und bestellte dasselbe Eis. Der Student und die Bedienung wirkten ganz überrascht. Vielleicht glaubten sie, dass Einstein sich ausschließlich von Elektronen und Lichtstrahlen ernährte.

In meinem Vertrag war vereinbart, dass ich mich jedes Jahr sechs Monate in Princeton aufhalten sollte. Ich hatte zunächst vor, nach Europa zurückzukehren, um dort weiterhin meinen Lehrverpflichtungen in Oxford und in Leiden nachzukommen. Aber schließlich, Miss Peggy, bin ich in Princeton geblieben. Seit siebzehn Jahren wohne ich jetzt hier … Welchen Ort hätte ich in Europa auswählen sollen? Princeton ist ein angenehmes Städtchen, dessen Leben fast ganz von der Universität beherrscht wird, so wie in Oxford. Es gibt dort viele Parks mit hundert Jahre alten Bäumen, die mir den Eindruck vermittelten, vom Chaos der übrigen Welt abgeschirmt zu sein. Wir mieteten uns ein gemütliches kleines Haus. Ich konnte jeden Morgen zu Fuß zum Institute for Advanced Study gehen, das vorerst in Räumen der Universität untergebracht war. Später sollte ein eigenes Gebäude errichtet werden. Das Institut (das manche Einwohner von Princeton »Einstein-Institut« nannten) hatte achtzehn Mitglieder. Ich konnte mich ganz meiner Forschung widmen und hatte keinerlei Lehrverpflichtungen.

Trotzdem dauerte es einige Zeit, bis ich mich in mein neues Leben eingewöhnt hatte. Mein Englisch war immer noch dürftig. Der Sohn des damaligen Dekans der Universität hat mir kürzlich erzählt, dass er sich gerade im Büro seines Vaters befand, als eines Tages im Dezember 1933 das Telefon klingelte. Er hob den Hörer ab:

»Ich möchte bitte den Dekan sprechen«, sagte eine Stimme.

»Der ist gerade nicht da.«

»Können Sie mir bitte sagen, wo Mr Einstein wohnt?«

»Tut mir Leid. Wir können Ihnen die Adresse von Professor Einstein nicht geben. Wir wollen nicht, dass die Presse sein Haus belagert.«

»Aber ich bin Professor Einstein! Ich habe einen Spaziergang gemacht und jetzt finde ich mein Haus nicht wieder…«

Ich habe eine hervorragende Englischlehrerin gefunden: ein kleines sechsjähriges Mädchen namens Amy, die Tochter unserer Nachbarn. Ich half ihr bei ihren Rechenaufgaben und schenkte ihr einen Kompass, um ihr vorzuführen, dass die Nadel immer nach Norden zeigt.

Unsere Nachbarn, wie fast alle Einwohner von Princeton, waren sehr nett zu uns. Ich hatte den Eindruck, dass die Amerikaner mich jetzt vor allem als Albert Einstein, den kleinen tapferen Kämpfer gegen den Diktator Hitler, betrachteten und nicht mehr so sehr als den großen Erfinder der Relativitätstheorie.

Der Gouverneur von New Jersey gab ein festliches Abendessen für mich. Der damalige Präsident der Vereinigten Staaten, Franklin D. Roosevelt, hat uns ins Weiße Haus eingeladen. Wir unterhielten uns über die politische Lage in Europa. Er sprach gut Deutsch. Danach schickte ich eine Postkarte an meine Freundin, die Königin von Belgien:

>»In der Hauptstadt stolzer Pracht
>Wo das Schicksal wird gemacht
>Kämpfet froh ein stolzer Mann
>Der die Lösung schaffen kann.
>
>Beim Gespräche gestern Nacht
>Herzlich Ihrer ward gedacht.
>Was berichtet werden muss
>Darum send ich diesen Gruß.«

Im Frühjahr 1934 reiste ich nach New York, um an einer Wohltätigkeitsgala für die jüdischen Pioniere in Palästina teilzunehmen. Die Zeitungen berichteten, dass dies mein letzter öffentlicher Auftritt in den Vereinigten Staaten sein würde, bevor ich wieder nach Europa zurückkehrte. Tatsächlich war für uns eine Kabine auf einem Passagierschiff reserviert, das im April nach Antwerpen ablegte. Aber Elsa erging es ebenso wie mir: Unser neues Leben in Princeton gefiel uns. Warum sollten wir wieder ins Unbekannte aufbrechen? Wir beschlossen deshalb, in Amerika zu bleiben. Ich schlug den Leuten in Oxford vor, das mir gewährte Stipendium einem anderen aus Deutschland geflohenen jüdischen Wissenschaftler zukommen zu lassen. Erwin Schrödinger, der damals in Oxford lehrte, sich aber gerade auf einer Reise durch die Vereinigten Staaten befand, suchte mich auf. Er wollte mich zu einer Rückkehr nach England bewegen:
»Man hat mir in Oxford gesagt, dass Sie die britische Staatsbürgerschaft beantragen wollen.«

»Letztes Jahr war das so… aber jetzt… Ich will nicht mehr in den Strudel der Ereignisse in Europa hineingezogen werden. Ich habe nicht nur dem College in Oxford, sondern auch der Universität in Leiden, dem Collège de France in Paris und sogar der Universität in Madrid versprochen, dort Vorlesungen zu halten. Außerdem werden mich verschiedenste Gruppen bedrängen, auf ihren Veranstaltungen zu sprechen, um damit ihrem Kampf gegen den Nationalsozialismus größeren Nachdruck zu verleihen. Doch das ist noch nicht alles… Elsas Verwandte sind als Flüchtlinge über ganz Europa verstreut. Sie werden erwarten, dass wir ihnen allen helfen können. Die Aussicht, allen diesen Anforderungen gerecht werden zu müssen, beängstigt mich. Ich brauche etwas Ruhe und Erholung.«

Ich hatte zwei amerikanische Freunde: Leon Watters und Doktor Gustav Bucky. Watters war ein Chemiker, den ich in Pasadena kennen gelernt hatte. Er leitete in New York eine Schule für jüdische Kinder. Wenn wir uns in der Stadt aufhielten, dann wohnten wir meistens bei ihm. Elsa fragte ihn, ob er nicht ein Ferienhaus an einem See für uns wüsste, in dem wir den Sommer verbringen könnten. Doch dann erreichte sie die schlimme Nachricht, dass ihre Tochter Ilse in Paris schwer erkrankt war, und so nahm sie das nächste Schiff nach Frankreich. Ich verbrachte schließlich den Sommer mit dem Arzt Gustav Bucky und seiner Familie. Bucky kannte ich bereits aus Berlin, aus der Zeit vor seiner Emigration in die Vereinigten Staaten. Er mietete für die Sommerwochen in Rhode Island, nördlich von New York, ein großes Haus am Meer. Helene Dukas begleitete mich. Ich brauchte sie, um die vielen Briefe beantworten zu können, die mich erreichten. Soweit es mir möglich war, unterstützte ich Vereine, die jüdischen Flüchtlingen halfen, und zionistische Organisationen.

Gustav Bucky war nicht nur als Arzt tätig. Er war ein begabter technischer Tüftler und erfand gerne alle möglichen Maschinen und Apparate. Er zeigte mir seine Pläne. Das erinnerte mich an die Zeit, als ich in Bern Patentanträge überprüfte… Unsere Zusammenarbeit führte zu einem Ergebnis: Wir ließen gemeinsam einen Fotoapparat patentieren!

Buckys Söhne, die ebenso geschickt wie ihr Vater waren, hatten ein Radiogerät mit Kurzwellenempfang und einer Richtantenne gebastelt, mit dem wir Radiosendungen aus England, Frankreich und Deutschland empfangen konnten. Wir hörten die Reden von Adolf Hitler. Er kam uns mit seinem aufgeregten Gebrülle so albern vor, dass wir laut lachen mussten.

Man hat mir ein Segelboot zur Verfügung gestellt. Ich war schon auf der Ostsee gesegelt und in Belgien entlang der Nordseeküste, doch der Atlantik war etwas ganz anderes. Ich freute mich über die starken Winde. Watters, der mich häufig besuchte, fand allerdings, ich sei zu waghalsig. Oft fuhr ich auf das Meer hinaus, obwohl sich ein Sturm ankündigte. Nie trug ich eine Rettungsweste und außerdem konnte ich nicht einmal schwimmen. Der Wind war oft so heftig, dass mehrmals mein Mast brach und die Küstenwache ein Boot schicken und mich an Land schleppen musste. Gustav Bucky und Leon Watters hatten sehr unterschiedliche Charaktere. Bucky freute sich mit mir, wenn ich nach einem überstandenen Abenteuer in den sicheren Hafen zurückkehrte. Watters dagegen wirkte jedes Mal so verstört, als ob das Ende der Welt uns gerade noch einmal verschont hätte.

Elsa schickte mir ein Telegramm aus Paris: Ihre Tochter Ilse war gestorben. Sie kehrte nach Amerika zurück und brachte ihre zweite Tochter Margot sowie ihren Schwiegersohn mit. Auch Hans Albert, mein ältester Sohn, übersiedelte nach Amerika. Kurze Zeit später traf noch meine Schwester Maja bei uns ein. Die Zahl der Flüchtlinge aus Europa wurde immer größer. So gut ich konnte, versuchte ich, all jenen zu helfen, die mich persönlich um Unterstützung baten – alten Bekannte aus Berlin, näheren oder entfernteren Verwandten aus meiner und Elsas Familie… Für viele Leute unterschrieb ich Bürgschaften, so genannte

Affidavits, die für ein Einreisevisum in die Vereinigten Staaten nötig waren. Ich kann nicht verstehen, warum damals nicht alle amerikanischen Juden meinem Beispiel folgten.

Das Institute for Advanced Study bezahlte mich nicht dafür, dass ich mich um jüdische Flüchtlinge kümmerte. Ich sollte dort physikalische Grundlagenforschung betreiben. Habe ich schon erwähnt, dass ich an dem Institut der einzige Physiker war? Die anderen Mitglieder waren nämlich alle Mathematiker, Philosophen oder Historiker.

Nach wie vor stand für mich die kritische Auseinandersetzung mit der Quantentheorie im Vordergrund, die seit vielen Jahren das wichtigste Forschungsgebiet in der Physik war und immer seltsamere Ergebnisse hervorbrachte. So konnte ein Elektron wie durch Magie aus dem Gefängnis ausbrechen, in das es eingeschlossen war. Der amerikanische Physiker George Gamow nannte das den »Tunneleffekt«. Er veröffentlichte 1940 ein kleines populärwissenschaftliches Buch mit dem Titel »Herr Tompkins im Wunderland«, in dem er die Elektronen mit Billardkugeln vergleicht. Doch anders als die tatsächlichen Billardkugeln nehmen sie nicht nur unvorhersehbare Wege über den Billardtisch; sie können sogar plötzlich außerhalb des Tisches auftauchen, ohne dass irgendjemand weiß, wie ihnen das gelungen ist! Sie sollten dieses Buch einmal lesen, Miss Peggy. Die Relativitätstheorie wird dort auf sehr witzige Weise erklärt.

Das Bild, das die anderen von mir zeichneten, war das eines einsamen Gelehrten, des Letzten seiner Art, der sich weigerte, mit Kollegen zusammenzuarbeiten, und nicht begreifen wollte, dass in den Naturwissenschaften die Forschungsarbeit inzwischen meistens im Team und nicht mehr von lauter Einzelgängern geleistet wurde. Die beiden Physiker Boris Podolsky und Nathan Rosen arbeiteten dennoch bestens mit mir zusammen. 1935 veröffentlichten wir einen Aufsatz zum »EPR-Paradoxon«, wie es später genannt wurde (als Abkürzung für Einstein –

Podolsky – Rosen). Dieses Paradoxon besagt, dass zwei miteinander verbundene oder interagierende physikalische Systeme – zum Beispiel zwei Elektronen – unerklärlicherweise auch dann voneinander abhängig bleiben, wenn sie voneinander getrennt sind, selbst durch eine Entfernung von einer Million Lichtjahren. Das ist so ähnlich wie bei diesen Geschichten, die man manchmal in der Zeitung liest: Zwei Zwillinge, die bei ihrer Geburt getrennt wurden, finden sich vierzig Jahre später zufällig wieder und stellen fest, dass sie beide eine Frau namens Edith geheiratet haben, dass sie beide zwei Töchter haben und einen blauen Ford fahren. Oder anders gesagt, sobald einer der beiden einen blauen Ford kauft, macht der andere es ihm nach. Wie aber soll diese Information übermittelt worden sein? Einfach so, im selben Augenblick (was unmöglich sein dürfte)? Oder durch Lichtgeschwindigkeit? Nachdem ich bereits nicht hatte glauben können, dass der Herrgott würfelte, sollte ich jetzt auch noch hinnehmen, dass er sich telepathischer Mittel bediente?

Die Veröffentlichung unseres Aufsatzes sorgte bei den Vertretern der Quantenphysik für einigen Aufruhr. Wolfgang Pauli reagierte wütend: »Was mischt er sich da ein? Einstein sollte besser ein für alle Mal die Quantenphysik vergessen. Er stört uns nur bei unserer Arbeit.« Max Born bedauerte es, dass sich zwischen der Forschungsgemeinde der Physiker und mir ein solcher Graben aufgetan hatte:

»Wir betrachten diese Entwicklung als eine Tragödie – für ihn, der einsam nach Lösungen sucht, und für uns, die wir einen wichtigen Vordenker verloren haben.«

Niels Bohr verfasste einen bedeutenden Aufsatz, in dem er das Paradoxon aufzulösen versuchte. Ich glaube, meine Kollegen und Freunde haben mich damals nicht richtig verstanden. Ich wollte die Quantentheorie, der es in den meisten Fällen gelang, die Welt richtig zu beschreiben, keiner grundsätzlichen Kritik unterziehen, ich wollte sie nur vervollständigen. Wir benutzten Begriffe wie Welle, Teilchen, Komplementarität, doch handelte es sich dabei um Wörter, Bilder und Modelle, welche die Wirklichkeit nicht richtig erfassen konnten. Wir mussten noch weitersuchen.

Nur wenige Physiker unterstützten den alten Einstein. Die einen hielten mich für ein Fossil, das den Anschluss an die neuere Forschung verpasst hatte, die anderen, vor allem in Deutschland, begannen, auf Philipp Lenard zu hören. Der verkündete lautstark, dass die verlogene »jüdische Wissenschaft«, wozu er in allererster Linie meine Relativitätstheorie rechnete, den Quell der reinen »arischen Wissenschaft« vergifte. Die jüdische Wissenschaft, so behauptete er, sei abstrakt, die wahre deutsche Wissenschaft dagegen sei wirklichkeitsnah. Doch behaupteten andere Nazis gerade das Gegenteil, dass nämlich die jüdische Wissenschaft materialistisch, da bolschewistisch sei. Die Kraft des deutschen Geistes bestehe gerade in seiner Fähigkeit zur Abstraktion. Die Relativitätstheorie sei deshalb ein herausragendes Beispiel für das Genie der Deutschen, denn ein Engländer, Franzose oder Russe hätte sie nie erfinden können. Einstein, der wie alle Juden nur zur Nachahmung befähigt sei, habe sich jedoch betrügerischerweise als deren Urheber ausgegeben und den ganzen Ruhm eingesackt.

Über einen anderen der zahlreichen Vorwürfe, die mir gemacht wurden, musste ich ganz besonders lachen: Man bezichtigte mich, an einer »jüdischen Weltverschwörung« zur Schwächung der Menschheit beteiligt zu sein. Der Beweis dafür sollte sein, dass ich den physikalischen Begriff der »Kraft« durch den des »Feldes« ersetzen wollte! Besonders auffällig sei in diesem Zusammenhang auch, dass einer der ersten Physiker, der den Begriff des »Feldes« benutzt hatte, nämlich Heinrich Hertz, ebenfalls Jude war… Das hinderte Adolf Hitler jedoch keineswegs daran, die Hertz'schen Wellen zur Verbreitung seiner Propaganda zu nutzen!

Zusammen mit Nathan Rosen verfasste ich noch einen weiteren Aufsatz, und zwar zu den Gravitationswellen. Für Newton war die Erdanziehungskraft eine augenblickliche Fernwirkung ohne jede Verzögerung. Gemäß der Allgemeinen Relativitätstheorie handelte es sich dabei jedoch um ein Ereignis, das mit den elektromagnetischen Phänomenen vergleichbar war. Es musste deshalb meiner Meinung nach der Beweis möglich sein, dass die Schwerkraftwellen sich mit Lichtgeschwindigkeit ausbreiteten, sobald das Gravitationsfeld eines Sterns sich aus irgendeinem Grund verändert. Zunächst gelang es mir nicht, die Gleichungen für diese Wellen zu finden, und ich dachte schon, dass es sie vielleicht überhaupt nicht gab. Doch dann fand ich mit Rosens Hilfe die Lösung. Ich hoffe, dass die Astrophysiker die Existenz dieser Wellen eines Tages empirisch nachweisen können, doch bisher ist dies noch nicht geschehen. Nathan Rosen, der ein Russe war, kehrte kurz darauf in die Sowjetunion zurück. Danach wurde der Engländer Banesh Hoffmann mein neuer Assistent.

Im Frühjahr 1935 entzog ich mich erneut meinen verschiedenen Verpflichtungen in Europa. Ich fühlte nicht die Kraft in mir, den Ozean zu überqueren. Doch ich hätte gerne meine Freundin, die zweite Geige, wiedergesehen und ihr persönlich mein Beileid ausgedrückt, denn König Albert war im Vorjahr beim Bergsteigen tödlich verunglückt. Elisabeth war inzwischen Königinmutter und ihr Sohn regierte Belgien als König Leopold III.

Allmählich fühlte ich mich in den Vereinigten Staaten zu Hause. Ich unternahm erste Schritte, um die amerikanische Staatsbürgerschaft zu bekommen, und kaufte in Princeton ein malerisches altes Holzhaus in der Mercer Street 112. Ich verdiente genug, um mir das leisten zu können. Die Leute in Princeton nannten das Institute for Advanced Study auch scherzhaft das Institute for Advanced Salary, denn seine Mitglieder wurden sehr gut bezahlt. Den Sommer verbrachten wir in Connecticut in einer prächtigen Villa am Meer, mit Tennisplatz und Swimming-pool, doch Elsa kehrte häufig nach Princeton zurück, um die Renovierungsarbeiten in unserem neuen Haus zu überwachen. Im ersten Stock richtete sie mein Arbeitszimmer ein. Seine großen Fenster zeigen auf einen Garten mit majestätischen Bäumen, sodass ich fast den Eindruck habe, im Freien zu arbeiten. Als wir in das Haus einzogen, hängte ich in diesem Zimmer mein Bildnis von Michael Faraday auf (das Helene Dukas zusammen mit meinen Papieren gerettet hatte), außerdem ein Porträt von James Clerk Maxwell. Kurze Zeit später fügte ich noch ein Foto von Mahatma Gandhi hinzu, des einzigen Politikers, den ich rückhaltlos bewunderte.

Ein Verleger schrieb mir, dass er Gegenstände unserer Zeit in einer luftdicht versiegelten Dose im Fundament seines Hauses versenken wolle. Er bat mich, auf ein spezielles Papier, das angeblich tausend Jahre überdauern sollte, ein paar Worte für die Nachwelt zu schreiben. Das war meine Botschaft:

»Liebe Nachwelt!

Wenn ihr nicht gerechter, friedlicher und überhaupt vernünftiger sein werdet, als wir es sind bzw. gewesen sind, so soll euch der Teufel holen.
Diesen frommen Wunsch mit aller Hochachtung geäußert habend bin ich euer (ehemaliger)

gez. Albert Einstein«

*

Kurz nach dem Umzug in unser neues Haus bemerkte Elsa, dass ihre Augen stark angeschwollen waren. Die Ärzte erklärten, dies sei das Anzeichen für eine schwere Herz- und Niereninsuffizienz, und verordneten ihr absolute Ruhe. Fast zwei Monate verbrachte sie daraufhin im Bett. Helene Dukas kümmerte sich in der Zeit um den Haushalt. Meine Forschungen beschäftigten mich täglich bis spät in die Nacht. Gemeinsam mit Banesh Hoffmann und Leopold Infeld, einem weiteren meiner Assistenten, suchte ich nach dem besten Weg, um die Bewegungsgesetze, wie sie von Newton definiert worden waren, in den Rahmen der Relativitätstheorie zu integrieren. Ich wollte Niels Bohr bezüglich des EPR-Paradoxons eine definitive Antwort geben. Ständig dachte ich an die Gravitationswellen. Ich konnte schlecht schlafen.

Leon Watters erzählte mir von seiner Frau, die kurz zuvor gestorben war. Ich sagte ihm, dass unser Schicksal als Individuum letztlich nicht viel zählte. Wir messen unseren lächerlichen kleinen Sorgen eine viel zu große Bedeutung bei. Der Mensch ist gänzlich unbedeutend, verglichen mit den Rätseln des Universums…

Elsa hat sich wieder erholt und wir verbrachten den Sommer 1936 in einem Ferienhaus am Lake Saranac im Norden des Staates New York. Doch war dies nur eine vorübergehende Besserung ihres Gesundheitszustands. Im Herbst musste sie wieder das Bett hüten. Ich war beunruhigt. Ich konnte nicht mehr so viel arbeiten. Elsa hatte sich zwanzig Jahre lang wie eine Mutter um mich gekümmert. Sie hatte für mich das Alltagsleben geregelt und sich um alle materiellen Fragen gekümmert, sodass ich mich ganz meiner Forschung widmen konnte. Sie war sehr stolz auf meine Berühmtheit und vertraute darauf, dass ich bald meine einheitliche Feldtheorie vollenden würde.

»Mein Mann ist zurzeit in bester Verfassung«, sagte sie zu Watters, der sie an ihrem Krankenbett besuchte. »Er hat mit seiner Theorie große Fortschritte gemacht und ist sehr zufrieden damit. Er hat herrlich gearbeitet in letzter Zeit und wird sein großes Problem bald gelöst haben.«

Es freute Elsa, wenn ich an meinem Schreibtisch saß und arbeitete, während sie schwer krank in ihrem Zimmer lag, denn sie war überzeugt davon, dass ich kurz vor dem Durchbruch stand. Es freute sie aber auch, wenn ich aus Sorge um sie nicht arbeiten konnte, wenn ich unruhig und wie eine verlorene Seele durchs Haus schlich.

»Ich habe nie gedacht, dass er mich so liebt«, schrieb sie an eine Freundin. »Und das tröstet mich.«

Elsa starb am 20. Dezember 1936. Ich glaube, dass der Tod ihrer Tochter Ilse zwei Jahre zuvor sie seelisch und körperlich sehr mitgenommen hat.

Es gab Menschen (wie zum Beispiel die Ehefrau des Dekans der Universität von Princeton), die mir während unserer Jahre in Princeton vorgeworfen hatten, ich würde Elsa vernachlässigen: Meine Frau scheine alles für mich zu tun. Doch würde ich mich auch so um sie kümmern?

Aber Elsa hat mir das alles verziehen. Schon 1929 hatte sie an Freunde von uns in Berlin geschrieben:

»Man darf ihn nicht zergliedern, sonst kommt man auf ›Ausfall-erscheinungen‹. Solch ein Genie hat solche, oder glaubt man, er sei untadelig nach jeder Hinsicht. Mitnichten, so verfährt die Natur nicht. Wo sie so uferlos verschwendet, da nimmt sie in anderer Beziehung auch fort [...] Man muss ihn als ›Ganzes‹ be-trachten, darf ihn nicht einreihen in diese oder jene Rubrik! Sonst erlebt man Unerquickliches. Aber der Herrgott hat schon viel Schönes in ihn hineingelegt, und ich find ihn wundervoll, ob-wohl das Leben an seiner Seite aufreibend und kompliziert ist, nicht nur in dieser, in jeder Hinsicht.«

Ich stürzte mich in meine Arbeit, um den Schmerz und die Trauer über Elsas Verlust zu vergessen. Die Einladungen von Leon Watters und Gustav Bucky, die mich aufforderten, sie in ihren Landhäusern zu besuchen, lehnte ich ab. Ich brauchte nicht die Gesellschaft von Menschen, um mich über Elsas Tod hinwegzutrösten. Mit meiner Schwiegertochter Margot be-wohnte ich weiter das Haus in der Mercer Street 112. Helene

Dukas, die während Elsas Krankheit begonnen hatte, sich um den Haushalt und die Mahlzeiten zu kümmern, tat dies weiterhin. An Max Born in England schrieb ich:

»Ich habe mich hier vortrefflich eingelebt, hause wie ein Bär in seiner Höhle und fühle mich eigentlich mehr zu Hause als je in meinem wechselvollen Leben. Diese Bärenhaftigkeit ist durch den Tod der mehr mit den Menschen verbundenen Kameradin noch gesteigert.«

Man erzählte mir, dass Max Born befremdet darüber gewesen sein soll, dass ich ihm Elsas Tod auf diese Art und Weise, wie etwas Nebensächliches, mitgeteilt hatte. Sein Kommentar soll gewesen sein: »Bei aller Freundlichkeit, Umgänglichkeit und Menschenliebe war er eben doch ganz unabhängig von seiner Umgebung und den dazugehörigen Menschen.«

Manchmal machte ich einen Spaziergang mit einem meiner Nachbarn, der Politikwissenschaft an der Universität unterrichtete. Er fragte mich, wie ich mit meiner Arbeit an der einheitlichen Feldtheorie vorankäme:
»Haben Sie den Eindruck, dass Sie sich Ihrem Ziel nähern?«
»Nein. Gott sagt uns nie, ob wir dem rechten Weg folgen. Ich habe bereits 99 verschiedene Lösungen durchprobiert, von denen keine funktioniert hat. Doch habe ich dabei auch viel gelernt: Ich kenne jetzt 99 Methoden, die nicht richtig sind. Von Zeit zu Zeit veröffentliche ich eine davon.«
»Warum denn das?«
»Um einen anderen Unglücklichen davor zu bewahren, durch den gleichen Irrtum ebenfalls sechs Monate zu verlieren.«
Ab und zu begleitete ich ihn an die Universität. Ich nahm dort regelmäßig an Physikseminaren teil, wie ich es schon in Berlin getan hatte. Durch die Begegnung mit Studenten höherer Semester bekam ich einen lebendigen Eindruck vom gegenwärtigen

Stand der Physik. Für die Studenten war ich wahrscheinlich ein Relikt aus früheren Zeiten, doch sie nutzten meine Ideen als Grundlage für ihre eigenen Forschungen. Ich war ganz erstaunt, als ich die ausgetüftelten Experimente sah, mit deren Hilfe sie die Äquivalenz von Masse und Energie nachzuweisen versuchten. Mit unglaublicher Präzision nahmen sie die Messungen vor, die den Vorgang des radioaktiven Zerfalls erfassen sollten. Ernest Rutherford hatte Anfang des Jahrhunderts gezeigt, dass bei Radioaktivität Alpha-Strahlen (genauer gesagt Helium-Kerne, zusammengesetzt aus zwei Protonen und zwei Neutronen), Beta-Strahlen (genauer gesagt Elektronen) und Gamma-Strahlen (elektromagnetische Strahlen von sehr kurzer Wellenlänge) freigesetzt werden. Das Uran (92 Protonen) zerfällt unter Aussendung von Alpha-Strahlen in Thorium (90 Protonen). Dieses Thorium ist selbst radioaktiv, sodass weitere Umwandlungen ausgelöst werden: Unter Verlust von zwei weiteren Protonen sowie zwei Neutronen gelangt man weiter vom Radium zum Radon, zum Polonium und schließlich zum Blei. Dort endet der Prozess, denn Blei ist auffallend stabil. Es handelt sich sozusagen um einen umgekehrten alchimistischen Prozess. Die Alchimisten wollten Blei in Gold verwandeln. Nun fing man mit dem Uran an, das ein Vermögen wert ist, um schließlich bei dem schäbigen Blei zu landen! Bei jeder Stufe verschwindet etwas Masse und es entsteht stattdessen etwas Energie. Marie Curie hatte mir erzählt, dass sie damals das Forschungsgebiet ausgewählt hatte, weil sich keiner dafür interessierte. Seither hatten sich die Verhältnisse sehr geändert. Es gab unzählige Studenten, die sich an der Suche nach dem neuen Stein des Weisen beteiligten: einer Energiequelle, die so gut wie unerschöpflich war!

Man lud mich ein, in Pittsburgh vor einer weitaus größeren Zuhörerschaft als Studenten in Princeton einen Vortrag über das Verhältnis von Masse und Energie zu halten. Ich musste die Rede auf Englisch vortragen. Das machte mich zwar vorher etwas nervös, aber ich habe es schon hingekriegt. Die Amerikaner sind viel spontaner als die Europäer. Als ich die schwarze Tafel mit meinen Formeln vollgeschrieben hatte und abschließend, wie ich es immer mache, sagte:»Wie Sie sehen, ist es ganz einfach!«, da brüllten alle:»No! No!«

Nach dem Vortrag musste ich wieder die Fragen von Journalisten beantworten. Einer wollte von mir wissen:

»Glauben Sie, dass es möglich ist, die riesige Menge an Energie zu gewinnen, die Ihrer Gleichung entspricht?«

»Das ist nur theoretisch möglich. Bei der Radioaktivität zerfällt ein Atom allein, ohne dass wir diesen Prozess kontrollieren könnten, und die freigesetzte Menge an Energie ist sehr gering. Die Wahrscheinlichkeit, in der Praxis Materie gezielt in Energie umzuwandeln, ist ungefähr so groß, als würde man im Dunkeln auf Vögel schießen, und zwar in einem Land, in dem es kaum Vögel gibt.«

Rutherford glaubte ebenfalls nicht an die Möglichkeit, mithilfe der Atome große Mengen Energie herzustellen.»Das ist dummes Geschwätz«, sagte er.

Vor allem zwei Eigenschaften, wie ich immer wieder betone, hat mir der Herrgott mitgegeben: Ich bin dickköpfig und ich habe eine Spürnase. Vielleicht hat mein Spürsinn mich verlassen, seit ich älter geworden bin. Ich habe nämlich ganz auf ihn vertraut, als er mir geraten hat, nach einer einheitlichen Feldtheorie zu suchen, und seither beharre ich dickköpfig darauf, eine solche Weltformel zu finden…

Von meinem radikalen Pazifismus hatte ich mich jedoch seit einiger Zeit verabschiedet, und ich hatte völlig Recht damit, ja, ich bedauerte sogar den Einfluss, den die französischen und englischen Pazifisten auf ihre jeweiligen Regierungen ausübten, die sich gegenüber Deutschland viel zu nachgiebig verhielten. 1938 marschierte Hitler erst in Österreich und dann in einem Teil der Tschechoslowakei ein. Es wurde der»Anschluss« dieser

Gebiete an das Deutsche Reich verkündet. Die Franzosen und die Engländer trafen danach mit Adolf Hitler in München zusammen und nahmen dies als vollendete Tatsachen einfach hin. Ich dachte häufig an meine Freundin, die Königinmutter von Belgien. Statt sich mit Frankreich und England zu verbünden, hatte ihr Sohn Leopold III. Belgien für »neutral« erklärt – als ob es möglich gewesen wäre, gegenüber Hitler neutral zu sein! In meinen Briefen an Elisabeth erzählte ich ihr ein wenig aus meinem Leben. Ich ließ sie teilhaben an den Dingen, die mich bewegten:

»Verehrte Königin,

heute ist zum ersten Mal in diesem Jahr die Frühlingssonne erschienen und weckte mich aus dem gleichmäßigen Traumzustand, in den die wissenschaftliche Arbeit unsereinen versetzt. Da steigen Gedanken herauf vom früheren farbigeren Leben und auch von schönen Stunden in Brüssel... Es ist mir vergönnt, hier in Princeton auf einer Schicksalsinsel zu leben, die in mancher Beziehung Ähnlichkeit hat mit dem lieblichen Schlossgarten in Laeken. Auch hierher in dies kleine Universitätsstädtchen dringen kaum die wirren Stimmen des menschlichen Kampfes. Ich schäme mich fast, in solcher Ruhe zu leben, während sonst alles kämpft und leidet. Aber schließlich ist es doch am besten, sich um die ewigen Dinge zu bemühen; denn von ihnen allein strömt jener Geist aus, der der Menschenwelt Ruhe und Freude zurückbringen kann.
Indem ich von Herzen hoffe, dass der Frühling auch Ihnen stille Freude bringe und Sie zu frohem Tun anrege, grüßt Sie mit besten Wünschen Ihr

A. Einstein«

Am 14. März 1939 feierte ich meinen sechzigsten Geburtstag.

»Man sieht es Ihnen gar nicht an«, sagte Leon Watters zu mir.

»Meine körperlichen Kräfte schwinden. Ich merke das beim Segeln. Außerdem brauche ich mehr Schlaf als früher. Doch meine geistigen Fähigkeiten scheinen bis jetzt noch nicht gelitten zu haben. Meine Auffassungsgabe ist genauso schnell wie in meiner Jugend. Ich habe mir die Neugier eines Kindes bewahrt. Meine besondere Begabung liegt immer noch darin, umfassende Theorien zu entwerfen, die nicht nur so einfach und so elegant wie nur möglich sein sollen, sondern die auch die objektive Wirklichkeit beschreiben. Ich stelle mir die Frage: ›Welche Gesetze hätte ich der Natur gegeben, wenn ich der liebe Gott gewesen wäre?‹ Mein Blick ist auf die großen Zusammenhänge gerichtet. Die komplizierten Einzelheiten der mathematischen Berechnungen empfinde ich als sehr mühsam. Das überlasse ich gerne anderen. Die größte Freude stellt für mich die Freude des reinen Denkens dar.«

Den Sommer verbrachte ich erneut auf Long Island. Ich mietete mir ein kleines Ferienhaus an einem sehr ruhigen und idyllischen Ort ganz am Ende der lang gestreckten Insel. Freunde, mit denen ich häufig gemeinsam musizierte, hatten dieses Häuschen für mich gefunden. Sie wohnten ganz in der Nähe, doch sonst gab es weit und breit niemanden. Mein Sohn Hans Albert und meine Schwester Maja besuchten mich regelmäßig. Ich war glücklich. Ganze Tage verbrachte ich im Segelboot, streckte mich am Strand inmitten der Dünen aus, konnte vor mich hin träumen und über die Rätsel des Universums nachdenken, so viel ich wollte.

Eines Tages saß ich gerade auf der Terrasse meines Häuschens und schrieb einen Brief an meine Freundin Elisabeth von Belgien, als zwei Männer und ein kleiner Junge die Düne herunterspaziert kamen. Die beiden Männer hatten dunkle Anzüge an und trugen Hüte auf dem Kopf, was in der Umgebung etwas lächerlich wirkte. Ich selbst war barfuß und hatte nur einen alten Pullover übergestreift. Als sie näher kamen, erkannte ich einen von ihnen:

»Szilard! Was für eine Überraschung! Seit wann sind Sie denn in Amerika?«

»Guten Tag, Einstein. Seit vergangenem Jahr. Ich arbeite jetzt an der Columbia University in New York. Darf ich Ihnen Eugene Wigner vorstellen? Er stammt wie ich aus Ungarn... Er ist übrigens Professor in Princeton. Und dieser junge Mann heißt Jimmy. Sagen Sie mal, das ist ja fast am Ende der Welt!«

»Hatten Sie Schwierigkeiten, mich zu finden?«

»Wigner hat ein Auto. Man hat uns gesagt, dass wir in Peconic nach dem Ferienhaus von Doktor Moore fragen sollen. Wir sind dort eine Stunde lang herumgekurvt. Keiner kannte diesen Doktor Moore.«

»Ich kenne ihn auch nicht. Er ist der Besitzer dieses Hauses.«

»Als wir fast schon wieder nach New York zurückfahren wollten, habe ich Jimmy am Straßenrand gesehen und ihn gefragt, ob er weiß, wo Professor Einstein wohnt. Er hat uns sofort hierher geführt.«

»Darf ich jetzt gehen, Sir? Finden Sie den Weg allein zurück?«

»Ja, Jimmy. Danke. Hier hast du zehn Cent für ein Eis.«

»Aber jetzt verraten Sie mir, Szilard – weshalb sind Sie hier?«

»Niels Bohr hat erwähnt, dass er Sie kurz in Princeton getroffen hat. Er ist inzwischen wieder nach Dänemark abgereist. Vermutlich hat er Ihnen von der ganzen Sache nichts erzählt.«

»Wovon denn?«

»Ich werde Ihnen jetzt geheime Informationen verraten. Wussten Sie, dass Lise Meitner und Otto Hahn damals am Kaiser-Wilhelm-Institut Uran beschossen haben?«

»Das ist nichts Besonderes, Szilard. Es gibt heutzutage viele, die mit Uran experimentieren. Zum Beispiel dieser Italiener, Fermi, in Rom...«

»Ja, es ist ihm gelungen, durch Beschießung künstlich einen Umwandlungsprozess auszulösen.«

»Mein Lieber, das ist eine ganz alte Geschichte. Ich erinnere mich, dass bereits Rutherford Stickstoff mit Alpha-Strahlen beschossen hat. Er hat dadurch Sauerstoff erhalten. Das muss ungefähr 1920 gewesen sein. Alle träumen davon, die Energie, die in den Atomen steckt, freizusetzen. Ich weiß, dass auch in Princeton solche Experimente durchgeführt werden. Dabei wird mehr Energie hineingesteckt als schließlich herauskommt. Mich interessiert das alles nicht. Sollen die das ruhig versuchen, ich gehe einen anderen Weg.«

»Immer noch die einheitliche Feldtheorie?«

»Ich muss doch auf meine alten Tage noch etwas zu tun haben…«

»Hören Sie zu, Einstein. Ich habe 1934 bei der britischen Admiralität ein geheimes Patent hinterlegt.«

»So etwas gibt es? Ein Geheimpatent?«

»Ein Patent, das unter das Militärgeheimnis fällt. Als Chadwick 1932 das Neutron entdeckte, war ich sofort überzeugt davon, dass es das ideale Geschoss ergeben könnte. Viel besser als Alpha-Strahlen. Da es neutral ist, wird es durch Elektronen nicht angehalten oder abgelenkt und kann bis zum Atomkern vordringen. Stickstoff zu beschießen, das bringt doch nichts. Schwere Atome wie das Uran, das ist viel interessanter. Das Uran besitzt eine Überfülle an Neutronen. Wird ein Urankern mithilfe eines Neutrons aufgebrochen, dann entschlüpfen ihm vielleicht zwei Neutronen, die zwei andere Kerne aufbrechen und damit vier Neutronen freisetzen, die wiederum vier Kerne aufbrechen und so weiter.«

»Daran musste ich auch denken, als Rutherford den Stickstoff beschossen hat. Eine beängstigende Vorstellung. Glauben Sie, dass das möglich ist?«

»Ich habe es eine ›Kettenreaktion‹ genannt. Mein geheimes Patent erklärt die theoretische Möglichkeit eines solchen Vor-

gangs. Die Praxis sieht viel schwieriger aus. Aber Otto Hahn
scheint es gelungen zu sein, eine solche Reaktion auszulösen.«
»Und das in Berlin? In einer Situation, in der alle vom Krieg
reden? Das macht mich ganz unruhig, Szilard.«
»Deswegen bin ich gekommen. Es ist meine Absicht, Sie
wegen dieser Sache zu beunruhigen. Doch lassen Sie mich erst
fortfahren. Kennen Sie Lise Meitner?«
»Ich habe sie das erste Mal vor genau dreißig Jahren auf einer
Tagung in Salzburg getroffen. In Berlin sind wir uns dann von Zeit
zu Zeit begegnet.«
»Dann wissen Sie sicher, dass sie Österreicherin ist. Als Österreich 1938 von Deutschland annektiert wurde, erhielt sie
automatisch die deutsche Staatsbürgerschaft. Weil sie Jüdin ist,
wurde sie daraufhin sofort aus dem Institut entfernt. Sie hat
Deutschland verlassen und ist nach Schweden emigriert. Hahn
hat seine Versuche fortgesetzt. Er hat die Neutronen verlangsamt, um ihre Wirkung zu erhöhen.«
»Wie hat er das geschafft?«
»Mit Grafitstäben. Das geht ganz einfach. Dadurch lassen sich
die Neutronen sehr gut kontrollieren. Hahn hat nach der Beschießung winzige Mengen Barium nachweisen können. Er hat
sofort an Lise Meitner geschrieben.«
»Und hat er, so wie Sie, sofort ein Geheimpatent hinterlegt?«
»Ich finde, es ist jetzt nicht der richtige Zeitpunkt für Scherze.
Stellen Sie sich vor, die Deutschen würden eine Bombe bauen!
Wir können nur von Glück sagen, dass sie ihre besten Physiker
vertrieben haben: Sie, Max Born, Lise Meitner… Ich vermute,
dass bei dem Forscherpaar Lise Meitner und Otto Hahn er die
Experimente durchgeführt hat und sie die theoretischen Erklärungen lieferte. Er hat ganz offensichtlich nicht verstanden, wo
das Barium herkam, und hat deshalb in seinem Brief Lise Meitner um Rat gefragt: ›Ich habe Barium gefunden… Wo kann es
nur herkommen?‹«
»Otto Hahn ist kein Dummkopf, wenn Sie meine Meinung wis-

sen wollen. Er glaubt nicht an die ›arische Wissenschaft‹ und alle diese Torheiten… Er ist nicht so nationalistisch, dass er seine Entdeckung als geistiges Eigentum der Deutschen betrachtet. Er ist wie ich der Meinung, dass die Erkenntnisse der Wissenschaft für alle zugänglich sein sollten. Ich habe auch keine Geheimpatente hinterlegt.«

»Mein lieber Einstein, vielleicht werden Sie das früher tun, als Sie jetzt glauben… Aber ich bin noch nicht fertig. Otto Frisch, der Neffe von Lise Meitner, arbeitet in Kopenhagen bei Niels Bohr. Er besuchte seine Tante Ende letzten Jahres in Stockholm, um mit ihr Silvester zu feiern. Lise Meitner zeigte ihm den Brief von Hahn und erklärte ihm, was das bedeutete: Ohne es bemerkt zu haben, war es Otto Hahn gelungen, Urankerne aufzubrechen. Der Beweis dafür war, dass er Barium erzeugt hatte, das nur ungefähr halb so viel wiegt wie das Uran. Lise Meitner benutzte das Wort ›Spaltung‹, um dieses Phänomen zu beschreiben. Sofort erzählte Frisch Niels Bohr in Kopenhagen davon. Bohr soll sehr verärgert gewesen sein.«

»Weil er selbst nicht darauf gekommen war, die Neutronen zu verlangsamen?«

»Ich merke, dass Sie ihn gut kennen. Er hatte praktisch das Atom erfunden, er hätte selbst darauf kommen müssen. Aber er hat dennoch einen entscheidenden Beitrag geliefert: Er fand nämlich heraus, dass die Neutronen nur das Isotop 235* spalteten. Als Enrico Fermi in Italien seine Umwandlungen durchgeführt hat, war es ihm höchstwahrscheinlich auch gelungen, Atome zu spalten, doch hat er es nicht bemerkt, weil der Anteil des Isotops 235 an der Gesamtmenge des Urans sehr klein ist: weni-

---

* Das Uran ist ein chemisches Element, dessen Kern stets 92 Protonen enthält. Die Anzahl der Neutronen in diesem Kern ist veränderlich, weshalb von verschiedenen »Isotopen« gesprochen wird. Das Uran-Isotop 235 (92 Protonen, 143 Neutronen) ist radioaktiv und damit instabil.

ger als ein Prozent, verglichen mit dem Vorkommen des Isotops 238, das beim Uran am häufigsten auftritt.«

»Das ist wiederum sehr tröstlich. Denn dann absorbiert das Uran 238 die Neutronen und verhindert so, dass die von Ihnen beschriebene Kettenreaktion zustande kommt, vorausgesetzt sie ist überhaupt möglich.«

»Ich fürchte, dass ich Sie in dem letzten Punkt enttäuschen muss: Die Kettenreaktion ist möglich. Irène Joliot-Curie und ihr Ehemann Frédéric Joliot haben das Experiment von Otto Hahn wiederholt und bewiesen, dass das Uran 235 bei seiner Spaltung tatsächlich Neutronen freisetzt, wie ich es in meiner Theorie vorhergesagt hatte. Fermi ist es in New York ebenfalls gelungen.«

»Fermi ist in New York?«

»Er hat seinen Nobelpreis in Stockholm in Empfang genommen und dann beschlossen, nicht mehr nach Italien zurückzukehren. Er befürchtet, dass sich sein Land in einem Krieg an Hitlers Seite stellt.«

»Ich verstehe. Man muss dann nur noch das Uran 235 von dem restlichen Uran isolieren, um eine Bombe bauen zu können. Doch das ist ein sehr heikles Unterfangen.«

»Wer wird es als Erster schaffen – die Deutschen oder wir? Der entscheidende Punkt aber ist, dass man über riesige Mengen an Uran verfügen muss, um eine ausreichende Menge Uran 235 zur Verfügung zu haben. Wigner und ich, wir haben dabei an Sie gedacht, Einstein…«

»An mich? Glauben Sie etwa, dass Sie den Besitzer einer riesigen Uranmine in Princeton vor sich haben?«

»Natürlich nicht. Es gibt in Princeton kein Uran, das wissen wir auch. Fast das gesamte Uranvorkommen der Welt befindet sich in Belgisch-Kongo. Und Sie, mein lieber Einstein, kennen die Königin von Belgien.«

»Die Königinmutter… Ich war gerade dabei, einen Brief an sie zu schreiben, als Sie aufgetaucht sind. Ihr Gatte, der verstorbene König Albert, hat mir einmal erklärt, wie schwierig es für ihn sei, in die laufenden Geschäfte seines Landes einzugreifen. Für seine Witwe ist es so gut wie unmöglich, darauf Einfluss zu nehmen. Sie ist nur noch die Königinmutter und außerdem ist sie eine gebürtige Deutsche. Es wird besser sein, wenn ich einen Brief an die belgische Regierung schreibe. Die kennen mich dort auch. Es geht darum, dass sie kein Uran mehr an Deutschland verkaufen sollen, richtig?«

Ich habe einen Brief an die belgische Regierung geschrieben. Szilard und Wigner fuhren wieder nach New York zurück, und ich begann, über die Möglichkeit einer Sortierung des Urans nachzudenken. Das Uran 235 besitzt drei Neutronen weniger als das Uran 238. Es ist etwas leichter, um genau zu sein im Verhältnis von 3 zu 238. Man hat sich das ungefähr vorzustellen wie bei einer riesigen Sanddüne mit unzähligen Körnern, von denen ein paar ein minimal geringeres Gewicht haben als der Rest. Wie soll man sie jemals herausfischen können?

Nach ungefähr zehn Tagen besuchte mich Szilard erneut. Er stellte mir einen weiteren ungarischen Emigranten vor, Edward Teller.

»Nun, Szilard, haben Sie meinen Brief abgeschickt?«

»Um die Wahrheit zu sagen, nein. Ich wollte ihn nicht absenden, ohne ihn zuvor den amerikanischen Regierungsbehörden zu zeigen. Man hat mir empfohlen, mich an Alexander Sachs zu wenden, einen Bankier, der Präsident Roosevelt gut kennt. Ich habe ihn gemeinsam mit Teller aufgesucht. Sachs hat mir mitgeteilt, dass der Präsident sehr viel von Ihnen hält, Einstein.«

»Ich war einmal bei ihm zum Abendessen im Weißen Haus eingeladen.«

»Sachs ist der Meinung, dass Sie ihm einen Brief schreiben sollten.«

»Wenn Sie möchten. Wieder dasselbe? Das belgische Uran?«

»Ich habe die Sache mit Sachs, Wigner und Teller ausführlich besprochen. Wir sollten alle Karten auf den Tisch legen…«

Er hat mir erklärt, was der Inhalt sein sollte. Ich habe ihm einen Brief auf Deutsch diktiert, den er dann ins Englische übersetzt hat:

»Sehr geehrter Herr Präsident,
einige mir im Manuskript vorliegende neue Arbeiten von E. Fermi und L. Szilard lassen mich annehmen, dass das Element Uran in absehbarer Zeit in eine neue wichtige Energiequelle verwandelt werden könnte [...] Im Lauf der letzten vier Monate wurde... die Möglichkeit geschaffen, in einer großen Uranmasse atomare Kettenreaktionen zu erzeugen, wodurch gewaltige Energiemengen ausgelöst würden.
Das neue Phänomen würde auch zum Bau von Bomben führen, und es ist denkbar – obwohl weniger sicher –, dass auf diesem Wege neuartige Bomben von höchster Detonationsgewalt hergestellt werden können. Eine einzige Bombe dieser Art, auf einem Schiff befördert oder in einem Hafen explodiert, könnte unter Umständen den ganzen Hafen und Teile der umliegenden Gebiete völlig vernichten. Möglicherweise würden solche Bomben infolge ihres Gewichts den Transport auf dem Luftweg ausschließen [...]
Im Hinblick auf diese Situation mögen Sie es für wünschenswert erachten, dass ein ständiger Kontakt zwischen der Regierung und der Gruppe von Physikern in Amerika hergestellt wird, die an dem Zustandekommen der Kettenreaktion arbeiten.
Hochachtungsvoll
Albert Einstein«

Der Brief empfahl, einen inoffiziellen Beauftragten in dieser Angelegenheit zu ernennen, der nicht nur die verschiedenen Forschungsprojekte der Physiker, die übers ganze Land verstreut in Harvard, Columbia, Princeton und in Kalifornien saßen, koordinieren, sondern auch die entsprechenden Dienststellen im Regierungsapparat und in der Armee in Kenntnis setzen sollte. Darüber hinaus würde es zu seinen Aufgaben zählen, den Belgiern auf diplomatischem Weg das Problem mit dem Uran zu erklären sowie in der amerikanischen Industrie um Mithilfe bei der Finanzierung des Projekts zu bitten, damit die Forschungsarbeiten an den Universitäten beschleunigt werden konnten.

Wir wiesen auch darauf hin, dass Deutschland durch die Besetzung der Tschechoslowakei über die dortigen Uranminen verfügte und dass im Kaiser-Wilhelm-Institut in Berlin die Experimente zur Kernspaltung fortgesetzt wurden.

Ich habe die englische Fassung des Briefs noch einmal durchgelesen und dann unterzeichnet. Diese Unterschrift, Miss Peggy, war der größte Teil des Beitrags, den ich zum Bau der Atombombe geleistet habe. Ich habe die Gleichung $E = mc^2$ aufgestellt, das ist wahr. Aber ich habe mich als Forscher niemals mit dem Uran, mit den Alpha-Strahlen und den Neutronen befasst. Wenn ich gewusst hätte, dass es den Deutschen nicht gelingen würde, die Atombombe zu konstruieren, hätte ich den Brief nie unterzeichnet. Heute bedauere ich es aus tiefstem Herzen. Es war der größte Fehler meines Lebens. Aber wenn ich diesen Brief nicht an Präsident Roosevelt geschickt hätte, dann hätten die Amerikaner die Atombombe höchstwahrscheinlich trotzdem gebaut, denn es arbeiteten bereits im ganzen Land Forscherteams daran, und in England ebenfalls. Doch ich wäre dann nie in die ganze Angelegenheit verstrickt worden. Sie hätten in der Cafeteria nicht mit solcher Verachtung von »meiner Bombe« gesprochen und wir hätten vielleicht Freunde werden können.

Max Born, der nach England emigriert war, weigerte sich, in den Rüstungslabors mitzuarbeiten. Wir Physiker können nicht verhindern, dass das Militär unsere Forschungen zu Kriegszwecken benutzt, doch wir sollten darauf achten, dass wir sie nicht auch noch dazu auffordern.

Am 1. September 1939 überfiel Deutschland Polen und löste damit den Zweiten Weltkrieg aus. Die Vereinigten Staaten mischten sich in den Konflikt vorerst nicht ein, doch Präsident Roosevelt verfolgte die Ereignisse mit höchster Anspannung. Alexander Sachs war deshalb der Meinung, dass dies nicht der richtige Zeitpunkt sei, um ihn in diesen Tagen noch zusätzlich mit unserer Angelegenheit zu belasten. Er überreichte den Brief schließlich am 11. Oktober. Roosevelt war ein sehr kluger Mann. Das hatte ich schon bei dem Abendessen im Weißen Haus bemerkt. Noch bevor er den Brief ganz zu Ende gelesen hatte, sagte er zu Sachs:

»Sie wollen damit sagen, dass die Nazis bald alles in die Luft jagen können… Wir müssen sofort handeln!«

Wenige Tage später erhielt ich einen Brief von Roosevelt:

»Lieber Herr Professor,
ich fand Ihre Mitteilung so bedeutungsvoll, dass ich einen Ausschuss ins Leben gerufen habe, bestehend aus dem Chef des Bureau of Standards und Vertretern des Heeres und der Flotte, um die von Ihnen angedeuteten, das Element Uran betreffenden Möglichkeiten gründlich zu prüfen […]«

Am 21. Oktober traf dieser Ausschuss mit Fermi, Szilard, Wigner und Teller zusammen. Danach geschah lange Zeit nichts. Das ganze Unternehmen schien durch eine schwerfällige Bürokratie wie gelähmt zu sein. Leo Szilard war wütend. Im März 1940 bat er mich, erneut einen Brief an Roosevelt zu schreiben. Darin unterstrich ich noch einmal, dass die Deutschen ihre Bemühungen um die Uranspaltung fortsetzten. Ich hatte erfahren, dass sich am Kaiser-Wilhelm-Institut inzwischen Werner Heisenberg mit der Uranforschung befasste, unterstützt von Carl Friedrich von Weizsäcker, einem Spezialisten für nukleare Reaktionen im Zentralbereich von Sternen. Die Zeit drängte. Außerdem hatte auch das Ehepaar Joliot-Curie in einer Fachzeitschrift die Ergebnisse seiner Forschungen veröffentlicht. Es musste versucht werden, die Publikation solcher Aufsätze in Zukunft zu verhindern. Denn sie konnten von Freund wie Feind gelesen werden…

Alexander Sachs besuchte mich in Princeton. Im Weißen Haus sollte ein Treffen stattfinden. Der Militärausschuss, die Wissenschaftler und Präsident Roosevelt würden über den Fortgang des Unternehmens beraten. Er bat mich, daran teilzunehmen, aber ich litt an einer schweren Erkältung. Außerdem hatte ich überhaupt keine Lust, vor einem Saal voller Militärs meine Meinung zu Sachverhalten darzulegen, in denen ich mich schlecht auskannte. Ich beauftragte Sachs damit, in meinem Namen zu sprechen.

»Sagen Sie ihnen, dass sie eine Einrichtung gründen sollen, in der Regierungsbeauftragte und Vertreter der Universitäten zusammenarbeiten, um die Forschungen zu beschleunigen und auszuweiten.«

Diese geheime Einrichtung, die später unter dem Namen »Manhattan Project« bekannt werden sollte, wurde am 6. Dezember 1941 ins Leben gerufen, am Vorabend des Angriffs der Japaner auf den amerikanischen Flottenstützpunkt in Pearl Harbor. Drei Tage später erklärte Deutschland aus Solidarität mit den Japanern den Vereinigten Staaten den Krieg.

Fast alle meine Kollegen waren plötzlich verschwunden und ließen als Adresse lediglich die Nummer eines Postfachs in Santa Fe, im Bundesstaat New Mexico, zurück.

Von diesem Zeitpunkt an hat man mir nichts mehr erzählt. Da ich an dem Projekt nicht mitarbeiten wollte, durfte ich auch keinen Zugang mehr zu den Informationen von höchster Geheimhaltungsstufe haben. Nach dem Krieg erfuhr ich, dass das FBI und die Spionageabwehr (die nichts von meinem Brief an Präsident Roosevelt wussten) mir gegenüber misstrauisch gewesen waren. Ich war lange Zeit in der Öffentlichkeit als überzeugter Pazifist aufgetreten. Manche Zeitungen behandelten mich sogar als Kommunisten. Im Oktober 1940 hatte ich zusammen mit meiner Schwiegertochter Margot und meiner Sekretärin Helene

Dukas die amerikanische Staatsbürgerschaft erworben und dabei den Eid auf die amerikanische Verfassung geleistet. Das FBI und eine Reihe patriotischer Zeitungen glaubten nicht, dass es mir damit ernst gewesen war.

Im Dezember 1941 bat mich Vannevar Bush, einer der Leiter des Manhattan-Projekts, der ebenfalls nichts von meinem Brief an Roosevelt wusste, um eine gezielte Auskunft. Da ihm bekannt war, dass ich mich früher viel mit der statistischen Theorie bei Gasen beschäftigt hatte, wollte er von mir wissen, mit welcher Geschwindigkeit sich ein Gas in Abhängigkeit von seinem Gewicht durch eine poröse Wand ausbreitet. Das war ganz einfach: Die leichten Moleküle durchqueren die Wand schneller als die schweren Moleküle. Ich schickte ihm die Gleichungen und habe daraufhin nie mehr etwas von ihm gehört. Doch ich wusste natürlich, woran sie arbeiteten. Um den Vergleich mit dem Sand noch einmal aufzugreifen: Sie waren dabei, die Sandkörner unzählige Male zu sieben, um so allmählich den Anteil der leichteren Sandkörner zu erhöhen. Zweifellos hatten sie die Uranatome mit Chlor oder Fluor versetzt, um Gasmoleküle zu erhalten, denn ein Gas passiert eine Reihe von Filtern viel leichter als ein Festkörper.

Auch Wolfgang Pauli kam nach Princeton. Er hatte seit 1928 an der Eidgenössischen Technischen Hochschule (dem früheren Polytechnikum) in Zürich unterrichtet, und er hatte den Eindruck, dass die Nationalsozialisten auch die Schweiz überfallen wollten. Sein Vater war ein konvertierter Jude gewesen, deshalb wollte er kein Risiko eingehen. Obwohl er mich häufig kritisiert hatte, freute ich mich doch, ihn wiederzusehen. Er ist wirklich ein ausgezeichneter Physiker, Miss Peggy. Er hat sogar die Existenz eines neuen Teilchens, des Neutrinos, theoretisch nachgewiesen, was nur den wenigsten gelingt… Wir haben häufig zusammen lange Spaziergänge gemacht und führten dabei interessante Gespräche über Gottes Absichten bei der Erschaffung der Welt. Pauli war in Zürich fast ein Mystiker geworden. Er erklärte, dass die Dualität im Universum eine große Rolle spielt: Welle und Teilchen, das Gute und das Böse… Mit dem Psychologen Gustav Jung, der den Begriff des kollektiven Unbewussten geprägt hat, war er in Zürich häufig zusammengekommen.

»Jung hat mir erzählt, dass er Sie früher gekannt hat.«

»Ja, ich war zwei oder drei Mal bei ihm eingeladen, als ich noch in Zürich wohnte. Ich muss gestehen, dass ich seine Ideen damals sehr wirr fand.«

»Meiner Meinung nach eher sehr vielschichtig, nicht wirr. Jedenfalls habe ich mich daraufhin intensiv mit Kepler, Newton, Maxwell und den anderen großen Physikern der Vergangenheit befasst, um herauszufinden, welche Archetypen des Wissens von ihnen verkörpert werden.«

»Und haben Sie solche Archetypen entdeckt?«

»Selbstverständlich! Sie zum Beispiel…«

»Ich? Ich bin ein Archetyp?«

»Und wie… Ihre große Berühmtheit lässt sich daraus erklären, dass das kollektive Unbewusste in Ihnen die perfekte Verkörperung des einsamen, zerstreuten Gelehrten sieht, der so fern von der normalen Alltagswirklichkeit lebt, dass er die Geheimnisse des Universums ergründen kann. In gewisser Weise sind Sie die Wiedergeburt des Doktor Faustus.«

Ich stellte Wolfgang Pauli einen meiner neuen Freunde in Princeton vor, den Mathematiker Kurt Gödel, wie Pauli ein Österreicher. Gödel war 1938 an das Institute for Advanced Study gekommen, als er nach der Besetzung Österreichs durch die Nationalsozialisten aus seinem Heimatland geflohen war.

Auch Szilard kam uns besuchen. Er verlor kein Wort darüber, was da drunten in New Mexico eigentlich vor sich ging, doch er musste mit sehr hoch gestellten Persönlichkeiten zu tun haben, denn er wusste über gewisse Dinge bestens Bescheid.

»Heisenberg und von Weizsäcker würden gern viel weiter gehen als Hahn, aber es steht ihnen ein schier unüberwindliches Hindernis im Weg, geradezu ein Gebirge… Sie, lieber Einstein!«

»Ich behindere die deutschen Forscher bei ihrer Arbeit? Ein alter Mann auf der anderen Seite des Ozeans?«

»Sie und Ihre jüdische Theorie! Lenard und seine Spießgesellen haben mit ihrer Propaganda die Nazis davon überzeugt, dass die Relativitätstheorie eine jüdische Schaumschlägerei sei, ohne jeden Wert für die Wissenschaft. Jetzt würden sie das gerne rückgängig machen, doch haben sie Angst, als ›verjudet‹ zu gelten. Sie sind auf die Argumentationslinie jener Kritiker eingeschwenkt, die stets behauptet hatten, dass Sie, Einstein, ein Lügner und Plagiator seien, wie alle jüdischen Gelehrten und Künstler.«

»Also soll Lorentz meine Theorie erfunden haben?«

»Ganz genau. Er war zwar kein Deutscher, aber darüber wird großzügig hinweggesehen. Da der Schritt von seinen Entdeckungen zu Ihrer Theorie jedoch gewaltig ist, wird behauptet, Sie hätten außerdem Einfälle bei Poincaré geklaut.«

»Einem Franzosen? Ich erinnere mich, dass Lenard sich damals geweigert hat, in seinem Labor die Bezeichnung ›Ampere‹ zu verwenden, und stattdessen von ›Weber‹ gesprochen hat.«

»Besser ein Franzose als ein Jude. Jedenfalls sind sie aufgrund dieser albernen Streitereien mit ihrer Forschung in Rückstand geraten.«

»Umso besser. Dann brauchen Sie das Projekt, an dem Sie arbeiten, vielleicht gar nicht zu Ende führen.«

»Welches Projekt?«

»Entschuldigung, ich vergaß, dass ich davon überhaupt nichts wissen darf… Sagen wir also, dass Sie vielleicht früher als geplant aus New Mexico zurückkehren können, Szilard.«

»Ähm… das hängt nicht mehr von uns ab, um ehrlich zu sein. Das Ganze ist eine Sache von höchster nationaler Priorität geworden oder wie die Formulierung auch lauten mag. Wir Physiker wurden alle zum Militär eingezogen, wenn Sie wissen, was ich meine.«

»Wenigstens müssen Sie nicht beweisen, dass Ihre Gleichungen arisch sind.«

»Das wäre in der Tat sehr schwierig! Alle jüdischen Physiker aus Deutschland und Mitteleuropa arbeiten an dem Projekt mit! Nur Sie, Einstein, fehlen noch!«

»Ja, ich… Wenn Sie dorthin zurückkehren, dann richten Sie Bush doch bitte aus, dass ich mich gerne an den Forschungen beteiligen würde.«

»Sind Sie kein Pazifist mehr?«

»Wenn die moralischen Werte, auf die das Zusammenleben der Menschen gegründet ist, ernsthaft in Gefahr geraten, dann müssen sie verteidigt werden, notfalls mit Gewalt.«

Im Verlauf des Jahres 1943 besuchte mich ein Marineleutnant, den Vannevar Bush zu mir geschickt hatte. Ich führte für ihn einige theoretische Arbeiten im Bereich hochexplosiver Sprengstoffe durch, genauer gesagt zu den Schockwellen bei solchen Explosionen. Die Marine wollte zum Beispiel von mir wissen, wie sie zwei Unterseetorpedos kombinieren konnte, um die größtmögliche Zerstörungskraft zu erzielen. Sie zahlten mir dafür fünfundzwanzig Dollar pro Tag. Ein einziger praktischer Versuch genügte, um klarzustellen, dass meine Berechnungen stimmten. Wenn sie weiterhin wahllos herumprobiert hätten, wie dies zuvor der Fall gewesen war, dann hätte sie das alles viele hunderttausend Dollar gekostet. Ich war sehr zufrieden, dass ich mich nützlich machen konnte. Als Pauli mich besuchte, sagte ich zu ihm:

»Ich bin bei der Marine, aber ich musste mir dafür nicht einmal die Haare schneiden lassen!«

Wolfgang Pauli kam jeden Donnerstagnachmittag zu mir zum Tee, gemeinsam mit Kurt Gödel und dem englischen Philosophen Bertrand Russell, der 1943 nach Princeton übersiedelt war. Wir diskutierten über den Begriff der Wirklichkeit und über den unterschiedlichen Umgang der Wissenschaftler damit. Ich war als Einziger der Überzeugung, dass es eines Tages möglich sein würde, die objektive Wirklichkeit der Welt vollständig durch eine Theorie zu beschreiben. Die anderen nannten mich einen Idealisten. Gödel war als Mathematiker berühmt geworden, weil er den Beweis geführt hatte, dass bestimmte logische Propositionen unentscheidbar sind. Man nennt dies das »Unvollständigkeits-Theorem«. Danach ist es unmöglich, ein vollständiges mathematisches System zu erschaffen. Pauli erklärte, dass Werner Heisenberg das Gleiche für die Atome bewiesen habe, nämlich dass bestimmte Mechanismen auf atomarer Ebene sich unserer Erkenntnis stets notwendig entziehen werden. Anders gesagt, die Theorie der Quantenmechanik wird zwangsläufig für immer unvollständig bleiben.

Russell ist ein paar Jahre älter als ich. Seinen Kopf schmückt eine weiße Haarmähne, ganz wie meine. Der einzige Unterschied ist, dass seine Haare glatter und nicht ganz so zerzaust sind. Er ist ein Philosoph, der sich in den Naturwissenschaften bestens auskennt. Anfang des Jahrhunderts hat er praktisch im Alleingang die moderne Mathematik erfunden und die fortschrittlichsten Theoretiker wie Gödel verdankten ihm viel. Russell erklärte, dass die Physiker nicht versuchen sollten, wie die Mathematiker zu argumentieren:

»Die mathematischen Systeme sind von Menschen geschaffen worden, Gödel. Das Universum jedoch nicht. Was die Materie im Innersten zusammenhält, können wir mit unserem heutigen Erkenntnisinstrumentarium nicht ergründen, doch heißt das nicht, dass es für immer so bleiben wird. Für den Philosophen mag das keinen großen Unterschied darstellen. Selbst wenn unser Wissen noch große Fortschritte macht, werden wir weiterhin auf die gleichen Fragen stoßen: Was ist das Universum? Wie ist es entstanden (wenn es entstanden ist)? Warum existiert es?«

Selbstverständlich diskutierten wir bei unseren Treffen auch den Fortgang des Krieges. Anfang 1943 besiegten die Russen die Deutschen bei Stalingrad. Das Ende des Albtraums begann sich abzuzeichnen. Wir wussten noch nichts von den unfassbaren Verbrechen der Nationalsozialisten in den Vernichtungslagern, doch schon jetzt war klar, dass Millionen von Menschen in den Kriegsjahren umgekommen waren.

Pauli, Gödel und Russell kamen, wie bereits erwähnt, am Donnerstag zum Tee zu mir. Am Freitag brachte mir George Gamow, der wie ich für die Marine arbeitete, regelmäßig ein oder zwei Dossiers mit Geheimprojekten vorbei (so lange, bis auch er nach Santa Fe verschwand). Ich widmete meine Zeit damals hauptsächlich diesen Arbeiten für die Marine. Die einheitliche Feldtheorie konnte warten. Ich stellte Berechnungen an, wie die Wirkung von Sprengstoffen erhöht werden konnte, nicht viel anders, als Nernst und Haber dies während des Ersten Weltkriegs getan hatten.

Bertrand Russell hatte einen ähnlichen Weg genommen wie ich. Eine Reihe von amerikanischen Zeitungen, die mich nicht mochten, mochten ihn auch nicht. Sie nannten mich den »Flüchtling Einstein« und ihn den »Nudisten Russell«. Seine Ablehnung des Militarismus hatte ihn während des Ersten Weltkriegs für sechs Monate ins Gefängnis gebracht. Doch er hatte wie ich die Notwendigkeit des Zweiten Weltkriegs akzeptiert. Seinen pazifistischen Überzeugungen blieb er trotzdem treu. Seiner Meinung nach hatte die harte Behandlung durch die Siegermächte nach dem Ersten Weltkrieg das deutsche Volk in die Arme der Nationalsozialisten getrieben:

»Wir müssen den Deutschen diesmal aufrichtig verzeihen und ihnen dabei helfen, ihr Land wieder in Ordnung zu bringen.«

»Was erzählen Sie da, Russell? Sie haben Europa zerstört. Die europäische Kultur, ein ganz bestimmter bürgerlicher Lebensstil, das alles ist für immer verschwunden. Die Deutschen stehen geschlossen hinter ihrem Führer. Das deutsche Volk muss hart bestraft werden, damit es nicht noch einmal solche Untaten begeht.«

Nicht nur die Wissenschaftler verließen in Scharen Europa. Ich musizierte mit den Pianisten Robert und Gaby Casadesus, die aus Frankreich geflohen waren und jetzt in Princeton unterrichteten. Durch sie lernte ich auch den Komponisten Bohuslav Martinu kennen, der sich ebenfalls in Princeton aufhielt. Er war ein gebürtiger Tscheche, aber er hatte in Paris gelebt. Wir haben uns angefreundet, und er hat sogar eigens für mich fünf leicht zu spielende kleine Stücke komponiert, die er *Madrigaux stances* nannte. Um mich zu revanchieren, widmete ich ihm einen Aufsatz, den ich damals veröffentlichte.

Anfang 1943 erhielt ich Besuch von Niels Bohr. Ich war überrascht.

»Die Deutschen haben Ihnen tatsächlich erlaubt, Dänemark zu verlassen?«

»Ich bin mit meinem Sohn geflohen. Wir haben in meinem Segelboot die Meerenge zwischen Dänemark und Schweden durchquert. Die Engländer haben eigens für uns ein Flugzeug nach Schweden geschickt und für mich einen falschen Pass auf den Namen John Baker ausgestellt. Sie teilten mir mit, dass die Amerikaner meine Mitarbeit bei einem Geheimprojekt wünschten. Ich darf darüber zu niemandem sprechen, nicht einmal zu Ihnen.«

»Ach, Unsinn, ich weiß sehr wohl, woran sie arbeiten. Fermi ist es in Chicago gelungen, eine kontrollierte Kettenreaktion auszulösen. Das war Ende 1942, wenn ich mich recht erinnere. Er hat abwechselnd Uranstäbe und Grafitstäbe angeordnet, die die Neutronen verlangsamen. Danach sind alle zusammen in die Wüste verschwunden. Ich bin beunruhigt, Bohr. Ich befürchte, dass der nächste Krieg noch schlimmer sein wird als dieser. Stellen Sie sich einmal vor, was passiert, wenn alle Länder diese neuen Waffen besitzen… Wir Wissenschaftler müssen uns zusammenschließen, um die Politiker vor dieser Gefahr zu warnen.«

»Ich habe auch schon daran gedacht. Bevor ich hierher kam,

hatte ich die Ehre, dem englischen Premierminister Winston Churchill vorgestellt zu werden und später Präsident Roosevelt. Aber ich habe schnell begriffen, dass man mich sofort als verdächtiges Subjekt betrachten und von jeder Information fern halten würde, wenn ich nur den kleinsten Zweifel an dem Projekt äußern würde.«

»Sie beschreiben da, was höchstwahrscheinlich mir passiert ist. Man hat mir meinen Pazifismus nicht verziehen.«

»Sie haben Angst, dass wir Informationen an die Russen weitergeben könnten... Die ganze Angelegenheit ist uns Wissenschaftlern entglitten. Anfangs drehte es sich darum, den Deutschen zuvorzukommen. Ich habe ihnen gesagt, dass die Deutschen ihre Pläne praktisch aufgegeben haben, aber das scheint niemanden zu kümmern.«

»Dass sie aufgeben mussten, hat mit mir zu tun!«

»Tatsächlich?«

»Sie sind mit ihren Forschungen stark in Rückstand gekommen, weil sie nicht an meine ›jüdische Theorie‹ glaubten. Ich habe 1942 eine anonyme Mitteilung aus Deutschland erhalten. Jemand, der nicht viel für die Nationalsozialisten übrig hat, ließ mich wissen, dass meine Relativitätstheorie jetzt Lorentz, Hasenöhrl und Poincaré zugeschrieben werden sollte, um sie ›vorzeigbar‹ zu machen. Das war 1942!«

»Ja, das weiß ich. Vorher lief für die Deutschen alles so gut, dass sie keine neuen Waffen benötigten. Stellen Sie sich vor, ich habe sogar Neuigkeiten von Heisenberg! Er kam mich in Kopenhagen besuchen. Er hat erzählt, dass er vorgeschlagen hatte, einen Uran-238-Reaktor zu bauen, bei dem die Verlangsamung der Neutronen durch schweres Wasser oder Grafit bewirkt werden sollte. Er wollte damit Elektrizität erzeugen, weil aufgrund des Embargos der Alliierten kein Erdöl nach Deutschland importiert werden kann.«

»Das heißt nichts anderes, als dass seine Absichten friedlich waren. Haben Sie ihm geglaubt?«

»Heisenberg war früher mein Assistent. Ich kenne ihn gut. Er ist ein ehrlicher Mensch. Nach reiflicher Überlegung hat er sich dazu entschlossen, in Berlin zu bleiben, um mit den jungen Physikern an einer fernen Zukunft zu arbeiten. Es braucht Leute, die nach der Katastrophe in der Lage sein werden, Deutschland wieder aufzubauen. Er lebt in ständiger Angst. Ich hatte den Eindruck, dass er unter den Verhältnissen sehr leidet… Er hat entdeckt, dass sein Reaktor ein instabiles Plutonium 239 erzeugen würde, das als Grundlage für den Bau einer Atombombe dienen könnte. Glücklicherweise haben seine Berechnungen ergeben, dass dafür eine Zeitspanne von mindestens drei bis vier Jahren nötig wäre. Pflichtgemäß hat er den zuständigen Stellen vom Fortschritt in seiner Arbeit berichtet, wohl wissend, dass das Militär nur noch an Forschungsprojekten Interesse hatte, die in weniger als sechs Monaten durchführbar waren.«

Im Jahr 1944 rückte die sowjetische Armee erfolgreich in Richtung Westen vor. Am 6. Juni landeten die Amerikaner und die Engländer in der Normandie. Es war jetzt für alle offensichtlich, dass die Deutschen den Krieg nicht mehr gewinnen konnten.

Am 25. März 1945 habe ich den guten alten Szilard wiedergetroffen.

»Und, wie geht's? Alles bestens in der Wüste?«

»Sie wissen doch, Einstein, dass ich Ihnen nichts sagen darf. Obwohl… Nein, es verläuft keineswegs alles so, wie es sollte. Erinnern Sie sich noch an den Brief, den Sie an Präsident Roosevelt geschrieben haben?«

»Aber natürlich.«

»Sie teilten ihm damals mit, dass wir unbedingt den Deutschen zuvorkommen müssten. Inzwischen ist uns allen klar, dass sie eine solche Bombe nicht mehr bauen werden und dass sie den Krieg verloren haben. Warum hören wir dann nicht auf?«

»Ihre Zweifel ehren Sie, Szilard. Ich habe letztes Jahr auch schon mit Bohr darüber diskutiert. Er sagte, dass die Leiter dieses Geheimprojekts sich von den Wissenschaftlern nicht gerne dreinreden lassen wollen.«

»Genauso ist es. Sie haben es erraten. Die Militärs wollen unsere Bedenken nicht hören. Sie wollen die ganze Sache bis zum Schluss durchziehen.«

»Sie möchten ihr neues Spielzeug auch gerne ausprobieren.«

»Ganz offensichtlich. Sie sagen, dass der Krieg noch nicht vorbei sei und dass Japan erst noch besiegt werden müsse.«

»Japan ist nicht Deutschland. Dort baut man keine solchen Waffen.«

»Darüber wissen wir nichts… Sicher ist nur, dass sie dort über noch weniger Elektrizität und Erdöl verfügen als die Deutschen. Sie bräuchten viele Jahre, bis sie eine solche Bombe herstellen könnten. Deshalb glaube ich auch nicht, dass die Militärs tatsächlich Angst vor Japan haben, und mehrere meiner Kollegen sind der gleichen Meinung. Es geht den Militärs darum, die Sowjetunion zu beeindrucken. Sie wollen den sowjetischen Generälen zeigen, wozu Amerika fähig ist.«

»Wollen Sie damit sagen, dass auf Japan nur deshalb die Atombombe abgeworfen werden soll, damit die Russen die Stärke des amerikanischen Militärs vorgeführt bekommen?«

»Einstein, dieser Wahnsinn muss ein Ende haben. Ich bin zu Ihnen gekommen, weil ich Sie bitten möchte, noch einmal einen Brief an Präsident Roosevelt zu schreiben.«

Daraufhin verfasste ich gemeinsam mit Szilard folgende Zeilen:

»Sehr geehrter Herr Präsident,

die Bedingungen, unter denen Doktor Szilard arbeitet, erlauben es ihm nicht, mir zu erklären, worin seine Arbeit besteht. Ich weiß nur so viel, dass er zutiefst beunruhigt ist über den mangelnden Austausch zwischen den Wissenschaftlern, die diese

Arbeit durchführen, und den Mitgliedern Ihrer Regierung, welche die politischen Entscheidungen treffen müssen. Unter diesen Umständen betrachte ich es als meine Pflicht, Sie darum zu bitten, dass Sie so freundlich sein mögen, Doktor Szilard zu empfangen und ihm Ihre Aufmerksamkeit zu schenken.«

In Wirklichkeit hatte ich natürlich schon längst erraten, was da unten in der Wüste im Gange war, aber ich musste so tun, als ob ich davon keine Ahnung hätte. Szilard und ich wussten, dass die Militärs ihn sofort des Verrats von Staatsgeheimnissen bezichtigt hätten, wenn ich über die Bombe informiert gewesen wäre.

Als nach dem Krieg alle Physiker wieder aus New Mexico zurückkehrten, erzählten mir mehrere von ihnen, dass es zwischen den Wissenschaftlern heftige Debatten gegeben hatte. Die einen wollten sofort aufhören, weil die Deutschen keine Gefahr mehr darstellten. Die anderen wollten aus reiner Forscherneugierde das ursprüngliche Projekt fortführen. Sie wollten wissen, ob eine explosive Kettenreaktion tatsächlich hervorgerufen werden konnte. Eine dritte Gruppe sprach sich dafür aus, noch abzuwarten. Statt die ziemlich plumpen Bomben, die jetzt gebaut wurden, auf Japan abzuwerfen, sollte man unter größter Geheimhaltung die Forschung weiter vorantreiben, bis man die nächste Stufe erreicht hatte. Dann würde man in der Lage sein, hochkomplizierte Bomben zu fertigen, möglicherweise mit Wasserstoff, welche die ganze Welt in einen solchen Schrecken versetzen würden, dass der Frieden für alle Zeiten gesichert wäre.

Ich kann nicht sagen, ob Szilard zur ersten oder zur dritten Gruppe der Wissenschaftler zählte, da er mir den geheimen Brief nicht gezeigt hat, den er zusammen mit meinem Schreiben dem Präsidenten überreichen wollte. Nach dem Krieg hat er immer wieder seine pazifistische Haltung betont, doch böse Zungen behaupteten, dass er direkt zum Bau der Wasserstoffbombe übergehen wollte. Was auch immer die Wahrheit gewesen sein mag, Szilard wandte sich jedenfalls an Mrs Roosevelt, die einer der Wissenschaftler persönlich kannte. Den normalen Kommunikationsweg konnte er nicht beschreiten, da dort die Militärs ihre Finger im Spiel hatten. Mrs Roosevelt arrangierte für den 8. Mai 1945 ein Treffen. Doch wie Sie sicherlich wissen, Miss Peggy, starb Präsident Roosevelt am 12. April 1945.

Während seiner Zeit als Vizepräsident wusste Harry Truman nichts von dem Manhattan-Projekt. Als er dann Roosevelts Nachfolger wurde, hat er Szilard bei sich empfangen und meinen Brief gelesen. Die ganze Angelegenheit war für ihn jedoch so neu, dass er große Bedenken hatte, möglicherweise eine falsche Entscheidung zu treffen. Er schickte Szilard deshalb zu James Byrnes, dem damaligen Außenminister, der ihm höflich zuhörte und ihm dann ebenso höflich die Tür wies.

Wie schon die Jahre zuvor verbrachte ich den Sommer 1945 am Lake Saranac. Dort war ich auch 1936 mit Elsa gewesen, in unseren letzten gemeinsamen Ferien, als sie schon schwer krank war.

Am Abend des 6. August betrat Helene Dukas, ohne anzuklopfen, mein Arbeitszimmer, was sehr ungewöhnlich war. Sie wirkte sehr erschrocken:

»Professor, im Radio melden sie gerade…«

»Was ist los, Helene? Was melden sie im Radio?«

»Eine Bombe, in Japan… Sie haben in Japan eine neue Bombe abgeworfen, die eine ganze Stadt zerstört hat!«

»O weh! Und das war's…«

*

Die Energie der Atombombe von Hiroshima wurde durch die Kernspaltung des Uran-235-Isotops freigesetzt. Am 9. August warfen die Amerikaner eine zweite Bombe über der Stadt Nagasaki ab. Das Uran war dort durch Plutonium ersetzt worden, das in einem Kernreaktor erzeugt worden war, wie ihn auch

Werner Heisenberg in Deutschland hatte bauen wollen. Ich hatte den Eindruck, dass die Militärs die beiden Bauarten der Atombombe und ihre Wirkungen vergleichen wollten.

Am 11. August besuchte mich ein Journalist in meinem Ferienhaus. Ein Gefühl von Panik hatte die ganze Welt erfasst, und ich wollte die Menschen etwas beruhigen:

»Um die Atomenergie zu entwickeln, die man besser ›Kernenergie‹ nennen sollte, hat sich die Wissenschaft nicht irgendwelcher übernatürlicher Methoden bedient. Sie hat lediglich die Sonne nachgeahmt. Die Kernenergie ist genauso natürlich wie der Wind, der mein Segelboot auf dem Lake Saranac vor sich hertreibt.«

»Waren Sie an diesem ganzen Unternehmen beteiligt?«

»Überhaupt nicht. Ich interessiere mich für diese Bombe nicht viel mehr als jeder beliebige Mann auf der Straße – nun gut, vielleicht etwas mehr. Ich sehe jedenfalls keinen Grund, warum ausgerechnet ich mich besonders dazu äußern sollte. Ich hoffe, dass wir eines Tages die Kernenergie zur Stromerzeugung nutzen können.«

Ende 1945 veröffentlichte eine amerikanische Regierungsstelle eine offizielle Darstellung der Geschichte der Atombombe, in der mein erster Brief an Präsident Roosevelt abgedruckt war. Die Öffentlichkeit kannte weder Julius Robert Oppenheimer, den Leiter des Wissenschaftlerteams, noch Leo Szilard, Enrico Fermi, Eugene Wigner, Edward Teller oder Johannes von Neumann… aber alle kannten Albert Einstein. So kam es, dass ich bald überall als der »Vater der Atombombe« bezeichnet wurde.

Einige Wissenschaftler erklärten, sie hätten versucht, die Militärs davon zu überzeugen, dass es als Warnsignal ausreichend gewesen wäre, die Atombombe auf einer unbewohnten japanischen Insel abzuwerfen statt über einer Großstadt. Ich erklärte den Journalisten, dass ich mich dieser Initiative sofort angeschlossen hätte, wenn ich davon gewusst hätte. Ich machte den Vorschlag, die weiteren Forschungen im Bereich der Kernenergie unter die Verantwortung einer Weltregierung zu stellen. Außerdem trat ich einem von Szilard gegründeten »Notkomitee der Atomphysiker« bei, dessen Präsident ich später wurde. All das hatte überhaupt keine Wirkung. Mit den Forschungsarbeiten zur Wasserstoffbombe, die Edward Teller leitete, war schon begonnen worden, und niemand konnte mehr etwas dagegen ausrichten.

Während die Atombombe von Hiroshima auf dem Prinzip der Spaltung von Urankernen beruhte, wird die Energie bei der Sonne und auch bei der H-Bombe durch die Verschmelzung der Wasserstoffkerne freigesetzt (wodurch schließlich Helium entsteht). Eine Atombombe als Zünder dient bei der Detonation einer Wasserstoffbombe dazu, diese Kernfusion auszulösen, deren Wirkung furchteinflößend ist. Bald wird auch die Sowjetunion diese schreckliche Waffe besitzen und danach werden weitere Länder folgen. Deshalb fordere ich das grundsätzliche internationale Verbot dieser Waffe. Wenn Sie nicht wollen, dass die Menschheit sich irgendwann selbst auslöscht, Miss Peggy, dann müssen Sie gegen diese Bombe protestieren!

Wolfgang Pauli und Bertrand Russell kehrten nach Europa zurück. Bei Paulis Abschied im Jahr 1946 veranstalteten wir in Princeton ein kleines Fest. Ich war sehr traurig. In meiner Abschiedsrede erklärte ich, dass ich ihn ein wenig als meinen geistigen Ziehsohn betrachtete.

Kurt Gödel ist in Princeton geblieben. Weil er so viel mit mir zu tun hatte, kam er schließlich 1947 auf die Idee, sich eingehender mit den Gleichungen der Relativitätstheorie zu befassen und sie zu vereinfachen.*

Auch ich bin in Princeton geblieben. Doch werde ich mich nie ganz als Amerikaner fühlen, Miss Peggy. Ich finde Ihre Landsleute

* Gödel hat die Gleichungen nicht wirklich modifiziert. Erst Anfang der Sechzigerjahre hat der englische Mathematiker Penrose sie etwas vereinfacht.

immer etwas oberflächlich. Trotz ihrer Freiheitsliebe lassen sie sich von einem Demagogen wie dem Senator Joseph McCarthy verführen und verfolgen Menschen, denen sie vorwerfen, Kommunisten zu sein. Man hat mir erzählt, dass Männer in der Umgebung des Senators mir wegen meines Pazifismus meine amerikanische Staatsbürgerschaft wieder aberkennen lassen wollten... Sobald ein Wissenschaftler sich für den Frieden einsetzt und sich gegen den Rüstungswettlauf ausspricht, verdächtigen sie ihn, die Geheimformel der Atombombe an die Russen verraten zu haben. Das ist kompletter Unsinn. Der Abwurf der Bombe über Hiroshima hat das Geheimnis der Atombombe verraten. Die Russen konnten sie ganz alleine nachbauen. Alle Länder der Welt werden das früher oder später können.

Nach Kriegsende wurden Otto Hahn und Werner Heisenberg in England sechs Monate »unter Hausarrest« gestellt. Carl Friedrich von Weizsäcker und Max von Laue erging es genauso. Danach kehrten sie nach Deutschland zurück, wo sie die Leitung des Max-Planck-Instituts übernahmen, wie das Kaiser-Wilhelm-Institut inzwischen hieß. Sie luden mich ein, mich ihnen anzuschließen. Ich habe wieder brieflichen Kontakt mit Hahn und Heisenberg, wie auch mit Arnold Sommerfeld und Max von Laue. Ich weiß nicht, wie weit sie tatsächlich mit den Nationalsozialisten zusammengearbeitet haben...

Der Krieg ist jetzt seit fünf Jahren vorbei. Die Alliierten haben die Deutschen mit einer solchen Nachsicht behandelt, dass Bertrand Russell sicher seine Freude daran gehabt hätte. Ich muss gestehen, dass er wahrscheinlich Recht hatte. Deutschland hat sich sehr verändert. Dennoch kann ich den Deutschen nicht verzeihen. Mein Geburtsland erfüllt mich mit Abscheu; ich komme nicht dagegen an. Ich werde nie dorthin zurückkehren. Wie könnte ich inmitten der Mörder meines Volkes leben? Sie haben industrielle Methoden verwendet, von Chemikern entwickelte Gase, um Millionen von Männern, Frauen und Kindern zu ermorden. Ich schrieb an Otto Hahn:

»Die Verbrechen der Deutschen sind wirklich das Abscheulichste, was die Geschichte der so genannten zivilisierten Nationen aufzuweisen hat. Die Haltung der deutschen Intellektuellen – als Klasse betrachtet – war nicht besser als die des Pöbels. Nicht einmal Reue und ein ehrlicher Wille zeigt sich, das Wenige wieder gutzumachen, was nach dem riesenhaften Morden noch gutzumachen wäre. Unter diesen Umständen fühle ich eine tiefe Aversion dagegen, an irgendeiner Sache beteiligt zu sein, die ein Stück des deutschen öffentlichen Lebens verkörpert, einfach aus Reinlichkeitsbedürfnis.«

Max Planck starb 1947 im Alter von neunundachtzig Jahren. Er war ein Freund, ein sehr aufrichtiger Mensch. Er hat nicht gegen die Nazis gekämpft, aber er hatte auch nicht die gleichen Gründe dafür wie ich. In seinem Leben ist ihm viel Leid widerfahren: Sein ältester Sohn fiel im Ersten Weltkrieg vor Verdun und sein jüngster Sohn wurde wegen der Beteili-gung an der Verschwörung gegen Hitler im Juli 1944 hingerichtet.

In meinem Kondolenzbrief an Plancks Witwe schrieb ich:

»Es war eine schöne und fruchtbare Zeit, die ich in seiner Umgebung miterleben durfte. Sein Blick war auf die ewigen Dinge gerichtet, und er nahm doch tätigen Anteil an allem, was der menschlichen und zeitlichen Sphäre angehörte… Die Stunden, die ich in Ihrem Hause verbringen durfte, und die vielen Gespräche, welche ich unter vier Augen mit dem wunderbaren Manne führte, werden für den Rest des Lebens zu meinen schönsten Erinnerungen gehören. Daran kann die Tatsache nichts ändern, dass uns ein tragisches Schicksal auseinander gerissen hat.«

Ich lebe mit drei vortrefflichen Gefährtinnen zusammen: Maja (meiner Schwester), Margot (meiner Stieftochter) und Helene Dukas (meiner Sekretärin). Fast hätte ich Tiger vergessen, unsere Katze!

Maja geht es gesundheitlich nicht sehr gut. Das betrübt mich sehr, denn wir sind einander sehr nahe gekommen, seit sie bei mir in Princeton wohnt. Mit meiner eigenen Gesundheit steht es allerdings auch nicht zum Besten. Die Ärzte haben mich vor zwei Jahren operiert und die Ursache meiner ständigen Magenbeschwerden entdeckt: ein Aneurysma, eine krankhafte Erweiterung der Aorta, gegen die sie nichts tun können. Da ich damit schon seit mehr als zwanzig Jahren lebe, hoffe ich, noch ein paar weitere Jahre durchzuhalten… Doch ich muss auf meine geliebte Pfeife verzichten, meine Kartoffeln ohne Salz essen und meinen Tee ohne Zucker trinken.

Da meine körperlichen Kräfte sehr nachgelassen haben, fällt mir auch das Geigespielen schwer. Ich bin wieder zum Klavierspiel zurückgekehrt, das ich in meiner Jugend etwas gelernt habe. Ich mache dort langsam Fortschritte. Ein Journalist hat mich unlängst gefragt, woran ich glaube. Ich antwortete: »An die Mitmenschlichkeit.« In Wirklichkeit gründet sich mein Glauben an die Menschheit auf meine tägliche Begegnung mit Bach und Mozart.

Ich arbeite immer noch, trotz meines Alters. Ich glaube, das werde ich bis an mein Lebensende tun. Kürzlich schrieb ich einen Brief an Max Born, der nach Deutschland zurückgekehrt ist:

»Meine physikalische Haltung kann ich dir nicht so begründen, dass du sie irgendwie vernünftig finden würdest. Ich sehe natürlich ein, dass die prinzipiell statistische Behandlungsweise, deren Notwendigkeit im Rahmen des bestehenden Formalismus ja zuerst von dir klar erkannt wurde, einen bedeutenden Wahrheitsgehalt hat. Ich kann aber deshalb nicht ernsthaft daran glauben, weil die Theorie mit dem Grundsatz unvereinbar ist, dass die Physik eine Wirklichkeit in Zeit und Raum darstellen soll, ohne spukhafte Fernwirkungen. Allerdings bin ich nicht fest davon überzeugt, dass es wirklich mit der Theorie eines kontinuierlichen

Feldes gemacht werden kann, obwohl ich hierfür eine bisher recht vernünftig erscheinende Möglichkeit gefunden habe. Die rechnerischen Schwierigkeiten sind jedoch so groß, dass ich ins Gras beißen werde, bevor ich selbst eine sichere Überzeugung hierüber erlangt habe. Aber davon bin ich fest überzeugt, dass man schließlich bei einer Theorie landen wird, deren gesetzmäßig verbundene Dinge nicht Wahrscheinlichkeiten, sondern gedachte Tatbestände sind, wie man es bis vor kurzem als selbstverständlich betrachtet hat. Zur Begründung dieser Überzeugung kann ich aber nicht logische Gründe, sondern nur meinen kleinen Finger als Zeugen beibringen, also keine Autorität, die außerhalb meiner Hand irgendwelchen Respekt einflößen kann.«

Vor ein paar Tagen habe ich einen Studenten hier in Princeton gefragt, ob Peggy die Verkleinerungsform des Vornamens Peggoty sei. Er fand diese Frage von mir ziemlich amüsant:
»Ehrlich gesagt ich glaube, dass Peggoty eine Variante von Peggy ist. Es handelt sich dabei um eine Abkürzung für Margaret. Kennen Sie denn eine Peggy, Professor Einstein?«
»Nein… das heißt… flüchtig.«

Ich erinnerte mich daran, dass Wolfgang Pauli mich in einem Gespräch einmal mit Doktor Faustus verglichen hat. Ich suche nach der Weltformel. Ich kämpfe gegen das unerbittliche Verrinnen der Zeit. Manche Leute behaupten, ich hätte meine Seele dem Teufel verkauft, als ich den Brief an Präsident Roosevelt unterzeichnet habe. Jetzt habe ich schließlich auch noch mein Gretchen gefunden… Ich glaube nicht, dass ich Ihnen diesen langen Brief schicken werde, Miss Peggy, aber ich bin froh, dass ich ihn geschrieben habe. Ohne es zu wissen, haben Sie mir dabei geholfen, mich mit meinem Schicksal auszusöhnen. Ich bin Ihnen dafür sehr dankbar!

Schlussbemerkung

Albert Einstein starb am 18. April 1955. Er wurde 76 Jahre alt. Todesursache war der Riss seines Aneurysmas.

Seine letzten Lebensjahre waren für ihn nicht einfach. Er war häufig krank. Seine Schwester Maja erlitt einen Gehirnschlag und war danach ans Bett gefesselt. Einstein las ihr jeden Abend »die besten Werke der klassischen und modernen Literatur« vor. Ihr Tod im Juni 1951 traf ihn sehr schmerzlich.

Im November 1952 trat der damalige israelische Regierungschef David Ben Gurion mit der Bitte an Einstein heran, sich als Nachfolger für den soeben verstorbenen ersten Staatspräsidenten Israels, Chaim Weizmann, zur Verfügung zu stellen. Als Einstein diese Nachricht erhielt, war gerade einer seiner Kollegen bei ihm, der die Szene später folgendermaßen beschrieb:

»Das ist sehr unangenehm‹, sagte er. ›Sehr unangenehm.‹ Er ging unruhig im Zimmer auf und ab. Ich habe ihn selten in einem so erregten Zustand erlebt.«

Einstein ließ Ben Gurion folgende Antwort übermitteln:

»Ich bin tief bewegt über das Anerbieten unseres Staates Israel, freilich auch traurig und beschämt darüber, dass es mir unmöglich ist, dies Anerbieten anzunehmen. Mein Leben lang mit objektiven Dingen beschäftigt, habe ich weder die natürlichen Fähigkeiten noch die Erfahrung im richtigen Verhalten zu Menschen und in der Ausübung offizieller Funktionen. Deshalb wäre ich für die Erfüllung der hohen Aufgabe auch dann ungeeignet, wenn nicht vorgerücktes Alter meine Kräfte in steigendem Maße beeinträchtigte.

Diese Sachlage betrübt mich umso mehr, als die Beziehung zum jüdischen Volke meine stärkste menschliche Bindung geworden ist, seitdem ich volle Klarheit erlangt habe über unsere prekäre Situation unter den Völkern.«

Dieser diplomatisch formulierte Brief nannte nicht alle Gründe, weshalb Einstein den sehr ehrenvollen Antrag ablehnte. Einem seiner Freunde gab er folgende Erklärung:
»Es ist zwar schon mancher Rebell ein Bonze geworden, aber das kann ich nicht über mich bringen.«
Ben Gurion soll mit sehr gemischten Gefühlen auf Einsteins Antwort gewartet haben:
»Ich musste ihm diesen Posten anbieten, weil die Zeitungen seinen Namen ins Spiel gebracht haben und weil er der berühmteste Jude unserer Zeit ist. Was sollen wir machen, wenn er Ja sagt? Wenn er akzeptiert, haben wir Schwierigkeiten.«
Nach 1950 hat Einstein in Artikeln und Aufrufen immer wieder gegen die Wasserstoffbombe protestiert. Er warnte davor, dass die Menschheit nun in der Lage sei, die gesamte Erde zu zerstören. Er riet den jungen Leuten, lieber ein Handwerk wie das des Klempners zu erlernen, statt Physiker zu werden. Daraufhin schickte ihm die Gewerkschaft der Klempner sofort eine Mitgliedskarte, auf die er sehr stolz war.
Am 26. März 1955 bedankte er sich bei den Schülern einer Grundschulklasse, die ihm zu seinem 76. Geburtstag eine Krawattennadel und Manschettenknöpfe geschenkt hatten:

»Liebe Kinder,

ich danke euch allen dafür, dass ihr so nett wart, mir ein Geburtstagsgeschenk zu schicken, und für euren Geburtstagsbrief. Euer Geschenk wird mir eine Anregung sein, in der Zukunft ein bisschen mehr auf Eleganz zu achten als bisher. Denn Krawatten und Manschetten gibt es für mich nur noch in der fernen Erinnerung.«

Am 11. April 1955, eine Woche vor seinem Tod, unterschrieb er auf eine Bitte seines Freundes Bertrand Russell hin noch einmal einen Aufruf zum Pazifismus. Es handelte sich um das so genannte Russell-Einstein-Manifest.

Seine letzten Tage verbrachte Einstein in einem Krankenhaus in Princeton. Seine beiden Freunde Walther Bucky und Rudolf Ehrmann, die dort Ärzte waren, versorgten ihn. Sein Sohn Hans Albert war an seiner Seite. Einstein bat um sein Notizbuch, denn er wollte sich weiter mit seinen Formeln beschäftigen. Vor dem Sterben hatte er keine Angst: »Ich empfinde den Tod wie eine alte Schuld, die man endlich entrichtet. Dabei tut man doch instinktiv alles Mögliche, um diese letzte Erfüllung hinauszuschieben. So ist das Spiel, das die Natur mit uns treibt.«

Einen Monat zuvor war sein alter Freund Michele Besso gestorben. In dem Beileidsschreiben an dessen Sohn und Schwester hatte Einstein geschrieben: »Nun ist er mir auch mit dem Abschied von dieser sonderbaren Welt ein wenig vorausgegangen. Dies bedeutet nichts. Für uns gläubige Physiker hat die Scheidung zwischen Vergangenheit, Gegenwart und Zukunft nur die Bedeutung einer wenn auch hartnäckigen Illusion.«

Nach Auskunft seines Enkels sollen die Ärzte noch eine Operation in Erwägung gezogen haben. Doch Einstein soll gesagt haben: »Ich möchte gehen, wann ich möchte. Es ist geschmacklos, das Leben künstlich zu verlängern. Ich habe meinen Anteil getan, es ist Zeit zu gehen.«

Nach Einsteins Tod setzten Werner Heisenberg und Wolfgang Pauli, seine ehemaligen wissenschaftlichen Kontrahenten, die Suche nach einer einheitlichen Feldtheorie fort. Auch heute noch suchen zahlreiche Physiker nach einer umfassenden Theorie, in der die Quantenmechanik und die Relativitätstheorie vereint sein sollen. Einsteins Tod bedeutete noch lange nicht das Ende seines Lebenstraums, der so alt ist wie die Menschheit selbst: die Entdeckung der »wahren Gesetze der Natur«.

Anhang

Wissenschaftliche Experimente

1. Wie Eratosthenes den Erdumfang bestimmt hat

Wenn die Länge des Stocks und seines Schattens bekannt sind, kann man beide auf einem Papier aufzeichnen. Mit einem Winkelmaß lässt sich der Winkel α bestimmen.

Da die Sonne von der Erde sehr weit entfernt ist, kann man davon ausgehen, dass ihre Strahlen parallel sind. So ergibt sich vereinfacht folgende Zeichnung:

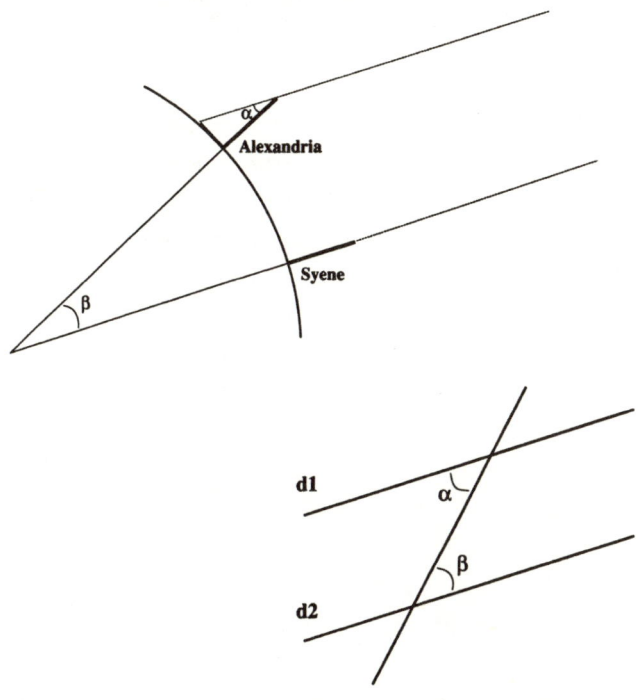

Einem klassischen Lehrsatz der Geometrie zufolge sind die Winkel α und β gleich groß. Wenn man den Winkel α misst, erhält man deshalb auch den Winkel β, der den Unterschied im Breitengrad zwischen Syene und Alexandria angibt.

2. Interferenz

Die Zeichnung stellt annäherungsweise dar, was passiert, wenn man zwei Steine ins Wasser wirft. Wenn ihr dieses Experiment durchführen wollt, dann müsst ihr zwei gleich große Steine nehmen und sie gleichzeitig ins Wasser fallen lassen. Die kreisförmigen Wellen, die sich an beiden Stellen im Wasser auszubreiten beginnen, bestehen aus Wellenbergen und Wellentälern. Wenn zwei Wellenberge aufeinander treffen, dann wird die Welle noch höher. Wenn zwei Wellentäler aufeinander treffen, dann wird das Tal noch tiefer. Wenn man auf die Wasseroberfläche blickt, dann sieht man zwei Gebirge mit immer mehr sich kreisförmig ausbreitenden Wellenbergen und Wellentälern. Im Bereich zwischen den Stellen, wo die beiden Steine ins Wasser gefallen sind, ist diese Verstärkung besonders deutlich zu beobachten. Die Überlagerung von Wellen, die überall dort auftritt, wo sich zwei Wellen begegnen, nennt man »Interferenz«.

1801 führte Thomas Young, ein englischer Naturforscher und Arzt, verschiedene Lichtexperimente durch, um den Sehvorgang im menschlichen Auge besser verstehen zu können. Er machte zwei Schlitze in ein Blatt Papier, das er dann von hinten beleuchtete. Wenn das Licht durch solche kleinen Öffnungen strahlt, dann bildet es durch »Beugung« zwei neue Strahlenbündel, so als ob die Öffnungen selbst Lichtquellen wären. Diese beiden Bündel treffen sich und bilden Interferenzen, die man auf einer Leinwand beobachten kann (wobei es sich im Wesentlichen um eine Abfolge von hellen und dunklen Linien handelt, ähnlich wie auf der Skizze zwischen den beiden Mittelpunkten der Wellenkreise im Wasser). Die Physiker des 19. Jahrhunderts haben daraus den Schluss gezogen, dass sich das Licht wie eine Welle auf der Wasseroberfläche ausbreitet.

3. Das Experiment von Michelson

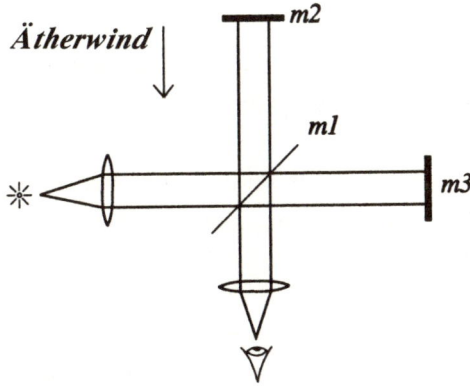

Ich habe hier das Schema eines komplizierten Apparates aufgezeichnet. Es handelt sich um das Interferometer von Michelson. Voraussetzung des Experiments ist, dass zwei Lichtbündel, die einen unterschiedlichen Weg genommen haben, Interferenzen erzeugen, sobald sie aufeinander treffen.

Ein Lichtbündel, das von einer Lichtquelle außerhalb des Apparats (auf der Skizze links) kommt, wird mittels einer Linse in ein Bündel paralleler Strahlen verwandelt.

Ein Teil dieses Strahlenbündels, das auf einen halbreflektierenden Spiegel *m1* trifft, wird nach oben abgelenkt und von dort durch den Spiegel *m2* wieder nach unten geschickt. Bestimmte Strahlen, für die der Spiegel *m1* durchlässig ist, durchqueren ihn und gelangen ins Auge von Michelson (unten).

Der andere Teil dieses Strahlenbündels durchquert, von links kommend, den halb reflektierenden Spiegel *m1* und setzt seinen Weg gerade fort, bis die Strahlen zu dem rechten Spiegel *m3* gelangen, der sie wieder nach links zurückschickt; Strahlen, die daraufhin von dem Spiegel *m1* reflektiert werden, gelangen ebenfalls ins Auge von Michelson.

Michelson wollte die Existenz des Äthers beweisen. Er stellte deshalb sein Interferometer so auf, dass der Teil, der auf dem Schema die Senkrechte bildet, in Richtung des angenommenen »Ätherwindes« zeigte. Man hielt diesen Ätherwind für eine zwangsläufige Folge der Erdbewegung im Weltall. Mit dem Experiment wollte Michelson die, wie man damals glaubte, unterschiedlichen Zeiten vergleichen, die das Lichtbündel für den Weg zwischen dem Spiegel *m1* und den Spiegeln *m2* bzw. *m3* benötigt. Sobald ein Teil des Bündels von dem Spiegel *m1* reflektiert worden ist, müssen diese Lichtstrahlen gegen den Ätherwind ankämpfen, wodurch sie automatisch verlangsamt werden. Auf dem Rückweg jedoch findet eine Beschleunigung statt, da die Strahlen sich mit dem Ätherwind bewegen! Der zweite Teil des Lichtbündels legt dagegen seinen Hin- und Rückweg mit Seitenwind zurück.

Die Rechnung, die hierfür durchgeführt werden musste, war nicht sehr kompliziert. Die Geschwindigkeit des Ätherwinds wird v genannt und die von dem ersten Teil des Lichtbündels auf einfacher Strecke zurückgelegte Entfernung l.

Beim Hinweg bewegt sich das Lichtbündel mit der Geschwindigkeit $c - v$, beim Rückweg mit der Geschwindigkeit $c + v$. Die Relation zwischen Entfernung, Zeit und Geschwindigkeit wird im Allgemeinen mit der Formel beschrieben.

$$v = \frac{l}{t}$$

Doch ist es auch möglich, die Zeit als den Quotienten von Länge durch Geschwindigkeit zu bestimmen. Auf diese Weise kann sehr leicht die Zeit errechnet werden, die für die gesamte Strecke benötigt wird:

$$t_1 = \frac{l}{c-v} + \frac{l}{c+v}$$

Nach einer Rückführung auf den gleichen Nenner gelangt man zu folgender Formel:

$$t_1 = \frac{2cl}{c^2 - v^2} = \frac{2l}{c} \frac{1}{1 - \frac{v^2}{c^2}}$$

Das zweite Lichtbündel wird durch den Seitenwind leicht abgelenkt. Wenn es sich um ein Segelboot handeln würde, dann könnte sein Weg wie folgt skizziert werden:

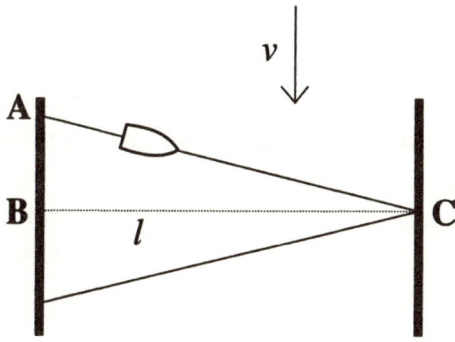

Die benötigte Zeit für die zweite Strecke kann darum unter Einbeziehung des Lehrsatzes von Pythagoras für das Dreieck ABC wie folgt berechnet werden:

$$t_2 = \frac{2l}{c} \frac{1}{\sqrt{1 - \dfrac{v^2}{c^2}}}$$

Die Quadratwurzel einer Zahl, die geringer als 1 ist, ist größer als diese Zahl. Die Zeit t_2, die einen größeren Nenner aufweist als die Zeit t_1, ist demnach kleiner als t_1. Das zweite Lichtbündel hätte deshalb etwas früher eintreffen müssen als das erste, was ganz besondere Interferenzen ergeben hätte. Doch Michelson konnte diese Interferenzen nicht feststellen... Da er sehr gewissenhaft war, glaubte er, dass sein Experiment nicht präzise genug gewesen sei. Erst als Einstein die Vorstellung von der Existenz eines Äthers abschaffte, verstand Michelson, warum sein Experiment gescheitert war.

Um eine Erklärung für das Ergebnis von Michelsons Experiment zu finden, mit der an der Idee des Äthers festgehalten werden konnte, stellte sich Lorentz die Längenkontraktion vor. Der von ihm angegebene Faktor

$$\frac{1}{\sqrt{1 - \dfrac{v^2}{c^2}}}$$

taucht in Einsteins Relativitätstheorie wieder auf.

Personenverzeichnis

ADLER, FRIEDRICH (1879–1960), Kommilitone und später Kollege Einsteins am Polytechnikum in Zürich. Sohn von Viktor Adler, dem Gründer der Sozialdemokratischen Partei Österreichs. 1916 ermordete er den österreichischen Ministerpräsidenten Karl Graf von Stürgkh und wurde zum Tod verurteilt, dann jedoch begnadigt.

ARAGO, FRANÇOIS (1786–1853), französischer Mathematiker, Astronom und Politiker, war an der Messung des Erdumfangs beteiligt und beobachtete gemeinsam mit dem Astronomen Le Verrier eine Abweichung in der Umlaufbahn des Merkurs, die durch die Allgemeine Relativitätstheorie erklärt werden konnte.

ARISTARCH VON SAMOS (3. Jh. v. Chr.), griechischer Astronom, der überzeugt davon war, dass die Erde sich um die Sonne dreht und nicht umgekehrt.

BALFOUR, ARTHUR (1848–1930), englischer Politiker und Außenminister während des Ersten Weltkriegs, der erklärte, die Juden hätten ein Anrecht auf eine »nationale Heimstätte« in Palästina.

BECQUEREL, HENRI (1852–1908), französischer Physiker, der bei der Beschäftigung mit Uransalzen zufällig die Radioaktivität entdeckte.

BEN GURION, DAVID (1886–1973), erster Ministerpräsident des Staates Israel, der Einstein nach dem Tod von Chaim Weizmann das Präsidentenamt antrug.

BESSO, MICHELE ANGELO (1873–1955), Kommilitone Einsteins

am Polytechnikum in Zürich, später Mitglied der »Akademie Olympia« in Bern.

BLUMENFELD, KURT (1884–1963), deutscher Zionistenführer, der Einstein nach dem Ersten Weltkrieg davon überzeugte, sich für den Zionismus einzusetzen.

BOHR, NIELS (1885–1962), dänischer Physiker, dem das moderne Verständnis der Atome zu verdanken ist.

BOLTZMANN, LUDWIG (1844–1906), deutscher Physiker, der die kinetische Theorie der Gase entwickelt hat.

BORN, MAX (1882–1970), deutscher Physiker, der zur Erkenntnis der Rolle der Wahrscheinlichkeit in der Quantenmechanik beigetragen hat.

BOSE, SATYENDRANATH (1894–1974), indischer Physiker, der Einstein eine Methode der Quantenstatistik vorgeschlagen hat, über welche beide einen gemeinsamen wissenschaftlichen Aufsatz veröffentlichten (die sog. Bose-Einstein-Statistik).

BROD, MAX (1884–1968), deutschsprachiger Schriftsteller in Prag, Freund Franz Kafkas. In seinem Roman über den Astronomen Tycho Brahe soll er der Figur des Johannes Kepler Charakterzüge von Einstein verliehen haben.

BROGLIE, LOUIS DE (1892–1987), französischer Physiker, der als Erster die Theorie der »Wellenmechanik« formuliert hat.

BROWN, ROBERT (1773–1858), schottischer Botaniker. Bei der Beobachtung von Pollenkörnern unter dem Mikroskop entdeckte er die »Brown'sche Bewegung«, ein Phänomen, dem einer der Aufsätze Einsteins aus dem Jahr 1905 gewidmet war.

BUCKY, WALTER, deutscher Arzt, der in die Vereinigten Staaten emigrierte. Freund Einsteins, der ihn bereits aus Berlin kannte.

BUSH, VANNEVAR (1890–1974), amerikanischer Ingenieur, der den ersten Computer baute und eine wichtige Rolle im »Manhattan-Projekt«, das heißt bei der Herstellung der ersten Atombombe, spielte.

BYRNES, JAMES (1879–1972), amerikanischer Außenminister, der nach dem Tod Roosevelts den neuen Präsidenten Harry Truman vom »Manhattan-Projekt« in Kenntnis setzte.

CASADESUS, GABY und ROBERT, französisches Pianistenehepaar, das während des Zweiten Weltkriegs in Princeton wohnte und mit Einstein musizierte.

CHADWICK, JAMES (1891–1974), englischer Physiker, der 1932 das Neutron entdeckte.

CHAPLIN, CHARLIE (1889–1977), Filmschauspieler und Komiker, den Einstein in Hollywood mehrmals getroffen hat.

CHURCHILL, WINSTON (1874–1965), englischer Politiker, während des Zweiten Weltkriegs englischer Premierminister. Einstein lernte ihn 1933 persönlich kennen.

CURIE, MARIE (1867–1934), in Polen geborene Physikerin und Chemikerin, lebte in Frankreich. Gemeinsam mit ihrem Ehemann Pierre entdeckte sie das Radium.

DEMOKRIT (5.–4. Jh. v. Chr.), griechischer Philosoph, der die von Leukippos aufgestellte Theorie der Atome weiterentwickelte.

DUKAS, HELENE (1896–1982), von 1928 bis zu Einsteins Tod seine Sekretärin.

EDDINGTON, ARTHUR (1882–1944), englischer Astronom, der die Lichtablenkung durch die Sonne, die von der Allgemeinen Relativitätstheorie vorhergesagt worden war, während einer Sonnenfinsternis 1919 experimentell bestätigte.

EDISON, THOMAS (1847–1931), amerikanischer Erfinder, dem die Glühbirne und das Grammofon zu verdanken sind.

EHRENFEST, PAUL (1880–1933), österreichischer Physiker und Nachfolger von Hendrik Anton Lorentz an der Universität in Leiden. Sehr enger Freund von Einstein.

EHRENFEST, TATJANA, russische Physikerin, Ehefrau von Paul Ehrenfest.

EHRMANN, RUDOLF, Einsteins Arzt in Berlin, später in den Vereinigten Staaten.

EINSTEIN, EDUARD (1910–1965), zweiter Sohn aus Einsteins Ehe mit Mileva Marić, der Ende 1932 an Schizophrenie erkrankte und einen Großteil seines Lebens in einer Zürcher Nervenheilanstalt verbrachte.

EINSTEIN, ELSA (1876–1936) , geb. Einstein. Tochter eines Cousins von Einsteins Vater und einer Schwester seiner Mutter; erste Ehe mit dem Berliner Textilhändler Max Löwenthal, zwei Töchter Ilse und Margot. Einstein heiratete sie 1919.

EINSTEIN, FANNY (1852–1926), geb. Koch. Einsteins Tante, Mutter von Elsa.

EINSTEIN , HANS ALBERT (1903–1973), ältester Sohn von Albert und Mileva.

EINSTEIN, HERMANN (1847–1902), Vater von Albert, Kaufmann, Geschäftsführer der Firma »Elektrotechnische Fabrik J. Einstein & Cie.«.

EINSTEIN, JAKOB (1850–1912), Onkel von Albert, Ingenieur. Zusammen mit seinem Vater Inhaber der Firma »Elektrotechnische Fabrik J. Einstein & Cie.«.

EINSTEIN, LIESERL (geb. 1902), uneheliche Tochter von Albert und Mileva, vermutlich von einer serbischen Familie adoptiert. Ihre Spur verliert sich.

EINSTEIN, MILEVA (1875–1948), geb. Marić, lernte Einstein während des gemeinsamen Studiums am Polytechnikum in Zürich kennen und heiratete ihn 1903.

EINSTEIN, PAULINE (1858–1920), geb. Koch. Alberts Mutter.

ELISABETH VON BELGIEN (1876–1965), bayerische Prinzessin und Gemahlin des Königs Albert I. von Belgien. Freundin von Einstein, spielte mit ihm Geige. Sie rief nach dem Zweiten Weltkrieg einen berühmten Geigenwettbewerb ins Leben.

EPSTEIN, JACOB (1880–1959), einer der wichtigsten englischen Bildhauer des 20. Jahrhunderts. Er schuf 1933 eine Büste von Einstein.

ERATOSTHENES (3.–2. Jh. v. Chr.), griechischer Astronom und Mathematiker, der im ägyptischen Alexandria lebte. Er berechnete als Erster den Erdumfang; auch eine Methode zur Auffindung der Primzahlen geht auf ihn zurück.

EUKLID (3. Jh. v. Chr.), griechischer Mathematiker, der in Alexandria lebte. Sein Buch *Die Elemente* enthält eine Darstellung der Grundlagen der Geometrie, wie sie heute noch an den Schulen gelehrt wird.

FARADAY, MICHAEL (1791–1867), englischer Physiker und Chemiker, der in der Erforschung des Magnetismus und der Elektrizität eine große Rolle gespielt hat. Er führte den Begriff des »Feldes« ein.

FERMI, ENRICO (1901–1954), italienischer Physiker, in die Vereinigten Staaten emigriert. Er baute in Chicago den ersten Atomreaktor.

FITZGERALD, GEORGE (1851–1901), irischer Physiker, der das Experiment von Michelson durch eine Kontraktion der Materie erklärte, für deren Berechnung dann Lorentz die Formel aufstellte.

FLEXNER, ABRAHAM (1866–1959), amerikanischer Hochschulreformer und Gründer des Institute for Advanced Study in Princeton.

FRANK, PHILIPP (1884–1966), österreichischer Physiker, Einsteins Nachfolger an der Deutschen Universität in Prag.

FREUD, SIGMUND (1856–1939), Begründer der Psychoanalyse. Einstein lernte ihn 1926 in Berlin persönlich kennen.

FREUNDLICH, ERWIN (1885–1964), deutscher Astronom. Er bereitete 1914 eine – aufgrund des Ersten Weltkriegs gescheiterte – Expedition auf die Krim vor, um während einer Sonnenfinsternis die Lichtablenkung durch die Sonne nachzuweisen.

FRIEDMANN, ALEXANDER (1888–1925), russischer Mathematiker, der 1922 aufzeigte, wie die Gleichungen der Allgemeinen Relativitätstheorie auf ein in Ausdehnung begriffenes Universum angewandt werden können.

FRISCH, OTTO (1904–1979), österreichischer Physiker, Neffe von Lise Meitner, Mitarbeiter von Niels Bohr.

GALILEI, GALILEO (1564–1642), italienischer Physiker und Astronom, der als Erster den Himmel mit einem Fernrohr beobachtet und vier Jupiter-Monde entdeckt hat. Wurde von der Inquisition angeklagt, weil er die Ideen des Kopernikus aufgriff. Er untersuchte die Gesetze der Schwerkraft und der Bewegung. Urheber der ersten »Theorie der Relativität«.

GAMOW, GEORGE (1904–1968), amerikanischer Physiker russischer Herkunft, dem verschiedene Entdeckungen in der Quantenmechanik und der Kosmologie zu verdanken sind.

GANDHI, MAHATMA (1869–1948), indischer Politiker, dessen Strategie des gewaltlosen Widerstands Einstein bewunderte. Sein Porträt hing an der Wand von Einsteins Arbeitszimmer in Princeton.

GÖDEL, KURT (1906–1978), österreichischer Mathematiker, der eines der grundlegenden Theoreme der modernen Mathematik aufgestellt hat. Er gehörte dem Institute for Advanced Study in Princeton an und zählte dort zu Einsteins Freundeskreis.

GROSSMANN, MARCEL (1878–1936), Mathematiker, Freund und Kollege Einsteins am Polytechnikum in Zürich.

HABER, FRITZ (1868–1934), deutscher Chemiker, Leiter des Kaiser-Wilhelm-Instituts in Berlin für Chemie.

HABICHT, CONRAD (1884–1984), lernte Einstein während des Studiums am Polytechnikum in Zürich kennen. Mitglied in der »Akademie Olympia«, später Gymnasiallehrer in Schiers, Graubünden.

HAHN, OTTO (1879–1968), deutscher Physiker, dem 1939 die Uranspaltung gelang.

HALLER, FRIEDRICH, Direktor des Schweizer Patentamts in Bern; von 1902 bis 1909 Einsteins Vorgesetzter.

HARDING, WARREN (1865–1923), Präsident der Vereinigten Staaten, 1921 gewählt, vor Ablauf seiner Amtszeit verstorben. Er empfing Einstein im Weißen Haus.

HASENÖHRL, FRIEDRICH, österreichischer Physiker, dem von den Vertretern der »arischen Physik« die Urheberschaft der Gleichung $E = mc^2$ zugeschrieben wurde.

HEISENBERG, WERNER (1901–1976), deutscher Physiker, dessen Theorie der »Unschärferelation« einer der Grundbausteine der modernen Physik ist.

HERTZ, HEINRICH (1857–1894), deutscher Physiker, der die elektromagnetischen Wellen (Hertz'sche Wellen) und den fotoelektrischen Effekt entdeckt hat, den Einstein in einem seiner berühmten Aufsätze aus dem Jahr 1905 genauer untersuchte.

HILBERT, DAVID (1862–1943), deutscher Mathematiker, einer der Begründer der modernen Mathematik. Einstein fragte ihn bei der Aufstellung der Gleichungen der Allgemeinen Relativitätstheorie um Rat.

HOFFMANN, BANESH, Einsteins Assistent in Princeton, der ein populärwissenschaftliches Buch zur Relativitätstheorie sowie gemeinsam mit Helene Dukas eine Biografie über Einstein veröffentlichte.

HUBBLE, EDWIN (1889–1953), amerikanischer Astronom, der entdeckte, dass es sich bei dem »Andromedanebel« um eine Galaxie außerhalb der Milchstraße handelt. Seine Beobachtungen an weit entfernten Sternen bestätigten die Theorie einer Ausdehnung des Universums.

INFELD, LEOPOLD (1898–1968), in Polen geborener Physiker, einer der Mitarbeiter Einsteins in Princeton, mit dem er das sehr erfolgreiche populärwissenschaftliche Buch *Die Evolution der Physik* verfasste.

ISHIKAWA, JUN, japanischer Physiker. Einsteins Dolmetscher während seiner Japanreise.

JOLIOT-CURIE, IRÈNE (1897–1956) und Frédéric (1900–1958). Älteste Tochter und Schwiegersohn von Marie Curie, die Forschungen zur künstlichen Radioaktivität und Kernspaltung betrieben.

JUNG, CARL GUSTAV (1875–1961), Schweizer Psychologe, Mitarbeiter, dann wissenschaftlicher Rivale Sigmund Freuds. Einstein lernte ihn in Zürich kennen.

KLEINER, ALFRED, Physikprofessor an der Universität in Zürich, Einsteins Doktorvater.

KOCH, CÄSAR (1854–1941), Onkel Einsteins mütterlicherseits, lebte in Antwerpen.

KOCH, JAKOB (1850–1925), Onkel Einsteins mütterlicherseits, lebte in Genua.

KOPERNIKUS, NIKOLAUS (1473–1543), polnischer Astronom, der mit der Erkenntnis, dass die Erde sich um die Sonne dreht und nicht umgekehrt, das Weltbild seiner Zeit revolutionierte.

KREISLER, FRITZ (1875–1962), österreichischer Geiger, Freund Einsteins in Berlin.

LANGEVIN, PAUL (1872–1946), französischer Physiker, Mitarbeiter von Pierre und Marie Curie, Freund von Einstein.

LAUE, MAX VON (1879–1960), deutscher Physiker, der 1912 mithilfe von Röntgenstrahlen das erste Mal Moleküle »fotografiert« hat, wofür er den Nobelpreis erhielt.

LEMAÎTRE, GEORGES (1894–1966), belgischer Theologe und Astronom, dessen Berechnungen die Möglichkeit einer Ausdehnung des Universums bestätigt haben.

LENARD, PHILIPP (1862–1947), deutscher Physiker und Antisemit. Seit dem Ende des Ersten Weltkriegs Einsteins Feind, Verfechter einer »arischen Physik«.

LEUKIPPOS (5.–4. Jh. v. Chr.), griechischer Philosoph, der den Begriff »Atom« erfand.

LE VERRIER, URBAIN (1811–1877), französischer Astronom. Er stellte eine Anomalie in der Umlaufbahn des Merkurs fest, die durch die Allgemeine Relativitätstheorie erklärt werden konnte, und entdeckte den Planeten Neptun.

LLOYD GEORGE, DAVID (1863–1945), englischer Premierminister während des Ersten Weltkriegs. Einstein lernte ihn 1933 persönlich kennen.

LOCKER-LAMPSON, OLIVER, englischer Abgeordneter, der Einstein 1933 nach London einlud und später in einem Landhaus versteckte.

LORENTZ, HENDRIK ANTON (1853–1928), holländischer Physiker, Vorläufer und Freund Einsteins.

LÖWENTHAL, ILSE, Tochter aus Elsa Einsteins erster Ehe.

LÖWENTHAL , MARGOT, Tochter aus Elsa Einsteins erster Ehe.

LUDENDORFF, FRIEDRICH (1873–1941), deutscher Astronom, Kollege von Erwin Freundlich in Berlin. Sein Bruder war einer der führenden deutschen Generäle im Ersten Weltkrieg und 1923 am Hitler-Putsch in München beteiligt.

LUXEMBURG, ROSA (1870–1919), deutsche Revolutionärin polnisch-jüdischer Herkunft, die nach dem Spartakusaufstand in Berlin verhaftet und ermordet wurde. Die Antisemiten führten sie gerne als Beispiel an, um die Behauptung von der »jüdisch-kommunistischen Weltverschwörung« zu belegen.

MCCARTHY, JOSEPH (1908–1957), amerikanischer Senator, der überall Kommunisten witterte und 1947–1954 das politische Klima in den Vereinigten Staaten vergiftete. Auch Einstein wurde vor den Senatsausschuss für »unamerikanische Umtriebe« geladen.

MACH, ERNST (1838–1916), österreichischer Physiker und Philosoph. Seine Kritik des absoluten Raum- und Zeitbegriffs von Newton beeinflusste Einstein.

MAGNES, JUDAH (1873–1941), amerikanischer Jude, Rektor der Hebräischen Universität in Jerusalem.

MANN, THOMAS (1875–1955), einer der berühmtesten deutschen Schriftsteller, der 1939–1952 in die Vereinigten Staaten emigriert war und Einstein dort mehrmals getroffen hat.

MARCONI, GUGLIELMO (1874–1937), italienischer Physiker, der als Zwanzigjähriger das erste Radiogerät gefertigt hat.

MARTINU, BOHUSLAV (1890–1959), tschechischer Komponist, der während des Zweiten Weltkriegs in Princeton lebte.

MAXWELL, JAMES CLERK (1831–1879), schottischer Physiker, der Gleichungen für das elektromagnetische Feld aufstellte und nachwies, dass das Licht eine elektromagnetische Welle ist.

MAYER, WALTHER, Assistent Einsteins in Berlin sowie in der Anfangszeit seines Aufenthalts in den Vereinigten Staaten.

MEITNER, LISE (1878–1968), österreichische Physikerin, die mit Otto Hahn im Kaiser-Wilhelm-Institut in Berlin zusammenarbeitete. Sie emigrierte nach Schweden und lieferte von dort aus die erste theoretische Erklärung für die von Hahn entdeckte Kernspaltung.

MENDEL, TONI, Einsteins Geliebte in Berlin.

MENDELSOHN, ERICH (1887–1953), Architekt des »Einsteinturms« in Potsdam.

MICHELSON ALBERT ABRAHAM (1852–1931), amerikanischer Physiker. Erfinder eines »Interferometers«, mit dem er den »Ätherwind« messen wollte.

MILLIKAN, ROBERT (1868–1953), amerikanischer Physiker, dem der experimentelle Nachweis der Teilchennatur des Lichts gelang.

MINKOWSKI, HERMANN (1864–1909), baltischer Mathematiker, Einsteins Professor am Polytechnikum, der begriff, dass die Relativitätstheorie den Raum in ein »Raum-Zeit-Kontinuum« mit vier Dimensionen verwandelte.

MIYAKE, HAYASHI, Arzt an Bord des Ozeandampfers *Kitano Maru*, der Einstein während der Überfahrt nach Japan pflegte.

NERNST, WALTHER (1864–1941), deutscher Physiker, Gründer des Kaiser-Wilhelm-Instituts in Berlin.

NEUMANN, JOHANNES VON (1903–1957), ungarischer Mathematiker, einer der größten Mathematiker des 20. Jahrhunderts. Kollege Einsteins am Institute for Advanced Study. Er lieferte wichtige Beiträge zur Quantentheorie und war am Bau der Atombombe beteiligt.

NEWTON, ISAAC (1642–1727), englischer Mathematiker und Physiker, der die Gesetze der allgemeinen Schwerkraft entdeckte und sehr viel zum Fortschritt in den beiden Wissenschaften beitrug.

NICOLAI, GEORG, Professor für Medizin an der Berliner Universität. Verfasste nach Ausbruch des Ersten Weltkriegs gemeinsam mit Einstein den »Aufruf an die Europäer«.

NORDMANN, CHARLES, französischer Astronom.

OPPENHEIMER, JULIUS ROBERT (1904–1967), amerikanischer Physiker, Leiter des Wissenschaftlerteams, das mit dem Bau der Atombombe befasst war.

PAINLEVÉ PAUL (1863–1933), französischer Mathematiker und Politiker, der Einstein nach dem Ersten Weltkrieg zu einem Vortrag in das Collège de France einlud.

PAULI, WOLFGANG (1900–1958), österreichischer Physiker, einer der großen Theoretiker der Quantenmechanik.

PERRIN, JEAN (1870–1942), französischer Physiker, dem die experimentelle Überprüfung von Einsteins Gleichungen zur Brown'schen Bewegung gelang.

PICK, GEORG, Mathematikprofessor an der Universität in Prag, der Einstein den Rat gab, das »absolute Differenzialkalkül« der Italiener Ricci und Levi-Civita zu studieren.

PLANCK, MAX (1858–1947), einer der bedeutendsten Physiker des 19./20. Jhdts. Begründer der Quantentheorie. 1918 erhielt er den Nobelpreis für Physik.

PLESCH, JANOS, Einsteins Arzt in Berlin und wichtige Gestalt des Berliner Gesellschaftslebens.

PODOLSKY, BORIS, russischer Physiker, einer der drei Urheber des »Einstein-Podolsky-Rosen-Paradoxons« von 1935.

POINCARÉ, HENRI (1854–1912), französischer Mathematiker, Vorläufer Einsteins. Er stellte eine Reihe von Hypothesen auf, die ihn zur Entwicklung der Relativitätstheorie hätten führen können.

PYTHAGORAS (6. Jh. v. Chr. – sofern er tatsächlich gelebt hat), griechischer Mathematiker. Der Lehrsatz des Pythagoras, möglicherweise von seinen Schülern entwickelt, wird in den Schriften Euklids erwähnt.

RATHENAU, WALTHER (1867–1922), deutscher Industrieller und Politiker, 1922 Außenminister, von deutschnationalen Antisemiten ermordet. Er zählte in Berlin zu Einsteins Bekanntenkreis.

RAYLEIGH, JOHN (1842–1919), englischer Physiker, der die blaue Farbe des Himmels durch die Lichtstreuung erklärte.

REINHARDT, MAX (1873–1943), österreichischer Theaterregisseur, der Einstein öffentlich verteidigte, als er von Antisemiten angegriffen wurde. Er war selbst Jude und floh 1933 vor den Nationalsozialisten.

RICCI, GREGORIO (1853–1925) und LEVI-CIVITA, TULLIO (1873–1941), italienische Mathematiker, Erfinder des »absoluten Differenzialkalküls«, auch »Tensormethode« genannt, die von Einstein in der Allgemeinen Relativitätstheorie verwendet wurde.

RIEMANN, BERNHARD (1826–1866), deutscher Mathematiker, Erfinder einer nicht-euklidischen Geometrie, die von Einstein in der Allgemeinen Relativitätstheorie verwendet wurde.

ROLLAND, ROMAIN (1866–1944), französischer Schriftsteller und Pazifist, den Einstein 1915 in Vevey am Genfer See besuchte.

RÖNTGEN, WILHELM (1845–1923), deutscher Physiker, der die X-Strahlen (Röntgenstrahlen) entdeckte und 1901 den ersten Nobelpreis für Physik verliehen bekam.

ROOSEVELT, FRANKLIN DELANO (1882–1945), ab 1932 bis zu seinem Tod Präsident der Vereinigten Staaten. Er empfing Einstein 1933 im Weißen Haus.

ROSEN, NATHAN, russischer Physiker, einer der drei Urheber des »Einstein-Podolsky-Rosen-Paradoxons« von 1935.

RUSSELL, BERTRAND (1872–1970), englischer Philosoph, Mathematiker und Pazifist, der sich während des Zweiten Weltkriegs in Princeton aufhielt, wo er zu Einsteins Freundeskreis zählte.

RUTHERFORD, ERNEST (1871–1937), englischer Physiker, der die α- und β-Strahlen der Radioaktivität entdeckte und ein Atommodell entwickelte.

SACHS, ALEXANDER, amerikanischer Bankier, der 1939 den Kontakt zwischen Leo Szilard und Präsident Roosevelt herstellte.

SAMUEL, HERBERT, englischer Hochkommissar in Palästina, der Einstein 1923 dort empfing.

SCHNABEL, ARTHUR (1882–1951), österreichischer Pianist, Freund Einsteins in Berlin.

SCHRÖDINGER, ERWIN (1887–1961), österreichischer Physiker, einer der Begründer der Quantenmechanik.

SITTER, WILLEM DE (1872–1934), holländischer Astronom, Professor an der Universität Leiden, der den Nachweis führte, dass sich die Gleichungen der Allgemeinen Relativitätstheorie auf ein in Ausdehnung begriffenes Universum anwenden lassen.

SOLDNER, JOHANN GEORG VON (1776–1833), deutscher Mathematiker, der bereits eine Lichtablenkung durch die Sonne vermutet hatte.

SOLOVINE, MAURICE, Privatschüler und Freund Einsteins in Bern, Mitglied der »Akademie Olympia«, später Übersetzer von Einsteins Schriften ins Französische.

SOLVAY, ERNEST (1838–1922), belgischer Industrieller und Mäzen, der ab 1911 Kongresse veranstaltete, zu denen die führenden Physiker der Zeit eingeladen waren.

SOMMERFELD, ARNOLD (1868–1951), deutscher Physiker, der zahlreiche Arbeiten zur Quantenphysik veröffentlichte.

SPINOZA, BARUCH (1632–1677), jüdischer holländischer Philosoph (der unter dem Vorwurf des Ketzertums aus seiner Gemeinde ausgestoßen wurde). Er setzte Gott mit dem unendlichen Geheimnis der Natur gleich. Einstein vertrat eine sehr ähnliche Auffassung.

STERN, OTTO (1888–1965), deutscher Physiker, Einsteins Assistent in Prag, später in Zürich.

SZILARD, LEO (1898–1964), ungarischer Physiker, der Einstein bereits aus Berlin kannte und ihn 1939 dazu veranlasste, den berühmten Brief an Präsident Roosevelt zu schreiben, in dem er auf die möglichen Gefahren durch eine deutsche Atombombe hinwies.

TAGORE, RABINDRANATH (1861–1941), indischer Dichter und Philosoph, der Einstein in seinem Landhaus in Caputh bei Berlin besuchte.

TALMUD, MAX, als Student regelmäßiger Tischgast bei Einsteins Eltern. Später emigrierte er in die Vereinigten Staaten und nahm dort den Nachnamen Talmey an.

TELLER, EDWARD (1908–2003), ungarischer Physiker, »Vater der Wasserstoffbombe«.

THOMPSON, JOSEPH JOHN (1856–1940), englischer Physiker, der die Existenz von Elektronen entdeckte.

TOLMAN, RICHARD, amerikanischer Physiker, der mit Edwin Hubble in Pasadena zusammenarbeitete.

TRUMAN, HARRY (1884–1972), Präsident der Vereinigten Staaten, der 1945 den Befehl zum Abwurf der Atombomben über Hiroshima und Nagasaki gab.

TUCHSCHMID, AUGUST, Einsteins Physiklehrer in Aarau.

VAN'T HOFF, JACOBUS (1852–1911), holländischer Chemiker, der 1901 mit dem Nobelpreis für Physik ausgezeichnet wurde. Einstein wurde sein Nachfolger an der Preußischen Akademie der Wissenschaften in Berlin.

WALTER, BRUNO (1876–1962), deutscher Dirigent, der als Jude 1933 von den Nationalsozialisten aus Deutschland vertrieben wurde.

WATTERS, LEON, amerikanischer Pharmafabrikant, Freund Einsteins.

WEBER, HEINRICH, Einsteins Physikprofessor am Polytechnikum in Zürich.

WEIZMANN, CHAIM (1874–1952), Zionistenführer und erster Staatspräsident Israels, mit dem Einstein 1921 in die Vereinigten Staaten reiste.

WEIZSÄCKER, CARL FRIEDRICH VON (geb. 1912), deutscher Astrophysiker, der während des Zweiten Weltkriegs ein Mitarbeiter Heisenbergs am Kaiser-Wilhelm-Institut war.

WIGNER, EUGENE (1902–1995), ungarischer Physiker, Freund von Szilard, der am Bau der Atombombe beteiligt war.

WINTELER, Familie in Aarau, bei der Einstein ein Jahr lang lebte. Jost Winteler war Einsteins Griechisch- und Lateinlehrer an der Aargauischen Kantonsschule. Der Sohn Paul heiratete später Einsteins Schwester Maja; die Tochter Anna wurde die Ehefrau von Michele Besso.

YOUNG, THOMAS (1773–1829), englischer Mediziner, der 1802 seinen berühmten Doppelspalt-Versuch durchführte, durch den die Wellennatur des Lichts bewiesen wurde.

ZWEIG, STEFAN (1881–1942), österreichischer Schriftsteller, der vor den Nationalsozialisten floh und in Südamerika Selbstmord beging.

Zeitleiste

1879	14. März: Albert Einstein kommt als erstes Kind von Hermann und Pauline Einstein in Ulm zur Welt.
1880	Die Familie Einstein zieht nach München, wo der Vater in die Firma »Elektrotechnische Fabrik J. Einstein & Cie.« als Teilhaber einsteigt.
1881	Einsteins Schwester Maria (genannt Maja) wird geboren.
1884	Einstein erhält von seinem Vater einen Kompass, der ihn sehr beeindruckt.
1885–1888	Einstein besucht die katholische Volksschule. Zu Hause lernt er Geige.
1888	Wilhelm II. wird deutscher Kaiser. Erzeugung und Nachweis elektromagnetischer Wellen durch Heinrich Hertz.
1888–1894	Besuch des Luitpold-Gymnasiums in München.
1894	Einsteins Eltern übersiedeln nach Mailand. Sechs Monate später verlässt Einstein das Gymnasium ohne Abschluss und reist seinen Eltern nach.
1895	Einstein bewirbt sich als 16-Jähriger beim Polytechnikum in Zürich, fällt aber in den sprachlich-historischen Fächern durch. Danach absolviert er sein letztes Schuljahr an der Kantonsschule in Aarau, Schweiz, wo er seine Matura macht.

Elektronentheorie von Hendrik Anton Lorentz (erklärt u.a. die Lichtbrechung). Conrad Röntgen entdeckt die Röntgenstrahlen.

1896   **Einstein gibt seine deutsche Staatsbürgerschaft auf.**
Entdeckung der radioaktiven Strahlung des Urans durch Henri Becquerel. Alfred Nobel, schwedischer Chemiker und Unternehmer, stiftet den Nobelpreis.

1896–1900 **Mathematisch-physikalisches Fachlehrstudium am Polytechnikum in Zürich. Einstein lernt hier Mileva Marić und Marcel Grossmann kennen.**

1898   Entdeckung des Radiums und Poloniums durch Marie und Pierre Curie.

1900   Max Planck begründet mit der Formel für die Strahlung schwarzer Körper die Quantentheorie.

1901   **Einstein erhält die Schweizer Staatsbürgerschaft. Seine erste wissenschaftliche Veröffentlichung erscheint in den** *Annalen der Physik.* **Er ist als Aushilfslehrer in Winterthur und Schaffhausen tätig.**

1902   **Mileva Marić bringt die gemeinsame uneheliche Tochter Lieserl zur Welt. Einstein wird Experte III. Klasse am Berner Patentamt. Tod des Vaters Hermann Einstein.**

1903   **Mileva Marić und Einstein heiraten. Mit Conrad Habicht und Maurice Solovine schließt sich Einstein zur »Akademie Olympia« zusammen. Freundschaft mit Michele Besso.**

1904   **Geburt des ersten Sohnes Hans Albert in Bern.**

1905   **Das sog.** *annus mirabilis:*

17. 3.: Einstein beendet seine Arbeit über die Lichtquanten-Hypothese (spätere Ehrung mit dem Nobelpreis).

30. 4.: Einstein beendet seine Arbeit über die Bestimmung der Moleküldimension (Dissertation im selben Jahr).

11. 5.: Einsteins Arbeit zur Brown'schen Bewegung geht bei den *Annalen der Physik* ein.

30. 6.: Einsteins Arbeit zur Elektrodynamik bewegter Körper (spätere Spezielle Relativitätstheorie) geht bei den *Annalen der Physik* ein.

27. 9.: Einsteins Nachtrag zur Herleitung der Äquivalenz von Masse und Energie $E = mc^2$ geht bei den *Annalen der Physik* ein.

1906 Erlangung der Doktorwürde. Beförderung beim Patentamt zum Experten II. Klasse.

1908 Habilitation. Einstein wird Privatdozent an der Universität in Bern.

1909 Ruf an die Universität Zürich als außerordentlicher Professor für theoretische Physik. Einstein scheidet aus dem Patentamt aus. Teilnahme an der Naturforschertagung in Salzburg. Dort lernt Einstein Max Planck kennen.

1910 Geburt des zweiten Sohnes Eduard in Zürich.

1911 Einstein berechnet die Lichtablenkung im Gravitationsfeld der Sonne. Teilnahme am ersten Solvay-Kongress in Brüssel, wo Einstein die bedeutenden Physiker seiner Zeit trifft.

1911–1912 Einstein wird Ordinarius an der Deutschen Universität in Prag. Beginn der Freundschaft mit Paul Ehrenfest.

1912	Erste Reise nach Berlin. Einstein begegnet seiner Cousine Elsa.
1912–1914	Professor für theoretische Physik an der Eidgenössischen Technischen Hochschule in Zürich (ehemaliges Polytechnikum).
1913	Einstein wird am Ende des Jahres in die Preußische Akademie der Wissenschaften aufgenommen und als Professor ohne Lehrverpflichtung an die Universität Berlin berufen.
1914	Übersiedlung nach Berlin. Trennung von Mileva Marić, die mit den Söhnen nach Zürich zurückkehrt.
	Beginn des Ersten Weltkriegs.
	Einstein unterzeichnet einen Aufruf gegen den Krieg, den »Aufruf an die Europäer«, und tritt in den pazifistischen »Bund Neues Vaterland« ein.
1916	Einstein veröffentlicht »Die Grundlage der Allgemeinen Relativitätstheorie«.
1917	Einstein wird zum Direktor des Kaiser-Wilhelm-Instituts für Physik in Berlin ernannt. Anwendung der Allgemeinen Relativitätstheorie auf die Kosmologie.
	Russische Revolution.
1917–1920	Schwere Erkrankung Einsteins und Pflege durch Cousine Elsa gesch. Löwenthal.
1918	November-Revolution in Deutschland. Ende des Ersten Weltkriegs. Beginn der Weimarer Republik.
1919	Scheidung von Mileva Marić, Heirat mit Elsa Löwenthal. Einstein beginnt, sich für den Zionismus zu interessieren. Eine britische Expedition zur Sonnenfinsternis bestätigt Einsteins Berechnungen zur Lichtablenkung.

Friedensvertrag von Versailles. Gründung des Völkerbundes. »Deutsche Arbeiterpartei« (später NSDAP) gegründet.

1920 **Einsteins Mutter Pauline stirbt. Antisemitisch motivierte Angriffe »deutscher Naturforscher« auf die Relativitätstheorie. Aufnahme Einsteins in den Orden »Pour le Mérite«.**

1921 **Gemeinsam mit Chaim Weizmann reist Einstein zum ersten Mal in die Vereinigten Staaten.**

1922 **Erste Arbeit zur einheitlichen Feldtheorie. Besuch in Paris. Reise nach Japan. Einstein wird Mitglied des »Komitees für internationale geistige Zusammenarbeit« im Völkerbund. Für die Entdeckung des fotoelektrischen Effekts (1905) wird ihm für das Jahr 1921 der Nobelpreis für Physik verliehen.**
Ermordung Walther Rathenaus.

1923 **Besuch in Palästina, wo Einstein den Grundstein zur Hebräischen Universität in Jerusalem legt und zum ersten Ehrenbürger von Tel Aviv ernannt wird.**
Hitler-Putsch in München.

1925 **Reise nach Südamerika. Arbeiten zur Quantentheorie einatomiger idealer Gase (Bohse-Einstein-Kondensation).**
Adolf Hitlers *Mein Kampf* erscheint.

1926 Formulierung der Quantenmechanik durch Heisenberg, Schröder, Born.

1927 **Auf dem Solvay-Kongress in Brüssel intensive Auseinandersetzung mit Niels Bohr über die Grundlagen der Quantenmechanik.**

1928	Helene Dukas wird Einsteins Sekretärin und bleibt bis an sein Lebensende bei ihm.
1929	Verleihung der Max-Planck-Medaille. Bau eines Sommerhauses in Caputh bei Potsdam. Freundschaft mit Königin Elisabeth von Belgien. Schwarzer Freitag an der New Yorker Börse. Weltwirtschaftskrise.
1930–1932	Einstein hält sich während der Wintermonate am California Institute of Technology in Pasadena auf. Wachsendes Engagement für Kriegsdienstverweigerung, Pazifismus und Demokratie.
1932	Einstein wird an das Institute for Advanced Study in Princeton berufen. Im Dezember reist Einstein in die USA.
1933	Nationalsozialistische Machtergreifung. Im März Rückreise Einsteins nach Europa. Einstein erklärt seinen Austritt aus der Preußischen Akademie der Wissenschaften. Besuch seines an Schizophrenie erkrankten Sohnes Eduard in Zürich. Im Oktober emigriert Einstein in die Vereinigten Staaten.
1935	Veröffentlichung des Einstein-Podolsky-Rosen-Paradoxons. Umzug in das Haus Mercer Street 112 in Princeton. »Nürnberger Gesetze«.
1936	Tod Elsa Einsteins.
1937	Hans Albert Einstein emigriert mit seiner Familie in die USA.
1938	»Anschluss« Österreichs an das Deutsche Reich. Deutscher Einmarsch in die sudetendeutschen Gebiete der Tschechoslowakei. Münchener Abkommen. »Reichskristallnacht«.

1939	Brief Einsteins an Präsident Roosevelt, in dem Einstein vor der Gefahr einer deutschen Atombombe warnt. Einsteins Schwester Maja zieht zu ihm nach Princeton. Deutscher Einmarsch in Polen. Beginn des Zweiten Weltkriegs.
1940	**Einstein wird amerikanischer Staatsbürger.**
1941	Beginn des Manhattan-Projekt zur Entwicklung der Atombombe. Angriff der Japaner auf Pearl Harbor. Kriegseintritt der Vereinigten Staaten.
1945	Ende des Zweiten Weltkriegs (55 Mill. Tote, 35 Mill. Verwundete, 3 Mill. Vermisste). Der Abwurf der Atombomben über Hiroshima (6. 8.) und Nagasaki (9. 8.) zwingt Japan zur Kapitulation. Gründung der UNO.
1946	**Einstein wird Vorsitzender des »Emergency Committee of Atomic Scientists«. Öffentlich tritt er in den nächsten Jahren immer wieder für Rüstungskontrolle und eine Weltregierung ein.**
1948	**Mileva Marić stirbt in Zürich.** Proklamation des Staates Israel durch den jüdischen Nationalrat.
1949	Chaim Weizmann wird Staatspräsident Israels.
1950	**In seinem Testament vermacht Einstein seinen schriftlichen Nachlass der Hebräischen Universität in Jerusalem.**
1951	**Tod Maja Einsteins in Princeton.**
1952	**Tod Chaim Weizmanns. Einstein wird inoffiziell das Präsidentenamt angetragen. Er lehnt ab.**
1953	**Einstein wird vor den McCarthy-Ausschuss geladen.**

1955 Einstein unterzeichnet noch wenige Tage vor seinem Tod das Russell-Einstein-Manifest gegen atomares Wettrüsten. Er stirbt am 18. April im Alter von 76 Jahren im Princeton Hospital.

Jean-Jacques Greif, Jahrgang 1944, kam viel in der Welt herum, arbeitete als Ingenieur, Werbetexter und Lehrer und ist Redakteur des Magazins »Marie Claire« in Paris. 1996 verfasste er sein erstes Jugendbuch. Greif ist verheiratet. Er hat drei Kinder.

Lieferbare Titel bei cbj:
Mozart (12742)
Marilyn (12741)

Jean-Jacques Greif
Mozart

352 Seiten   ISBN 3-570-12742-7

Rock me, Amadeus: die Kultbiografie! Ein ironisch-freches Porträt
des Megastars aus dem alten Wien. Mit unzähligen köstlichen
Anekdoten und witzigen Details aus Wolferls Jugendzeit,
Auszügen aus pikanten Briefwechseln und tiefen Einblicken
in die Adelshäuser Europas.

C. Bertelsmann JUGENDBUCH
www.bertelsmann-jugendbuch.de